북극의 이해

이 연구는 극지연구소 국내 학·연 극지연구진흥프로그램
사업(PE19900)의 지원을 받아 수행되었습니다.

북극의 이해

UNDERSTANDING THE ARCTIC

최우익 · 라승도 · 김봉철 지음

한국외국어대학교 극지연구센터

극지연구총서 02

머리말

북극이라는 화두가 언제부턴가 우리 일상에 자연스럽게 자리를 잡았다. 대표적인 환경운동 단체인 그린피스의 TV 후원 광고에 '북극'곰이 등장하거나, 겨울 한파 예보에서 '북극'의 찬 공기가 남하하면서 한반도 기온이 급속히 떨어졌다는 표현이 흔치 않게 들리는 등 '북극'은 이제 머나먼 빙하 지역이 아니라 우리 삶 속의 이웃 동네가 되었다.

20세기 말부터 지구온난화로 기온이 상승하면서 북극에는 많은 변화가 일어났다. 온도 상승에 따른 자연 현상의 변화뿐 아니라, 인간의 삶에도 많은 변화가 나타났다. 빙하가 줄어 북극항로의 활용도가 커지고 인간의 지리적 접근도 더 수월하게 되었다. 게다가 쇄빙이나 채굴 기술이 발전하면서 지하자원 채굴 중심의 산업 개발이 북극에서 활발하게 진행되고 있다. 한편 이에 따른 환경오염이나 생태계 파괴 문제도 심각한 지경에 이르렀다. 이처럼 20세기 말 21세기 초 북극에서는 많은 변화가 나타나고 있다.

따라서 이러한 북극을 연구하는 것은 이제 우리의 당면한 과제가 되었다. 그동안 북극 연구에서는 자연과학적 연구와 산업적 관심이 주종을 이루었으나, 최근에는 인문·사회과학적 연구가 주목받고 있다. 이러한 연구는 무엇보다도 북극의 '지속 가능한 개발'을 고민하면서 비롯되었다. 현재 인류의 기술은 나날이 발전하고 있는데, 자연의 한 존재였던 인류는 이제 자연을 넘어서는 과정에 있다. 만약 인간의 탐욕만을 좇아 그 가공할 기술을 휘둘러대면 북극은 한순간 쑥대밭이 될 것이다. 그러지 않기 위해 우리는 사회과학의 도움을 받아 인간의 행동을 예측하고 조절할 필요가 있다. 또한, 인문학은 북극의 인간성과 가치를 발견하고 먼 미래를 보는 데 도움을 줄 것이다. 이러한 면에서 북극에 대한 인문·사회과학의 역할은 중대하며 이러한 측면의 연구를 강화할 필요가 있다.

이 책은 북극에 대한 인문·사회과학적 연구서이자 교재이다. 최근 우리나라 대학가에 북극에 대한 강좌나 교육 프로그램이 점차 늘고 있다. 조만간 여러 대학에서 북극학과 혹은 극지학과가 생길 것으로 보인다. 그런데도 북극을 인문·사회과학적으로 소개하는 입문서나 교재는 개발되지 않은 상태이다. 이 책은 북극의 정의로부터 시작하여 원주민, 영토, 경제, 국제 거버넌스, 문화와 예술 등 다양한 분야를 소개하고 있다. 또한, 제2부에서는 북극 중에서 가장 큰 영토를 차지하고 있는 러시아 북극을 심층적으로 다루고 있다. 무엇보다도 북극을 처음 접하는 시민과 대학생이 북극은 무엇이며 그곳에 누가 어떻게 살고 있는지 알기 쉽게 이해할 수 있도록 이 책은 꾸며져 있다.

한국외국어대학교 극지연구센터와 러시아연구소 소속의 교수님들을 중심으로 이 교재는 제작되었다. 이 책이 준비되는 과정에서 한국외국어대학교 국제지역대학원 러시아·CIS학과 김현진, 박성령 조교가 오랜 시간 헌신하였고, 이양경, 조은비, 카이롤라 굴자나르, 강하람 조교가 지원을 아끼지 않았다. 초판에 많은 미숙함이 남아 있으리라 생각되지만, 앞으로 독자들과 이 책을 함께 발전시킬 요량으로 감히 출판하게 되었다. 부디 많은 질정과 격려를 독자 여러분께 기대하는 바이다.

2021년 1월

최우익

차례

머리말 5

제1부 세계의 북극

제1장 북극이란 무엇인가 11

제2장 북극에는 누가 사는가 45

제3장 북극의 영토분쟁과 안보 69

제4장 북극의 경제학 84

제5장 북극 협력과 국제 거버넌스 115

제6장 북극의 문화와 예술 142

제7장 기후변화와 북극의 변화 163

제II부 러시아의 북극

제8장 러시아의 북극 정복과 개발의 역사 183

제9장 러시아 북극의 지리, 교통, 주요 도시 199

제10장 러시아 북극의 산업 222

제11장 러시아의 북극 원주민 240

제12장 러시아 북극의 문화예술 262

제13장 러시아의 북극 전략과 안보 정책 275

제14장 러시아 북극의 인구사회학 290

제1부

세계의 북극

제1장 북극이란 무엇인가

제2장 북극에는 누가 있나

제3장 북극의 영토분쟁과 안보

제4장 북극의 경제학

제5장 북극 협력과 국제 거버넌스

제6장 북극의 문화와 예술

제7장 기후변화와 북극의 변화

제1장

북극이란 무엇인가

1. 북극의 개념

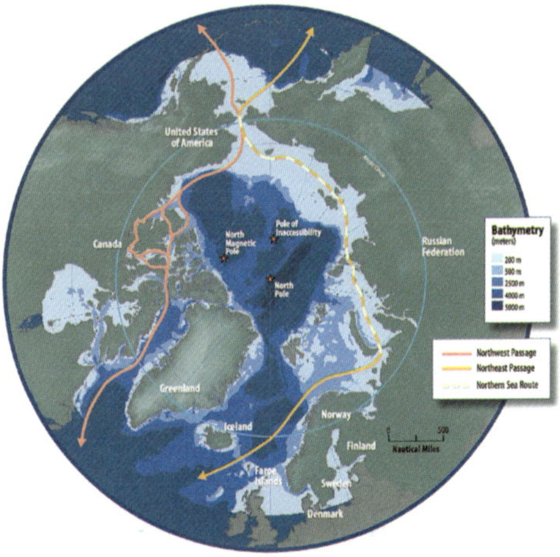

[그림 1-1] 북극권 (하늘색 원) (출처: 위키피디아)

북극은 지리, 기후, 생물 환경의 극한 조건이 뚜렷하다. '북극(Arctic)'이란 용어는 북두칠성으로 알려진 큰곰자리를 가리키며 그리스어로 곰을 뜻하는 아르크토스(arktos)에서 유래했다.[1] 북극의 정의는 환경, 생물, 경제, 관할권, 사회적 기준에 따라 다양하다. 가장 일반적인 방식은 위도에 따른 구분이다. 북위 66° 33' 44"를 북극권(Arctic Circle)으로 정하고, 여름에 해가 지지 않는 백야와 겨울에 해가 뜨지 않는 극야 현상이 일어나는 남쪽 한계를 기준으로 북부 지역을 북극으로 정의한다.[2] 그러나 북극권은 각 지역의 지리적 특성을 반영하지 않으므로 북극의 정의로 활용하기에는 한계가 있다.

또 다른 북극 정의 기준으로는 기온을 활용하는 방법이 있다. 10도 등온선(Arctic 10℃ Isotherm)을 활용해 해당 기준선보다 높은 위도 지역을 북극으로 정의한다.[3] 10도 등온선에 따라 가장 따뜻한 달(7월)의 평균 기온이 섭씨 10도(화씨 50도) 미만인 지역이 북극에 해당한다. 수목한계선을 활용하는 방법도 있다. 북극 수목한계선(Arctic Tree Line)은 툰드라와 삼림 사이의 경계를 뜻한다. 툰드라는 영구동토(Permafrost)를 특징으로 하며 이끼와 같은 지의류나 초본류, 관목 등의 식생이 분포한다. 북극 수목한계선 기준에 따라 북극 지역에 그린란드, 스발바르 등의 극지방, 시베리아, 알래스카 등 내륙지방, 캐나다 북부 래브라도 해안, 아이슬란드 북부, 북유럽 북극해 해안 일대가 포함된다.[4]

한편, 북극이사회(Arctic Council) 실무 그룹들은 각 관심사를 반영하는 서로 다른 기준을 바탕으로 북극 정의를 개발했다. 북극 모니터링 평가 프로그램(AMAP, The Arctic Monitoring Assessment Program)은 북극 환경 모니터링을 수행할 영역으로 AMAP 경계선을 통해 북극에 대한 다양한 정의를 통합한 북극 영역을 제시했다.[5] 북극 인간 개발 보고서에 따른 경계선(AHDR Boundary, Arctic Human Development Report Boundary)은 북극이사회의 지속 가능한 개발 프로그램의 일환으로 북극 지역의 지역 사회 단위를 기준으로 북극을 정의한다.[6] 이 기준은 사회·경제적 데이터와 정보가 구성되는 방식에 기초하므로 국가 및 지역 단위에서 활용성이 높다는 장점이 있다.[7]

북극의 지속 가능한 환경 보호 기관으로 북극이사회 실무 그룹의 일환인 EPPR(Emergency Prevention, Preparedness and Response)이 제시한 경계(Arctic EPPR Boundary)를 기준으로 구분하기도 한다.[8] 또한, 북극이사회 실무 그룹 중 하나인 극지의 생물 다양성을 보존하고 종의 서식지를 관리하는 기관인 CAFF(The

Conservation of Arctic Flora and Fauna)가 제시한 경계선(Arctic CAFF Boundary)도 활용한다.[9] 이 정의는 생태계의 다양성을 반영하므로 북극 수목한계선에서 일부 경계선과 유사하다는 특징이 있다.

2. 북극의 지리

1) 북극의 지형지질

북극 지형은 일반적으로 여름과 겨울 기온의 극심한 변동이 주요 특징이다. 고위도 지역의 영구적인 눈과 얼음, 저지대의 이끼, 낮은 관목들, 그리고 여름 해빙의 영향을 받는 영구동토가 대표적이다. 남극 지형이 대부분 육지로 이루어진 데 비해, 북극 지형은 5분의 3이 영구적인 빙하 위에 존재한다. 북극과 아북극(Subarctic) 지역에 대한 국제적인 관심은 20세기 동안 늘었는데, 특히 제2차 세계대전 이후 꾸준히 증가했다. 극한 조건의 북극 지역에 인구가 증가한 요인으로 북극항로(Northern Sea Route) 이용 가능성 증가, 광물 자원(특히 석유)과 산림

[그림 1-2] 북극 툰드라는 영구동토로 구성된다.
러시아 무르만스크 콜라반도에 펼쳐진 영구동토 툰드라 풍경 (출처: 라승도)

[그림 1-3] 배핀섬 (출처: 위키피디아)

자원 및 순록 방목 지역과 같은 경제적 자원의 활용 증대, 지구 기상학 연구에서 북극 지역의 중요성 증가 등 세 가지 요인을 꼽을 수 있다.[10]

북극해 주변부는 순상지(楯狀地, Sheild)[11]와 탁상지(卓狀地)[12]가 분포하며, 주로 선캄브리아대(代)[13]의 편마암, 결정편암, 화강암 등으로 구성되어 있고 그 위에 고생층[14]이 있다. 이 중 가장 큰 캐나다 순상지(Canadian Shield)는 퀸 엘리자베스 제도(諸島)의 일부를 제외한 캐나다 북극 지역 전체를 아우른다. 캐나다 순상지는 배핀만(Baffin Bay)을 경계로 그린란드와 분리되어 있다. 그린란드 북부에서 배핀섬에 걸친 해발고도 1,000~3,000m의 산맥 외에는 평지가 많은 편이다. 발트 순상지(Baltic Shield)는 핀란드를 중심으로 북스칸디나비아(노르웨이 해안 제외)와 러시아의 북서쪽 지형을 모두 포함한다. 앙가라 순상지(Angaran Shield)는 시베리아 중북부 하탄가강(Khatanga River)과 레나강(Lena River) 사이에, 알단 순상지(Aldan Shield)는 시베리아 동부에 위치한다.

이들 지역 대부분은 플라이스토세의 빙기에 거대한 빙상으로 뒤덮여 현재에도 그린란드 빙상을 비롯하여 각지에서 빙모[15]를 볼 수 있다.[16] 시베리아·알래스카·캐나다에는 영구동토 지대가 많고, 일부 지역은 지하 400~500m까지도 얼어 있다. 영구동토에서 매머드의 유체가 발견되기도 한다. 대부분 대륙이 아닌 해빙[17]으로 뒤덮여 있는 북극해는 시베리아에서 극점을 통과하여 그린란드 북부로 이어지는 로모노소프 해령[18]에 의해서 태평양 쪽의 수심 약 3,000m의 아메라시아 해분과 대서양 지점의 수심 약 4,000m의 유라시아 해분으로 나뉜다. 로모노소프 해령의 깊이는 1,000~1,500m로 가장 얕은 부분도 945m이며, 유라시아 앞바다에는 1,000~1,500m의 대륙붕[19]이 있다.

이곳에는 대서양 쪽에서 바렌츠해(海) ·카라해 ·랍테프해 ·동시베리아해 ·추코트해가 줄지어 있고, 그린란드 북부에 링컨해가 자리 잡고 있다. 북극해의 최고 중앙부는 스피츠베르겐 제도(諸島) 북쪽에 있는 리트케 해곡(海谷)으로 5,449m의 수심이 측정되었다. 여름에는 대륙 연안의 항행이 가능하나 그린란드 북부 연안만은 불가능하다.[20]

오랜 기간에 걸친 극지질의 풍화 침식으로 말미암아 북극 내 지리가 변화하여 해양 순환과 기후에 상당한 변화가 있었다. 신생대 3, 4기(약 6550만~260만 년 전)에 판의 움직임이 두 지역에서 다양한 지질 활동으로 이어졌다. 하나는 북태평양 주변의 해령과 연관되어 있었으며, 여전히 캄차카, 알류티아 제도, 알래스카에서 활화산이 발견된다. 다른 지질학적 활동은 북대서양을 가로질러 확장되었고 아이슬란드 전역, 얀 마옌섬, 스코어즈비 사운드의 남쪽 그린란드 전체를 포함했다. 아이슬란드와 얀마옌에서는 화산 활동이 지속되고 있으며 그린란드에서는 온천이 발견된다.

[그림 1-4] 그린란드의 북극 산악과 바다 (출처: 위키피디아)

[그림 1-5] 노르웨이 게리랑게르 피오르드 협만 (출처: 위키피디아)

2) 북극 지형의 형성

신생대 초반의 북극 지형과 기후는 거의 알려지지 않았다. 수목한계선은 현재보다 적어도 북쪽으로 1,000마일 정도 더 넓었을 가능성이 있다. 그러나 신생대 동안 극지방은 더 차가워졌고 알래스카 산맥에서 영구적인 육지 빙하가 형성되었는데, 그 후 플리오세[21]의 말기(260만 년 전)까지 그린란드의 빙하가 형성되었다.

대서양 북극 섬들은 고립된 산봉우리가 얼음을 뚫고 나온 곳을 제외하고는 얼음으로 뒤덮여 있었다. 유럽에서 스칸디나비아 빙상은 러시아의 세베르나야 제믈랴와 영국 섬 사이에 있는 북유럽 지역 대부분을 덮었다. 비록 캐나다 북부에서와 마찬가지로, 북동부 시베리아도 심한 빙하로 뒤덮이진 않았으나, 초기 빙하에서는 빙하가 더 광범위했다.

빙하가 녹으면서 얼음에 의해 조성된 독특한 지형이 드러났다. 북부 캐나다 순상지와 핀란드 지역에서는 빙하의 흔적을 따라 무수한 호수 지형이 나타났다. 저지대에서는 깊은 빙하 퇴적물이 침식된 표면을 채우고 평평한 지형으로 남았다. 상류에서 특징적인 빙하 지형은 U자 모양의 계곡이다. 북극 해안 근처에서 이들 계곡은 남부 알래스카, 캐나다의 동부 해안, 그린란드 주변, 아이슬란드 동부와 서부, 노르웨이의 해안, 그리고 많은 북극 섬에서 피오르드[22]를 형성했다. 빙하기[23]를 지나면서 극지 대륙붕은 해수면이 낮아지면서 노출되었으며, 특히 베링해협과 해안 지대는 아시아에서 북미로의 이주를 용이하게 했고, 동시베리아 해역에서도 유사한 현상이 나타났다.

3) 오늘날의 빙하

북극은 일반적으로 얼음으로 덮인 것으로 보이지만, 실제로 육지 표면의 5분의 2 미만이 영구적인 빙하로 구성된다. 나머지는 비교적 따뜻한 기온과 눈이 거의 내리지 않는 기후로 인해 빙하로 이루어지지는 않는다. 빙하는 매년 눈, 우박 등의 강수량 축적이 여름에 용해된 것을 초과할 때 형성된다. 과다한 눈은 온도와 연간 눈 축적에 따른 비율인 빙하 얼음으로 서서히 전환된다. 빙하 대부분이 빙점보다 훨씬 낮은 온도에서 형성되므로, 북극에서는 눈이 천천히 얼음으로 변한다. 그린란드 북서부에서 1,400피트 깊이의 구멍이 빙하 얼음

[그림 1-6] 알래스카 북극 빙하 (출처: 위키피디아)

에도 닿지 않은 채 발견되었다. 그 구멍은 800개 이상의 연간 눈 층을 보여주었고, 그로부터 지난 8세기 동안의 강수 변화를 확인할 수 있었다. 1960년대 중반 그린란드 북서부의 캠프 세기(Camp Century)에서 깊이 4,560피트의 얼음 핵이 발견되었고, 1981년 그린란드 남동부 지역에서 깊이 6,683피트의 얼음 핵이 회수되었다. 얼음 중심부는 마지막 간빙 이후 10만 년을 망라한 기후 변화 정보를 위해 분석되었다.

북극 지방의 빙하는 수원(水原)에 따라 두 개의 집단으로 나눌 수 있다. 첫 번째 유형은 북대서양과 그 주변 바다에 있다. 다른 유형은 북태평양 북부 지대

이다. 가장 큰 빙하인 그린란드 내륙 빙하는 남극 빙하 다음으로 면적이 크다. 북에서 남으로 약 1,570마일에 걸쳐 있으며, 최대 폭 약 600마일에 평균 두께 약 5,800피트로 섬 한가운데서는 11,000피트에 이른다. 그린란드의 가장 큰 섬은 그린란드의 거의 80%에 해당하는 65만 제곱마일이 넘는 면적을 차지하고 있다.

빙상의 표면은 옆으로 경사져 북서쪽의 멜빌만을 따라 240마일 전방에서 바다에 이른다. 다른 곳에서는, 특히 서쪽과 남동쪽의 디스코와 우마락만에서, 피오르드를 통해 빙하가 쏟아져 나온다. 북극 캐나다에서 빙하는 거의 예외 없이 배핀만과 데이비스해협 주변의 더 큰 지질 구조와 강수의 결과로 북동쪽으로만 형성된다. 최남단의 얼음은 북부 래브라도의 토른가트 산맥에서 발견되는데, 이 산맥의 밑부분에 작은 빙하가 있다. 프로비셔만 남쪽의 고원에 있는 허드슨해협 바로 북쪽에 두 개의 작은 만년설이 있다. 캐나다 빙하가 바다에 도달하여 빙산을 형성하는 경우는 거의 없다.

다른 빙하는 대서양 북쪽과 동쪽, 노르웨이와 바렌츠해에서 계속 발견된다. 아이슬란드에는 5개의 주요 빙하가 있는데, 그중 가장 큰 바트나 빙하는 3,000제곱마일 이상을 차지한다. 바다에 도달하는 빙하는 없지만, 피오르드 빙하 형태를 띤다. 바트나 빙하의 서부는 6~10년마다 분출되는 그리윰스뵈튼 화산을 형성하고 있다. 분출의 열기는 빙하를 녹이면서 큰 홍수를 일으키는 빙하 호수를 형성한다.

3. 북극의 기후

[그림 1-7] 러시아 야쿠티야 오이먀콘의 영하 71.2도 기념비
(출처: 라승도)

극지의 기후는 위도, 바다의 근접성, 고도, 지형에 따라 크게 달라진다. 그런데도 북극 지역은 모두 북극만의 고유한 특성이 있다. 여름에는 상당한 태양 에너지에 노출되지만, 눈과 얼음의 높은 반사율에 의해 표면 온도 상승 효과는 제한된다. 중앙 극지 분지에서만 연간 순복사열이 영도 이하로 떨어진다. 겨울에는 기온 역전 현상으로 시베리아 북서부와 극지 분지의 많은 지역에서 한겨울에 극저온 현상이 나타난다. 이러한 현상은 그린란드 만년설과 유콘과 러시아 야쿠티야의 보호구역인 산골짜기에서 흔하게 나타난다. 북미에서 기록된 가장 낮은 육지 표면 온도는 유콘(−63℃)에서 관측되었으며, 러시아 야쿠티야(−68℃)와 그린란드 북부(−70℃)에서도 관측되었다.

극지 기후는 월평균 기온이 0℃를 넘지 않는 빙설 기후와 짧은 여름 동안 이끼가 자랄 수 있는 툰드라 기후로 나뉜다. 툰드라 기후는 가장 따뜻한 달의 평균기온이 0℃ 이상, 10℃ 이하이다. 또 다른 구분은 겨울 기온이 거의 낮지 않고 적설량이 많은 대서양과 태평양의 북쪽 도서와 인근 해안에 주로 위치한 극지 해양 기후와 겨울의 북알래스카, 캐나다, 시베리아와 같은 극지 대륙 기후로 분류하는 것이다. 극지 대륙성 기후 유형에는 캐나다 북극 군도들이 포함되어 있는데, 이들은 두껍고 깨지지 않은 해빙 때문에 겨울에 바다의 영향을 많이 받지 않는다.

극시방의 대륙 지역에서는 북쪽 먼 곳에서 8월 말에 겨울이 시작되고 약 한 달 후에는 수목한계선에도 겨울이 온다. 기온은 12월경까지 계속해서 급격히 떨어진다. 1월, 2월, 3월 초는 중앙 시베리아 북극에서 평균 기온이 약 −37°C, 북아메리카에서는 −34~−29°C로 대체로 균일하다. 겨울철 최저 온도는 −54~−46°C이다. 일부 다른 북극 지역은 겨울 대륙성 기후로 오랜 기간 맑은 하늘과 낮은 적설량을 보이는 특징이 있다. 가장 낮은 강수량은 캐나다 북부 섬과 그린란드 북부 지역의 극지 사막으로, 연간 총 강수량이 4인치보다 적은 경우가 많다.

아북극의 수목한계선 이남은 대륙(마켄지 분지, 내륙 유콘, 알래스카 북동 시베리아)과 해양(북퀘벡−라브라도르, 북스칸디나비아, 북러시아) 환경 간에 차이가 나타나는 점이 특징적이다. 대륙 지방의 여름에 강수량이 증가하고 잦은 고온 현상(7월에 시베리아 북동부에서 16°C를 초과함을 의미함)이 나타나는 것은 해양 지역에서 여름 기온이 낮은 것과 대조된다.

보퍼트 해역, 동시베리아 해역과 함께 북극해 중부에는 알래스카 북부와 시베리아 북동부에 버금가는 겨울이 있다. 풍속은 낮고, 평균 기온 −30~−40°C로 떨어지는 겨울이 장기간 안정적으로 유지된다. 바렌츠해와 베링해협에서 발원하는 간헐적인 폭풍은 극지 분지 인접 영역을 관통하여 눈이나 폭설을 동반한 기온의 일시적 상승을 가져올 수 있다. 4월에는 눈이 녹고 해저 해빙이 시작되는 6월까지 대기 온도가 상승한다. 여름철 평균 기온은 1°C 이상으로 상승하지 못하고 거의 연속적으로 낮은 구름과 안개를 동반한다.

그린란드에서는 다양한 빙하 기후가 나타난다. 남부 내륙 빙하의 기후는 강수량이 많은 해양 기후 특성이 나타나며, 주로 사이클론이 통과하면서 눈을 동반한다. 중앙과 북쪽에는 대륙형 기후 현상이 나타나며, 적설량도 적다. 공기 온도가 때때로 0℃까지 상승할 수 있지만, 평균 기온은 남쪽보다 훨씬 낮다. 만년설에서 불어오는 강한 바람은 섬의 모든 지역에서 흔하게 나타난다.

빙하의 변동에 의한 흔적은 지난 천 년 동안 극지방에 상당한 기후 변화가 있었음을 시사한다. 20세기 전반에 북극의 기후가 변하기 시작했고, 특히 계절상으로 겨울철에 노르웨이해 주변에서 높은 기온 상승이 발생했다. 일반적으로 온난화의 정도는 위도가 높아질수록 증가했고, 스발바르 겨울철 기온은 8℃ 가까이 상승했다. 기후 변화와 관련하여 스발바르 주변과 그린란드 남서쪽 해빙은 급격히 감소했다. 1940년대 초에는 극지방의 온도가 하강했다. 이러한 광범위한 기후 냉각은 1970년대 초반까지 간헐적으로 계속되었다. 이때 캐나다 동부 북극의 여름 해빙이 해안 지역에 계속 나타났다. 이후 20년 동안 이러한 추세가 역전되어 태평양 북쪽의 육지와 바렌츠해와 그린란드해 주변(연간 기온에서 +1.5℃의 변화)에서 가장 두드러진 기온 상승이 일어났다.

4. 북극의 생태계

1) 북극의 식물

극지에서는 두 개의 주요 식생 지대가 발견된다. 남쪽에는 아북극이 존재하

[그림 1-8] 러시아 네네츠자치구 북극 툰드라 여름철 풍경 (출처: 라승도)

[그림 1-9] 아북극 지역의 침엽수림 (출처: 위키피디아)

고, 아북극성 숲이 형성되어 있다. 북쪽에는 일반적으로 툰드라(Tundra)로 불리는 북극의 고유 지형이 있는데, 핀란드어로 탁 트인 구릉 지대를 일컫는다. 북아메리카에서는 불모지(Bulmar Ground)라는 서술어가 자주 사용된다. 두 구역은 북극 수목한계선으로 구분되는데, 이 경우는 삼림종의 절대 북방 한계로서, 그 너머에서도 같은 종은 낮은 관목과 이끼류가 발견될 수 있다. 수목한계선은 각 지역마다 다른 종으로 구성된다. 알래스카와 캐나다 북서부에서는 흰색 가문비나무가 우세한 반면, 래브라도-퀘벡에서는 검은색이나 황갈색 가문비나무가 많이 분포한다. 반면 북유럽과 시베리아에서는 황토, 소나무, 전나무 등이 숲을 이루고 있다. 이 수목한계선은 여름 온기와 관련이 있는데, 이는 나무 성장과 밀접하게 연관될 수 있다.

북극의 식물은 저온, 여름철 계속되는 일광, 이동성 토양, 영구동토, 그리고 많은 지역에서 강하고 건조한 바람과 눈 등을 포함한 혹독한 환경에 적응해야 한다. 이러한 환경에 적응하는 종은 적으며, 거의 키가 작은 편이다. 북극 식물의 성장기는 너무 짧아서 다년생은 드물며, 다년생은 포자나 영양 번식을 통해 무성으로 번식한다.[24] 그렇더라도 북극 식물은 계절적 수명 주기가 빠르다. 봄철 성장은 눈이 땅 위에 있고 여전히 심한 서리가 내릴 때 종종 시작된다. 꽃과 씨앗 단계는 6주 정도의 짧은 기간에 이어진다. 갑자기 피어오르는 꽃은 특히 툰드라 남쪽 가장자리를 따라 장관을 이루며 7월에 잠시 동안 이어진다. 꽃 중에는 청색 스파이크 루핀, 야생 크로커스, 북극 양귀비, 색시프라지가 포함된다. 8월 말경에는 꽃이 지고 다시 겨울이 찾아온다.

북극 대부분 지역은 토양이나 식물이 없는 극지 사막이다. 연구에 따르면 영구적인 얼음에도 종종 해조류가 존재한다. 맨바위 표면은 얇은 갈색, 검은색

또는 회색 지각의 이끼로 덮인다. 이끼는 물에 젖으면 부풀어 오르고 부드러워진다. 검은 이끼 중 일부는 먹을 수 있다고 알려져 있다. 과거에 이끼는 굶주린 탐험가에 의해 식용으로 사용되기도 했다.[25]

툰드라 지역은 관목류로 뒤덮이며, 다양한 툰드라 식물군이 분포한다. 캐나다 허드슨만 서쪽을 중심으로 하는 일부 지역에서는 비슷한 환경이 툰드라 초원을 형성한다. 버드나무와 난쟁이 자작나무는 북부 알래스카 해안 평야에서 상당히 많이 분포한다.

북극의 가장 따뜻한 지역에서는 낮은 관목, 버드나무, 자작나무, 향나무 등이 풍부하다. 남부 북극에서는 낮은 숲 지대가 형성된다. 이런 종류의 식물은 북극 수목한계선에 가까운 모든 극지방에서 흔하게 볼 수 있다. 그린란드 남서부와 아이슬란드 북부의 안쪽 피오르드에서도 쉽게 눈에 띈다. 수풀은 에스키모(이누이트)가 캐나다 서부 북극에서 연료나 매트 대신에 사용해왔으며, 예전에는 나무로 화살촉을 만들기도 했다. 이러한 목적을 위해 에스키모는 북극 수목한계선으로 이동하거나 이전에 북극 해안을 따라 널리 거주지를 형성했다.

[그림 1-10] 북극 툰드라 지역의 각종 딸기류 (출처: 라승도)

툰드라 식물은 북방목 포유류의 먹이 공급원이지만 인간에게 직접적인 가치가 있는 먹이는 거의 없

다. 이 식물들의 열매는 북극 남부 전역에서 발견된다. 클라우드베리(Rubus Chamemorus), 빌베리(Baccinium ulliginosum), 그리고 산 크랜베리, 버섯은 널리 분포하며, 거주민의 식단에서도 자주 활용된다.

북극 수목한계선은 아북극 숲–툰드라를 경계로 이어진다. 바람이 잘 통하지 않는 산등성이는 툰드라 이끼로 덮여 있는 반면, 보호가 잘 되어 있는 계곡에는 큰 강 근처가 계속 이어져 강이 북쪽으로 흐르면 툰드라까지 수 마일에 걸쳐 삼림지대가 나타난다. 갈레리아숲으로 알려진 이 지역은 캐나다의 코퍼민강과 북부 시베리아강을 따라 발견된다. 이 숲은 북극 수목한계선을 이루는 침엽수종을 포함하고 있으며, 특히 자작나무와 함께 잎이 넓은 여러 종을 일부 포함한다.

2) 북극의 동물

북극 육지 포유류와 조류는 빙하의 남쪽과 북쪽 모두에서 살아남은 형태로 적응해온 종이다. 이들은 북알래스카, 당시에는 마른 땅이었던 베링해협과 같은 얼음이 없는 리큐어 북쪽에서 시베리아 외곽, 북극 도서, 그리고 가장 북쪽에 있는 그린란드로 이동했던 것으로 보인다. 대표적으로 북극곰, 순록, 북극늑대, 북극여우, 북극제비, 북극산토끼, 북극레밍쥐, 뇌조, 백송고리, 그리고 눈올빼미가 있다. 북극레밍쥐, 뇌조, 순록과 같은 초식 동물을 먹이로 하는 늑대, 북극곰 등 육식 동물로 생태계가 형성된다. 북극곰은 북극레밍쥐와 같은 육지 동물 외에도 바다표범과 물고기를 사냥한다.

순록은 계절에 따라 이동하며, 남쪽으로는 북극 툰드라 지역과 침엽수림 사이에 주로 서식한다. 순록 일부는 북극 고위도로 이동하는 경우도 있다. 사향소는 특별한 경우다. 지금은 북아메리카 북극(북그린란드 포함)에 국한되어 발견되지만, 이전에는 더 널리 퍼져 있었고 아마도 진화적으로 방어를 위해 북쪽 먼 곳으로 이동한 것으로 보인다.[26] 북극에서는 동면이 불가능하다. 따라서 계절에 따라 이동하지 않는 온혈동물은 겨우내 활동 상태로 있어야 한다.

북극권 조류 대부분은 계절별로 이동한다. 이들은 미국 남부, 중앙아메리카, 브라질, 또는 심지어 북극 이남 지역 등 멀리 떨어진 지대를 오간다. 이주를 통해 새들은 북극의 긴 겨울과 짧은 여름에 먹이를 얻는다. 북극권 대표 조류는 갈까마귀, 퍼핀, 붉은 다리 키티와케(Red-Legged Kittiwake), 뇌조, 큰부리바다오리, 쇠목테갈매기, 목테갈매기, 흰줄박이오리, 백송고리, 바다쇠오리, 도둑갈매기 등이 있다.

모든 파충류는 외열에 영향을 받아 온도를 조절한다. 북극 지역에서는 겨우내 땅이 얼어 있기 때문에, 파충류가 살 수 있는 피난처가 없다. 따라서 북극 지역에는 파충류가 살 수 없다. 캐나다 북극 수목한계선 북부 아래에는 일부 양서류가 발견되기도 한다. 7월과 8월 초에 연못과 작은 호수에서 번식하고 나머지

[그림 1-11] 북극의 순록은 계절에 따라 이동한다. (출처: 라승도)

일 년은 밑바닥의 진흙에 묻힌 채 동면한다. 진흙은 얼지 않고, 개구리는 피부를 통해 숨을 쉴 수 있는데, 파충류는 서식할 수 없다.

민물고기는 백어, 호수 송어와 얼룩무늬 송어, 북극 회랑어, 알래스카 흑어, 북극 치르 등 몇 가지 종으로만 대표된다. 어떤 지역에서는 버봇, 북방산 연어, 대서양 연어가 북극 수목한계선 북쪽을 관통한다. 북극에는 으뜸부리, 모기, 검은 파리를 포함한 상당한 곤충이 서식한다. 심지어 북극 엘즈미어섬에서도 겨울을 나는 특정한 종의 거미가 발견되기도 한다.

해양 북극은 상층(650-825피트)이 북극해(중앙 분지)의 상층부로부터 직접 연결되는 지역으로 정의되며, 아북극은 북극과 비북극(대서양 또는 태평양)의 담수가 이어지거나 혼합수로 발견되는 지역이다. 아북극 해양동물은 북극 동식물군보다 훨씬 더 풍부하다.

플리스토세기[27] 중에 기후가 냉각되었을 때 온혈동물로서 포유류는 강자로 살아남았고, 지금도 다수의 해양 생태계를 지배한다. 고래 중 벨루가, 즉 흰돌고래와 나르왈은 북극의 해양 생물 종이다. 전 세계적으로 분포하고 있는 다른 고래들은 가끔 북극 해양에서 나타난다. 푸른고래, 작은 핀백 또는 핀백, 향유고래, 범고래 등이 해당된다. 모발표범, 물개, 하프 바다표범 등이 북극 지역 해양 지대에서 발견된다. 털물개는 북태평양에 나타나 알래스카 해역과 러시아 해역에서 번식한다. 빙하 위와 육지에 살지만 본질적으로 수생 동물인 북극곰도 중요한 해양 생물 중 하나이다.

해빙(Sea Ice)과 관련된 북극만의 특별한 생태계가 있다. 해빙 표면에서 상당한 농도로 서식하는 조류(주로 규조류)를 발견할 수 있다. 해빙에서 조류는 북극 서식 곤충, 요각류부터 갑각류, 극지 대구, 새, 물개까지 이르는 먹이사슬에서 가장 하단에 위치한다. 조류는 플랑크톤 조류보다 더 빨리 성장한다.

5. 북극권 국가

북극권 내에 영토가 있는 국가는 캐나다, 러시아, 미국, 덴마크(그린란드 및 페로 제도), 아이슬란드, 스웨덴, 노르웨이, 핀란드 등 8개국이며 이 중 5개국(캐나다, 러시아, 미국, 덴마크, 노르웨이)은 북극해에 인접하는 해안선도 보유하고 있다.

1) 캐나다

캐나다에서 북극 지역은 캐나다 영토의 40% 이상을 차지하고 있으며, 이 중 80%의 지역에 토착 원주민 10만 명이 거주하고 있다. 북극 해안선은 약 36,000개의 섬 해안을 포함하여 캐나다 전체 243,000km에 달하며, 캐나다 전체 해안선의 거의 75%를 차지한다. 캐나다가 북극에서 가장 가까운 지점은 엘즈미어섬 케이프 컬럼비아(Cape Columbia)로, 극점에서 769km 떨어져 있다. 캐나다는 전 지구적 관점에서 눈과 얼음의 이미지와 매우 밀접하게 일치하고 있어 북극은 일종의 캐나다 상징이기도 하다.

14,056만 제곱킬로미터의 북극해는 세계에서 가장 작은 바다이다. 해안선의 4분의 3이 캐나다와 러시아에 속해 있다. 국제법에 따르면 북극해나 지리적인 경계로서 북극을 소유한 나라는 없다. 유엔 해양법협약(UNCLOS, 1982년)에 따라 북극해 인접 국가는 해안선으로부터 200해리까지 경제수역을 인정받을 수 있다.[28] 캐나다는 인접성과 역사를 근거로 북서항로를 포함한 북극 군도가

캐나다 내부 해역으로 이루어져 있다고 주장한다.[29] 캐나다의 북극 지역 영유권 주장은 찰스 2세가 허드슨 베이 회사에 루퍼트 땅을 준 1670년 헌장을 근거로 한다. 지금의 북서영토와 누나부트 지역은 1821년에 추가되었다.

[그림 1-12] 캐나다 북극 군도 (출처: 위키피디아)

캐나다의 북극 영유권 주장은 대부분 보호되어야 할 문화, 국가 정체성, 인프라 개발 및 환경과 관련이 있다. 비록 1880년대의 맥도널드 정부는 북극을 "가치 없는" 것으로 여겼으나, 북극 주권을 확립하기 위한 현재의 추진 과정에서 기후변화 때문에 만들어진 해로인 북방항로의 잠재력과 더불어 석유와 가스 등 중요한 천연자원 잠재력에 의해 가치를 인정받는다. 북서 영토의 매켄지 가스 프로젝트는 81조 세제곱피트의 천연가스와 70억 배럴의 석유를 매장하고 있다. 누나부트는 캐나다의 기존 석유 매장량의 4분의 1을 매장하고 있으며, 배핀섬 인근 동부 북극에서는 석유 매장량이 100억~300억 배럴로 추산된다. 에너지 자원 외에도, 북극은 광물 자원이 풍부하다는 점에서 이 지역의 경제를 책임질 만큼 중요하다. 다이아몬드 산업은 2011년 21억 달러의 생산으로 수익성이 높다. 캐나다 북극에서 채취하는 광물로는 구리, 아연실버, 텅스텐, 금, 니켈 등이 있으며, 금속에는 희토류 원소, 코발트, 백금류 그룹 원소 등이 있다.

2) 러시아

러시아의 북극 경계선 길이는 24,140km이며, 북극과 가장 가까운 지점은 극점에서 911km 떨어진 루돌프섬이다. 러시아는 미국이 주장하는 국제 항로인 북해항로(일명 동북항로)를 국제 항로로 간주하고 있다. 북극의 안보, 북 항로, 그리고 에너지 자원 개발은 러시아의 주된 관심사이다. 러시아는 석유와 천연가스 개발에 주력하고 있으며, 매장량의 70%가 러시아 대륙붕에 있다. 러시아 북극 지역은 니켈, 구리, 석탄, 금, 우라늄, 텅스텐, 다이아몬드 등 방대한 광물 자원을 포함하고 있다.

역사적으로 러시아는 한때 알래스카를 소유한 적이 있다. 1859년 대영제국과 크림전쟁 이후 재정적으로 어려움을 겪던 러시아는 알래스카가 영국 식민지(현재 캐나다)에 근접하면서 영국과의 또 다른 전쟁에서 방어가 어려워질 것을 우려해 미국에 알래스카를 팔겠다고 제안했다. 알래스카 매입은 남북전쟁으로 지연되었지만, 1867년 미국이 알래스카를 720만 달러에 매입했다.

1930년대에는 점점 더 많은 소련의 쇄빙선들이 북극으로 향했다. 게오르기 세도프는 프란츠요제프 제도에 진출하여 세계 최북단 정착지를 만들었고, 세베르나야제믈랴 군도 인근에도 진출했다. 1932년에는 북쪽으로, 그리고 1933년에 무르만스크에서 태평양으로 이어지는 두 개의 통로가 만들어졌다. 1937년 소련은 빙하 위에 북극 탐사기지를 개설하기도 했다. 이반 파파닌, 표트르 시르쇼프, 에브게니 페도로프, 어니스트 크렌켈로 이뤄진 탐사대는 극지를 측량하고, 해저 토양 샘플을 수집하고, 기상을 관측했다. 이들의 극지 기상 관측 기록은 오늘날 북극을 가로지르는 일상적인 항공로 이용을 가능케 했다.[30]

2001년 러시아는 로모노소프와 멘델레예프 능선을 따라 북극까지 120만 제

[그림 1-13] 러시아 북극 군사기지 (출처: 위키피디아)

곱킬로미터에 대한 주권을 해양법에 관한 유엔협약(UNCLOS)에 정식으로 청구했다. 러시아는 유엔이 이를 거부하자 2007년 잠수함에서 러시아 국기가 담긴 통을 북극 해저에 떨어뜨렸다. 이러한 상징적인 행위와 함께 러시아는 "북극은 우리의 것이며, 우리는 우리의 존재를 입증해야 한다"고 선언하기도 했다. 러시아는 2007년부터 북극 군사력을 증강하기 시작했다. 2010년 러시아와 노르웨이는 바렌츠해를 둘러싼 44년간의 분쟁을 마무리 지었다. 이 전례에 따라 양국은 17만 5천 제곱킬로미터의 면적을 분할했다.

3) 미국

미국의 북극 해안선은 1,706km에 불과하지만, 알래스카를 보유함에 따라 북극권 국가에 해당된다. 미국이 북극에서 가장 가까운 지점은 알래스카의 포인트 바로우(Point Barrow)로, 극점에서 2,078km 떨어져 있다. 미국은 북극해 항로에 관심이 있으며 1949년 코르푸해협 사건(영국 대 알바니아)에서 국제사법재판소(ICJ)가 제정한 기준을 전례로 들어 북서해협을 '국제 해협'이라고 주장하고 있다.[31] 캐나다와 러시아의 입장과는 반대편에 선 입장이라고 볼 수 있다.

북부항로는 섬들 사이의 여러 통로로 이루어져 있으며, 각 통로는 지형적, 환경적 문제가 복잡하다. 미국은 1969년 쇄빙 초유조선 SS 맨해튼과 1985년 미국 해안경비대 커터 극해 등 두 차례에 걸쳐 캐나다의 동의 없이 북서항로를 통해 해상 선박을 보냈다. 캐나다 전문가 대다수는 이 두 개의 항로 운행이 국제 항해에 사용되는 기준을 충족시키기에 불충분하다고 주장한다.

1945년 미국은 대륙붕 천연자원 관할권을 국제적인 범위에서 개발해야 한다고 주장했고, 다른 나라들은 재빨리 그 뒤를 따랐다. 1967년 해양법 변경 필요성이 제기되었고, 유엔은 해양법에 관한 유엔 협약(UNCLOS)을 1982년 11월 16일 발효했다. 이에 따라 200해리 이내에서 천연자원에 대한 국가의 주권을 인정하고, 대륙붕이 200해리 한계를 넘어서는 것을 증명할 수 있다면 해안에서 350해리까지 영토 주장을 인정한다. 미국은 어업과 관련된 UNCLOS 조항에는 동의했지만, 배타적 경제수역 해저에서 발견된 광물(200마일 이내)을 다루는 UNCLOS의 6항에는 동의하지 않는다.

천연자원은 알래스카 경제와 미국 경제 전반에 필수적이다. 알래스카의 자원은 석유와 가스 외에도 목재, 어류, 석탄, 금, 다이아몬드, 수은, 백금, 구리 등이 있다. 노스 슬로프에만 약 1,000억 배럴의 회수 가능 석유가 매장돼 있다. 알래스카의 천연가스 잠재력은 200조 세제곱피트 이상으로 추정되며, 노스 슬로프에서는 약 163조 세제곱피트에 달한다.

4) 덴마크

덴마크는 북극권 남쪽의 작은 스칸디나비아 국가이다. 유럽 대륙에 위치한 덴마크는 북극의 일부로 간주되지 않지만, 덴마크가 주권을 갖고 있는 그린란드는 북극에 속해 있다. 덴마크가 북극에서 가장 가까운 지점은 극에서 707km 떨어진 페리랜드 카페클루벤섬이다. 덴마크의 국가 이익은 에너지 자원을 이용하고 교역로를 늘리는 데 있다. 수에즈 운하 대신 북극항로를 이용하면 로테르담에서 도쿄로 가는 항해에서 7,000km를 단축해 시간과 연료비를 모두 절약할 수 있다.

덴마크는 한때 유럽 최대 강대국 못지않은 영향력을 발휘했다. 실제로 1015

[그림 1-14] 그린란드 해안 마을 (출처: 위키피디아)

년부터 1034년까지 영국을 통치했으며 17세기에 카리브해에 식민지를 건설했다. 덴마크와 그린란드의 관계는 10세기에 이 섬에 식민지를 세우기 위한 탐험으로 거슬러 올라간다.

노르웨이의 식민 통치는 15세기에 끝났고 그린란드는 1536년부터 1814년까지 존재했던 덴마크-노르웨이 공동 왕국의 통치하에 있었다. 그린란드는 1814년에 덴마크의 식민지가 되었고 1953년에 덴마크 왕국의 일부가 되었다. 1979년 덴마크는 그린란드 자치권을 허가했고, 2009년 그린란드는 자치 영토가 되었으며, 군주 정부로부터 지방 정부로 권력이 이양되었다.

덴마크는 2011년 8월 UNCLOS를 비준하고 2014년까지 북극 해저에 있는 북극 지역 주권 의사를 밝히면서 북극 전략을 유엔에 제시했다. 덴마크의 북극 우선순위는 그린란드 정부와 협의하여 배타적 경제수역을 포함한 그린란드의 외교, 안보, 금융 정책을 통제하는 데 있다. 덴마크는 또한 그린란드의 전략 자원인 금, 다이아몬드, 천연가스, 석유와 빙산수 등에 관한 권리 대부분을 소유하고 있다.

5) 아이슬란드

아이슬란드는 그린란드해와 북대서양 사이의 영국 북서쪽에 위치한 북유럽 섬나라로 북극해의 가장자리에 위치한다. 북극에서 가장 가까운 지점은 에이야프조르주 콜베인시(Kolbeinsey)로, 극점에서 2,552km 떨어져 있다. 아이슬란드 내륙은 빙하와 용암, 사막이 산재해 있어 사람이 살기 힘든 척박한 땅이지만, 해안 지역은 방목과 경작할 수 있는 영토로 구성되어 있다.

1875년 아스카 화산이 폭발했고, 그 후의 여파로 광범위한 기근이 발생했다. 그 후 25년 동안 아이슬란드 인구의 20%는 캐나다, 특히 그중에서도 매니토바 지역으로 이주했다. 또한, 미국계 아이슬란드인은 1873년부터 캐나다로 떠나 위니펙 호수 해안의 뉴아이슬란드(지금의 김리)로 알려진 지역에 식민지를 건설했다. 매니토바는 당시 북서부 영토의 미조직 지역이었고 뉴아이슬란드 정착민들이 그들만의 법을 만들고 자체 학교를 유지할 수 있도록 하는 주문 심의회에 의해 보호구역이 마련되었다. 북극 주권을 결정하는 데서 아이슬란드의 위치는 복합적이다. 북극이사회의 회원국으로서, 유럽연합(EU)은 아이슬란드가 북극과 그 자원에 대한 영향력을 제공해 EU에 '연합 외부 정책에 대한 북극과 북대서양 차원의 입장'을 대변하도록 한다. 캐나다는 유럽이 북대서양과 북극의 유산을 인정하는 데 대한 이해 부족과 북방 국가들의 생계를 이유로 EU가 옵서버로 참여하는 등 북극에 대해 공식적으로 개입하는 것을 경계하

[그림 1-15] 에이야퍄들라이외퀴들 빙하는 아이슬란드의 작은 빙하이다. (출처: 위키피디아)

고 있다. 한편, 아이슬란드는 북극해 연안 국가에 포함되지 않는다('북극 5'는 캐나다, 러시아, 미국, 덴마크, 노르웨이로 구성된다).

6) 스웨덴

스웨덴은 유럽연합에서 면적이 세 번째로 큰 입헌 군주국이다. 스웨덴 영토의 일부가 북극권에 포함된다. 북극 지역에 해당하는 라플란드 지역에는 스웨덴, 노르웨이, 핀란드, 러시아에 걸쳐 약 7만 명의 사미인(Saami) 원주민이 거주한다. 스웨덴은 대륙 덴마크나 핀란드처럼 북극해와 인접하는 해안선이 없다. 대신 보니아만, 발트해, 대서양과 지리적으로 연결되어 북극해의 무역로 접근에 유리한 곳에 위치한다. 스웨덴은 쇄빙선 분야의 선두주자로 북극항로의 상업적 이용에도 관심이 많다.

스웨덴 정부는 기후변화 연구를 오랫동안 지원했다. 온도, 강수량, 빙하, 동식물에 대한 환경 모니터링 연구는 100년 가까이 이어졌다. 스웨덴은 기후변화에 대한 세계적인 이해에 기여했고 취약한 북극 환경에서 알려진 새로운 유해물질의 수준을 지속적으로 분석했다. 스웨덴에는 아비스코 과학연구소와 같은 기후변화 연구소가 있으며 전 세계 연구자를 대상으로 실험을 관리, 조정, 시행하고 있다. 케브네카이세산맥의 타르팔라 연구소는 빙하 감시, 기상 및 수문 분석, 눈 화학 및 영구동토층 연구를 수행한다.

스웨덴은 북극 문제에 관한 국제 협력 기구의 최초 회원국 중 하나이다. 국제사회의 압박이 커지고 국내에서도 이에 대한 요구가 거세지자 2011년 5월 북극권 8개 국가 중 마지막으로 북극 전략을 공식 출범시켰다. 전략 문서에서는 북극 및 바렌츠 지역의 자유무역 지역에 대한 비즈니스 및 경제적 이익과 관

[그림 1-16] 케브네카이세산 (출처: 위키피디아)

련된 스웨덴의 우선순위 및 광업, 석유 및 임업, 육상 운송 및 인프라, 해상 보안 및 선박의 환경 영향, 해상 및 항공 구조, 쇄빙 등에 관한 스웨덴 정부의 관심 분야를 다뤘다.[32] 스웨덴은 에너지, 관광, 순록, 정보통신 기술, 우주기술 등의 산업적 관심뿐만 아니라 북극권 국가 간 다자간 협력, 환경 및 지속 가능한 개발, 거주민 환경, 특히 북극의 토착 문화 보호에 관심을 기울이고 있다.

7) 노르웨이

노르웨이에서 북극점에 가장 가까운 지점은 로스 아일랜드, 스발바르(Svalbard)로 극점에서 약 1,024km 떨어져 있다. 노르웨이의 경제는 북극 자원 개발에 상당히 많이 의존한다.

노르웨이의 역사는 다른 스칸디나비아 국가의 역사처럼, 오크니섬, 셰틀랜드와 헤브리데스, 맨섬, 스코틀랜드와 아일랜드의 북쪽에 정착한 바이킹과 관련 있다. 9세기 바이킹에 의해 설립된 더블린은 1171년까지 노르웨이가 통치하고 있었다. 바이킹 시대는 1066년 노르웨이의 왕 하랄드 하드룰러와 그의 부하들이 영국의 스탬퍼드 다리 전투에서 패배하면서 막을 내렸다.

1905년 국민투표를 통해 노르웨이가 독립 국가로 자리매김했다. 제1차 세계대전 당시 노르웨이는 중립을 지켰지만, 잠수함 전쟁과 해양 채굴로 인해 많은 선박이 파괴되었다. 그러나 이 전쟁으로 인해 재정적인 이득이 생겼고, 노르웨이는 외국 소유로 넘어간 주요 기업을 회수할 수 있었다. 제2차 세계대전이 발발하자 노르웨이는 다시 중립을 선언했지만 5년간 나치에 점령당해 독일군의 경제 수탈과 대량 학살에 시달렸다. 1949년에 노르웨이는 북대서양조약기구(NATO)에 가입했다. 1960년대에는 인접 해역에서 석유와 가스가 발견되면서 개발이 활발히 진행됐다.

노르웨이의 로알드 아문센은 1906년 북서항로를 항해한 첫 번째 탐험가였다. 아문센 탐험대는 이 탐사를 통해 풍부한 자료를 수집했다. 아문센은 지구의 자력과 자기 북극의 정확한 위치를 밝혔는데, 이는 현대에도 중요한 업적으로 인정받

[그림 1-17] 라플란드에 위치한 라포르텐산 (출처: 위키피디아)

고 있다. 이후 아문센은 남극 탐험도 성공적으로 이끌었다.

8) 핀란드

핀란드는 스웨덴, 노르웨이, 러시아와 국경을 접하고 있는 북유럽 국가 중 하나이다. 스웨덴이나 대륙 덴마크처럼 핀란드는 북극해와 맞닿아 있지 않다. 북극권은 북극에서 약 1,700km 떨어진 곳인 노르웨이에 인접해 있는 최북단 지점에서 시작하여 남쪽으로 약 3분의 1을 가로지른다. 핀란드의 북극 지역인 라플란드는 주로 토착 원주민인 사미인이 거주한다.

핀란드의 탄화수소 자원은 풍부한 삼림 자원에 한정되어 있다. 화석 에너지는 주변국에서 수입하며, 주로 러시아로부터 석유, 가스를 수입하고 있다. 핀란드는 여러 정유소를 운영하고 있으며 광범위한 파이프라인 시스템을 갖추고 있다. 원유를 가공하여 중유, 경유, 가솔린, 디젤유를 수출하기도 한다. 따라서 북극 지역에서 에너지 자원의 수송은 핀란드의 경제적, 정치적, 안보적 이익과 연관되어 있다. 핀란드는 바렌츠해 지역에 대규모 투자를 하고 있다. 노르웨이와 러시아의 석유와 가스 매장량은 핀란드의 연안 산업 및 조선 기업에 기회를 제공하고 인프라 구축, 기계와 장비 건설, 물류 부문에도 이점을 주었다.

핀란드는 북극에 대한 전문성과 연구 성과를 국제적으로 인정받고 있다. 핀란드는 북극 문제에 대한 이니셔티브를 제시하는 데 중요한 역할을 해왔다. 핀란드의 북극 전략 수립 목표는 교육, 연구, 시험, 기술 및 제품 개발에 투자함으로써 북극의 국제 전문가로서의 역할을 강화하고, 북극해 운송과 조선 분야에서 놀라운 성과를 보여주고 있다. 또한, 중소기업의 네트워킹, 수출 및 국제화를 지원함으로써 바렌츠 지역에서 수행되는 대규모 프로젝트를 이끌고 있다.

미주

1 https://www.britannica.com/place/Arctic
2 https://nsidc.org/cryosphere/arctic-meteorology/arctic.html
3 https://arcticportal.org/maps-arctic-definitions
4 https://arcticportal.org/maps-arctic-definitions
5 https://arcticportal.org/maps-arctic-definitions
6 https://grid-arendal.herokuapp.com/resources/8387
7 https://grid-arendal.herokuapp.com/resources/8387
8 https://arcticportal.org/maps-arctic-definitions
9 https://arcticportal.org/maps-arctic-definitions
10 https://www.britannica.com/place/Arctic
11 순상지(楯狀地, Shield)란 지각 중에서 고생대 이후 지각 변동을 받지 않아 지질학적으로 가장 오래되고 안정화된 넓은 지역을 일컫는다. 순상지는 '방패 모양의 땅'이라는 의미이다. 주로 대륙의 중심부에 위치하여 선캄브리아기 때 형성된 암석이 오랜 기간 침식 작용을 받아 낮고 완만하며, 이것이 방패를 엎어 놓은 듯한 모양을 이루는 데서 기인하였다. (출처: 순상지 [Shield, 楯狀地] (두산백과))
12 지표의 단단한 암석층이 넓은 면적으로 수평상의 테이블 모양을 이룬 안정된 지역이다. 아프리카, 데칸고원, 서오스트레일리아, 브라질고원 등은 하나의 큰 탁상지이며, 아프리카 남단의 케이프타운이 전형적인 예이다. (출처: 탁상지 [Table Land, 卓狀地] (두산백과))
13 선캄브리아대는 지구가 탄생한 약 45억 6천만 년 전부터 최초로 눈으로 보일 정도의 껍질을 가진 생물(Small Shelly Fossil)의 출현으로 시작된 캄브리아기, 즉 5억 4천만 년 전까지의 시기로서 지구 전체 역사의 86%를 차지하는 긴 시기이다. (출처: 선캄브리아대 [Precambrian Eon, 先―代] (두산백과))
14 고생대란 지질 시대를 구분하는 기준에서 원생대와 중생대 사이의 시기로, 약 5억 7천만 년 전부터 2억 2천 5백만 년 전까지의 시대를 지칭한다. 고생대층의 분포는 넓으며, 각지에 산지를 구성하고 있다. 시대가 오래되었기 때문에 고결도(固結度)가 높으나 때로는 풍화하여 연약 암반으로 되어 있다.
15 산의 정상 부분을 뒤덮고 있는 빙하를 뜻한다.
16 https://terms.naver.com/entry.nhn?docId=1186251&cid=40942&categoryId=32302
17 해수가 냉각하여 동결한 것이다.
18 깊은 바다에 있는 길고 좁은 산맥 모양의 솟아오른 부분. 바다에 있는 산맥 모양이라 해령이란 이름이 붙었다.
19 바닷물에 잠긴 대륙의 부분으로, 일반적으로 수심이 얕고 (대략 150m) 해저 면의 기복이 적은 비교적 평탄한 해저 지형을 뜻한다.
20 https://terms.naver.com/entry.nhn?docId=1186251&cid=40942&categoryId=32302
21 약 533만 년 전부터 258만 년 전까지의 지질 시대를 말한다. 신생대의 중신세인 마이오세 다음의 두 번째 시

기이다. 이 시기에 기후가 한랭화되었고, 남극 대륙은 중신세보다 한층 더 빙상을 확대하고 있었다. 북반구의 빙상 발달도 이 시대에 이미 시작되었다.

22 빙식곡이 침수하여 생긴 좁고 깊은 후미, 즉 협만을 말한다. 빙식곡은 종단면이 U자형을 이루고 있으므로 양쪽 곡벽(谷壁)은 급한 절벽을 이루며, 후미는 너비보다 만의 길이가 지나치게 길고, 후미의 안쪽도 수심이 깊다.

23 빙하기(glacial age 혹은 glacial intervals)는 대륙빙하(빙상)가 상대적으로 많이 확장되어 한랭한 기후를 나타내는 기간으로 정의된다. 반면 빙상이 상대적으로 많이 후퇴해 기후가 온난한 시기를 간빙기(interglacial interval)라고 한다. 지구는 신생대 4기로 들어서면서 기온이 점차 하강하고 있으며 약 320만 년 전부터 100만 년 전까지 약 4만 천년 주기로, 100만 년 전부터 현재까지 약 10만 년 주기로 빙하기와 간빙기를 반복하고 있다. 마지막 빙하기는 약 11만 년 전에 시작되어 1만 2천 년 전에 끝났다. 즉, 현재 간빙기(홀로세)는 약 1만 2천 년 정도 지속되고 있다. (출처: 빙하기 [Glacial Age] (기상학백과))

24 무성생식은 한 생명체가 다른 성의 생명체와 교미 등을 통하여 유전정보를 교환하지 않고도 자신과 유전적으로 동일한 개체를 만드는 번식 방식으로, 식물 중에는 출아법, 영양 번식, 포자 형성 등을 통해 무성생식을 한다.

25 https://www.britannica.com/place/Arctic

26 https://www.britannica.com/place/Arctic

27 플리스토세기는 200만 년 전부터 1만 년 사이의 기간을 의미하며, 이 시기에 중위도까지 빙기였으며 현재의 대륙 구도가 형성되었다. 이 시기에 매머드가 멸종되었다고 알려져 있다.

28 https://www.thearcticinstitute.org/quick-start-guide-arctic-unclos/

29 https://diplomatonline.com/mag/2012/10/the-arctic-country-by-country/

30 https://diplomatonline.com/mag/2012/10/the-arctic-country-by-country/

31 https://diplomatonline.com/mag/2012/10/the-arctic-country-by-country/

32 https://www.government.se/country-and-regional-strategies/2011/10/swedens-strategy-for-the-arctic-region/

제2장

북극에는 누가 사는가

1. 북극의 원주민

북극 지역에는 약 4만 년 전부터 인류가 살기 시작했다. 약 1만 년 전 마지막 빙하기라고 불리는 기간에 인류는 순록, 매머드, 울리코뿔소 사냥을 위해 시베리아 북부를 따라 이동했고, 베링 해협을 건너 북아메리카로 이동했다. 당시 북시베리아와 알래스카는 얼음이 얼지 않았고, 이 지역에 많은 사람이 정착할 수 있었다. 몇 천 년 후 일부는 북극 해안에 정착했고, 고래, 바다코끼리, 물개를 사냥하며 생활했다. 이 지역에 살면서 인류는 사냥과 생존에 필요한 의복과 다양한 도구를 개발했다. 또한, 동물 사육과 같은 매우 진보된 기술을 연마했다.

비록 북극 지역의 토착 원주민들은 인종적으로 다양하고 넓게 흩어져 살고 있지만, 이들은 의복과 주거 양식, 반(半)유목적인 생활방식에서 공통점을 보인다. 이들은 같은 동물군을 사냥하고, 토테미즘, 애니미즘, 샤머니즘 등의 토속신앙을 공유하며, 공동체 생활을 조직하며 환경에 적응했다. 이 시기부터 북극 지대에 거주하기 시작한 북극 토착 원주민들은 현재에도 여러 북극 지역에서 거주하고 있다. 그린란드와 북동 캐나다에서는 토착 원주민의 비율이 상당히

[그림 2-1] 노르웨이 크발순드 (출처: 위키피디아)

높은 반면, 북유럽과 서시베리아에서는 비교적 낮은 비율을 차지한다.

북극 지역에는 다양한 토착 원주민이 살고 있다.[1] 이들은 수천 년 전부터 농업, 수렵, 어업 활동을 하며 북극 지역에서 살아왔다. 북극 지역에서 원주민의 거주 지역과 가장 큰 연관성을 갖는 경계는 수목한계선에 따른 경계이다. 이 한계선과 북극해 연안 사이의 영토는 툰드라로 구성된다. 일부 고도가 높은 지역은 침엽수림으로 둘러싸여 있다.

북극은 일반적으로 토양이 척박하고 인간이 살기 힘든 기후 환경으로 조성된다. 극한 환경에서 살아가는 원주민에게는 공통된 특별한 자질이 있는 것은 분명하지만, 북극에 대한 신화적 이미지는 이후 정복자들에 의해 만들어진 편견에 가깝다. 토착 원주민에게 극지방의 환경은 적대적이거나 금지된 공간이 아니며, 친숙하고 관대한 공간이다.

여름철의 백야는 눈이 녹아서 생긴 풍부한 빙하수와 결합하여 식물이 빠르게 자랄 수 있도록 한다. 이는 북극 동물과 철새에게 매력적인 환경 조건이다. 북극해 일부 해안에 흐르는 따뜻한 해류는 마찬가지로 많은 해양 동물에게 도움이 된다. 이러한 북극의 계절적 특성은 원주민의 정착 및 이동 경향성에도 영향을 미친다. 삼림·툰드라·해안의 3대 환경 조건은 극지방 사람들의 생활방식과 밀접하게 연결된다. 이러한 환경 조건은 북아메리카와 유라시아를 통틀어 놀라울 정도로 균일하며, 이런 균일성은 극지방의 원주민 간 문화적 유사성에서도 나타난다.

원주민의 문화적 환경 적응 사례는 세 가지로 분류할 수 있다. 첫째, 대부분의 원주민은 숲속에 거주하며 동물, 새 사냥 및 낚시 활동에 의존한다. 소규모 집단이 여러 지역에 흩어져 생활하는 경향이 있다. 둘째, 주된 거주 지역은 삼

[그림 2-2] 사미인의 순록 사육 (출처: 위키피디아)

림 지대와 툰드라 사이 경계선에 걸쳐 있다. 이는 순록 방목이 원주민의 주된 생활방식이라는 사실에서 기인하는데, 순록의 생태 환경에 맞추어 적응한 사례라고 볼 수 있다. 순록 방목을 하는 유목민 집단은 봄에 숲에서 북부의 툰드라 지대로 이동하고 가을에는 툰드라에서 숲으로 다시 이동한다. 셋째, 북태평양 해안의 대표적인 생활방식은 해안가에 적응하는 형태이다. 이들은 비교적 큰 해안가 정착지에서 일 년 내내 살면서 여름에는 보트 낚시를, 겨울에는 해안가의 해양 포유류를 사냥한다. 이는 이누이트(에스키모) 집단에서 가장 흔하게 나타나는데, 겨울과 봄에는 해안에서 바다 포유류를 사냥하고 여름과 가을에 내륙 툰드라에서 순록과 어업을 통해 생활하는 복합적인 형태도 있다.

유라시아 대륙의 북극권은 크게 두 가지 점에서 아메리카 대륙과 구별된다. 첫째는 순록의 가축화, 둘째는 원주민의 유럽 외부 정착민과의 접촉이 이루어졌다는 점이다. 순록은 북극과 아북극 지역의 유라시아(태평양 연안 제외) 전역

어디에나 있는 반면, 북미 순록은 사실상 유라시아 야생 순록과 달리 가축화되지 않았다. 유라시아 대륙에서 순록의 가축화는 숲과 툰드라 경계선에 사는 여러 원주민 민족 사이에서 나타났다 한편, 19세기 말에 수입 순록과 목동을 이용해 알래스카에 순록 목장을 조성하려는 시도가 나타나기도 했지만, 성공하지는 못했다.[2]

북극 원주민의 역사에서 유라시아와 아메리카 대륙 간 차이점은 아메리카 대륙에 대한 유럽인의 탐사가 거의 시작되지 않았던 시기에 러시아 시베리아 탐사가 사실상 마무리됐다는 사실이다. 두 탐험은 모두 모피 무역이 주된 동기였으며, 두 대륙의 원주민 공동체에 매우 유사한 결과를 가져왔다. 시간적으로 유라시아 대륙은 무역의 초기 역사에 속하고 아메리카 대륙은 후기에 속한다는 차이만 나타날 뿐이다.

1) 유라시아 대륙

베링 해협 주변 해안 지역 주민(시베리아 유픽인과 연안 축치인, 코랴크인)을 제외하고 유라시아 북부 원주민은 연중 내내 타이가숲 지역에 거주하거나 타이가 경계와 툰드라 사이에서 매년 이동하며 생활한다. 실제 북극권 원주민은 지리상으로 툰드라 지대에 거주하는 원주민을 지칭하지만, 실제 생활 방식에 따른 공통된 특성을 고려한다면 툰드라 대지보다도 넓은 공간을 아우른다. 원주민은 공통적으로 사냥, 채집, 낚시 및 순록 방목과 같은 전통적인 생활방식에 의존하며, 농업에는 상대적으로 많이 의존하지 않는다.

일반적으로 유라시아 북부의 원주민은 부족 단위로 명확하게 구분되어 있지 않다.[3] 민족적, 영토적 경계는 사실상 유동적이다. 게다가 일부 원주민 집단의

[그림 2-3] 1910년 노르웨이-스웨덴 사미인 (출처: 위키피디아)

[그림 2-4] 2006년 러시아 네네츠인 가족 (출처: 위키피디아)

민족명은 각 집단을 지칭하는 다양한 명칭으로 인해 더 복잡하다. 예를 들어, 어떤 원주민은 수만 명에서 많게는 수십만 명 규모의 집단을 지칭하는 반면, 어떤 원주민은 수백 명 이하의 소규모 지역 집단을 가리키기도 한다.[4] 어떤 원주민 민족명은 토착 원주민 언어에서 파생되었으나, 다른 민족명은 이웃 민족, 정복자 또는 인류학자 등 다른 언어에서 유래되었다.

(1) 페노스칸디아와 시베리아 북서부

사미인은 북부 페노스칸디아에 사는 원주민이다. 이들은 원래 핀란드, 카렐리아, 콜라 반도의 숲과 스칸디나비아 산맥의 경계 지역을 따라 흩어져서 사냥, 낚시에 주로 종사하면서 생활했다. 순록은 주로 사미인 원주민의 이동 시 활용되었다. 핀란드 북동부의 콜라 사미인과 스콜트(Skolt) 사미인 중 일부는 이러한 생활방식을 19세기 말까지 지속했다. 그러나 다른 지역에서는 핀란드와 스칸디나비아의 농업 정착지가 확대되면서 사미인의 전통 생활 공간이 점차 축소되었다. 17세기 산악 지대에서 유목 순록 목축 형태가 발달하면서, 사미인의 특징과 민족 정체성이 형성되었다.[5]

코미-지란(Komi-Zyryan)인은 우랄산맥 서쪽에 있는 페초라강과 비체그다강 사이에 살고 있으며, 코미공화국에 해당하는 이 지역은 러시아 내에서 어느 정도 자치권을 누리고 있다. 코미인은 오랫동안 러시아 정착민과 접촉해 왔으며 대다수는 농부와 가축 사육사였다. 그러나 코미인은 이 지역 북부에서 순록 목장을 계속해서 운영하고 있으며 전통적으로 무역업자로서의 명성을 누려왔다.

네네츠(Nenets)인은 시베리아 북서부의 원주민 집단 중 가장 큰 집단을 형성하며, 서쪽의 백해에서 동쪽의 예니세이강에 이르는 타이가와 툰드라 지역에 거주한다. 그들은 전통적으로 툰드라 네네츠, 툰드라와 타이가의 경계 사이에 무리를 지어 이주하는 순록 방목, 사냥과 낚시를 기반으로 생활한다. 네네츠인은 예니세이강 동쪽에 있는 타이미르반도의 주민인 응가나산(타브기 사모예드)과 다즈강과 투루칸강 유역과 예니세이 하류의 유역에서 주로 생활하는 에네츠(예니세이 사모예드)인과 상당히 연결되어 있다.

한티(Khanty)인과 만시(Mansi)인은 오비강과 그 지류 주변의 저지대 늪과 숲 사이에 거주한다. 이들의 경제는 전통적으로 사냥과 어업에 기반을 두었지만, 이들은 15세기경부터 현재의 야말로네네츠자치구에 해당하는 영토에서 순록 목축을 시작했다. 18~19세기 러시아인 등과의 접촉은 광범위한 동화로 이어졌다. 접촉이 최소화되었던 최북단 지역의 집단은 그대로 남았다.

(2) 시베리아 중북부

예니세이 동부 지역에서 가장 많은 민족수를 보이는 원주민은 사하(Sakha)인이다. 사하인은 사하공화국에서 80%에 달하는 인구 분포를 보이며, 레나강 주위에 거주하한다. 사하인은 13~14세기에 부랴트인의 압력에 의해 북부로 이동한 것으로 추정된다. 남부 사하인은 러시아 정착민과 접촉한 후 농업, 소와 말 목축업에 기반한 경제를 채택했다. 그러나 더 북쪽의 사하인은 그 주변 원주민과 같이 사냥, 낚시, 순록 방목 생활을 채택했다. 코미인처럼 그들 역시 지역 무역업에 상당한 역할을 했다.

예니세이강에서 동쪽으로 오호츠크해까지 뻗어 있는 산악 태가국의 주요 원주민은 에벤크 또는 퉁구스(Evenk, Tungus)인이다. 그들의 영토는 시베리아 전체 면적에서 약 4분의 1을 포함할 만큼 광활하다. 트란스바이칼 지역과 아무

[그림 2-5] 순록을 타고 있는 에벤크인 (출처: 위키피디아)

르강 상류 유역에 거주하는 남부 에벤크인은 주로 말과 소를 사육한다. 시베리아 동북부 지역은 축치(Chukchi)인, 코랴크(Koryak)인, 이텔멘(Itelmen)인, 유카기르(Yukaghir)인 등 이른바 팔레오시베리아족(Paleo-Siberian) 또는 하이퍼보레아족(Hyperborean)의 본거지다. 이텔멘(Itelmen)인은 캄차카 원주민이다. 그들은 전통적으로 해양 자원을 사용하는 대신 야생 식물 채집에 의존한다.

베링해 연안과 와이앙겔섬에 축치족과 함께 시베리아 유픽(Yupik)인 공동체도 있다. 이들은 주로 바다 포유류인 바다코끼리, 물개, 고래 등을 사냥했으며, 현지에서는 우난간이라고 부르는 몇백 명의 알류트가 캄차카 연안의 코만도르제도 중 하나인 베링섬에 살고 있다. 한편, 이러한 인위적인 민족 구분에도 불구하고 사실상 대다수 원주민은 서로 혼합되고 교류하면서 강한 연결성을 보이고 있다.

2) 북아메리카 최북단

북아메리카 최북단과 그린란드 해안과 툰드라로 덮인 연안 지대에는 에스키모(이누이트와 유픽/유피이트)인과 알류트인이 살고 있다. 알래스카 에스키모인은 유라시아 대륙의 원주민과는 다르다. 일반적으로 미국 에스키모인은 그들의 사회를 가족이나 부족과 같은 단위로 조직하지 않았다. 전통적으로 거주지별로 구분이 이루어졌는데, 접미사 미유트(-miut)는 '사람들'이라는 뜻의 접미사로 특정 장소의 사람들을 뜻한다.

역사적으로 각 개인의 정체성은 장소와 언어 외에 친족 및 결혼에 의한 결합

[그림 2-6] 에스키모 가족 (출처: 위키피디아)

에 영향을 받았다. 이 모든 것은 20세기에서 21세기까지 북극 원주민의 정체성에서 상당히 중요했다. 이 지역 원주민은 법률과 정치 문제에서 그들의 대표성을 용이하게 하기 위해 대규모 조직을, 경우에 따라서는 범북극적인 조직을 형성해 왔다.

이 지역 원주민은 주로 언어로 구분된다. 에스키모인(Eskimo)은 언어별로 이누이트(Inuit)인과 유픽(Yupik)인으로 세분된다. 이누이트인 또는 동부 에스키모인은 그린란드 동부에서 알래스카 북부까지, 그리고 시워드반도를 중심으로 노턴 사운드에 이르기까지 수천 마일을 따라 일련의 상호 연속적인 방언으로 이뤄진 언어를 구사한다. 반면, 유픽인의 언어는 서로 연관성이 없는 5개의 개별 언어로 구성되어 있다. 이 중 세 가지는 시베리아어의 한 갈래이다.

20세기 후반 이전에는 일반적으로 유사한 방언, 관습, 문화를 공유하는 집단을 지리적 명칭에 따라 구분했다. 캐나다 북대서양과 허드슨만 동부의 원주민은 '래브라도 에스키모인'과 '퀘백의 에스키모인'이라고 일컬었다. 배핀랜드 에스키모인은 종종 중앙 에스키모인에 포함되었는데, 이 그룹에는 허드슨만 서쪽의 카리부 에스키모인과 캐나다 북부의 북극해 또는 그 근처에 사는 이글루릭인, 맥켄지 에스키모인이 포함되었다. 이들 알래스카 북극 민족에 대한 설명은 지리적 구분보다는 언어적 구분에 따르는 경향이 있으며, 북극해 또는 인근 베링해협까지 남쪽 먼 곳에 사는 이누피아크어를 사용하는 이누피아트인을 포함하기도 한다.

베링해 에스키모인과 세인트로렌스섬 에스키모인은 베링해 주변에 거주한다. 그곳에는 해양 포유동물과 연어를 포함한 어류를 주식으로 하며 생활한다. 반면 태평양 연안 에스키모인은 북태평양 연안, 코디악섬과 프린스 윌리엄 사운드 부근에 거주한다. 이 세 집단은 각기 다른 형태의 유픽인을 말하는데, 함께 공통적으로 유픽 에스키모인 또는 유피이트인이라고 불린다.

20세기 동안 미국 북극 전역에 걸쳐 원주민의 생활 수준이 향상되었다. 제2차 세계대전 이후 미국의 국가 보건 체계가 적용되면서 원주민의 만성 및 급성 감염 빈도가 감소되었고, 인구는 1950년과 1980년 사이에 두 배로 증가했다. 21세기 초 인구 추정에 따르면, 이누이트인, 유픽인, 알류트인으로 불리는 사람의 총 인구수는 캐나다와 미국에서 약 13만 명으로 나타났다.

2. 북극 탐험과 개발의 역사

1) 북극 탐험과 개발의 역사

최근 수많은 식민지 발견에 대한 논의와 마찬가지로, 북극 지역의 개척과 발견이라는 표현은 적합하지 않다. 탐험가에 의한 정복과 착취가 사실상 정확한 표현이다. 특히 북극에 대한 '생존을 위한 투쟁과 정복, 외딴 황야의 이미지'는 토착 선주민이 아니라, 개척자, 탐험가에 의해서 고착되었다.[6]

얼어붙은 바다, 오로라, 그리고 백야가 있는 신화적인 장소인 북극은 오랫동안 인류를 매료시켜 왔다.[7] 토착 원주민들이 소외되고 착취당하는 동안 그것을 지배하려 했던 사람들에게는 부와 재앙을 동시에 가져다주었다. 최초의 북극 지역 탐험과 식민화(Colonization) 활동으로 기록된 것은 북부 바이킹의 확장과 관련이 있다. 당시 바이킹들은 이미 지중해, 남부 유럽의 많은 지역으로 이동한 상태였다. 그들은 유럽의 북부 지역을 탐험하면서, 페로 제도, 아이슬란

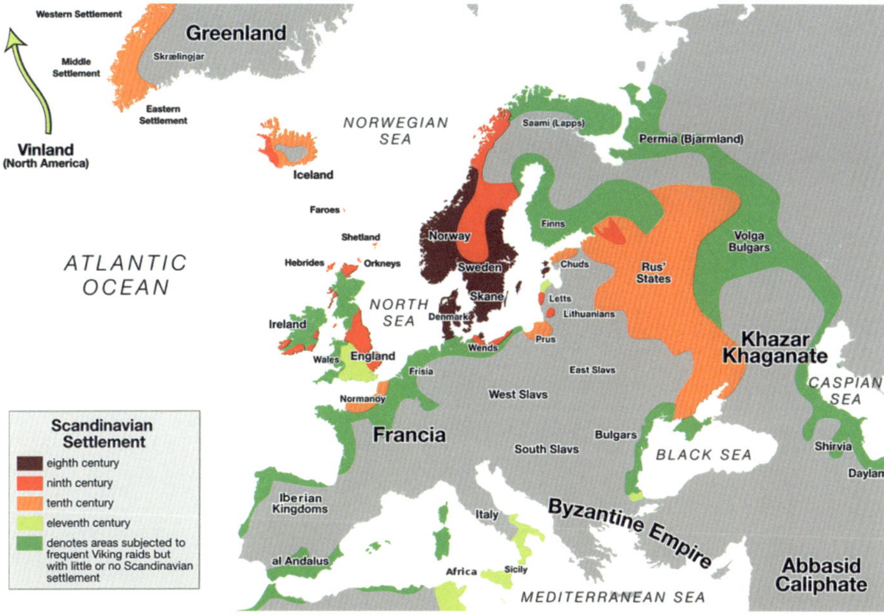

[그림 2-7] 8~11세기 바이킹의 영토 확장 (자료: 위키피디아)

드, 그린란드 일부와 래브라도에 정착했다. 아이슬란드와 패로 제도에서는 바이킹족 후손들이 오늘날까지 계속 거주하고 있는 반면, 그린란드와 래브라도에서는 이들이 존속하는 데 어려움이 많았고 그들의 거주지는 이후 자취를 감추었다.

러시아의 시베리아 정복은 16세기 후반부터 진행되었다. 소규모 코사크(Cossack)[8] 집단과 그들에게 자금을 지원한 상인 가문이 우랄산맥을 가로질러 세력을 확장했다. 러시아 탐험가들이 대륙 전체를 정복하는 데 겨우 60년밖에 걸리지 않았다. 우랄산맥 동쪽의 모든 문물이 1640년대까지 태평양에 인접하는 러시아 극동 지역까지 전해졌다. 이는 러시아 제국의 제한적인 국가 원조 하에서 가능했다. 시베리아 진출의 중요한 동인으로는 '모피세'라고 불리는 세금 징

수를 꼽을 수 있다. 이후 시베리아 일부 지역은 오랜 기간 방치되거나 토착 원주민을 착취했다. 19세기에 접어들어서는 행정부를 체계화하고 원주민들의 권리와 의무를 명확히 하기 위한 시도가 나타났다. 이와 관련하여 중요한 분수령이 되는 사건은 1917년 러시아 10월 혁명이었다. 러시아 혁명은 이른바 러시아 국민의 권리 선언으로 이어졌다. 적어도 문서상으로는 러시아의 모든 주민이 서로 다른 민족적 배경에도 불구하고 민족적 자기결정권을 가질 수 있었다.

16세기는 현대 시베리아뿐만 아니라 북극의 다른 지역에서도 중요한 시기였다. 바다코끼리 상아, 바다표범 가죽, 모피는 중세부터 유럽에서 거래되었다. 통치자들에게 북극곰을 선물하는 것은 흔한 의례가 되었다. 헨리 3세는 런던탑에 그의 곰을 가두며 부를 과시하기도 했다. 아시아와의 무역을 활발히 진행하기 위해 대서양에서 북극해 항로를 찾으려는 시도가 16세기부터 전개되었다. 영국, 네덜란드, 노르웨이, 러시아, 덴마크의 탐험가들은 북극점을 향해 모험을 시도했다. 탐험 과정에서 많은 사람이 죽었고, 그들의 선박은 얼음에 부딪혀 부서지고 가라앉았으며, 선원들은 먼 해안에서 겨울을 보내려다가 괴혈병에 걸리거나 얼어 죽었다.

수많은 탐험의 결과로 북극 지역의 상당 부분이 여러 국가에 의해 점령되었다. 프랑스의 자크 카르티에가 현대 퀘벡의 세인트로렌스강 지역을 탐험했다. 영국과 네덜란드의 무역상들은 무역을 목적으로 유럽에서 중국으로 가는 이른바 동북부 항로를 찾으려고 시도했다. 이들의 항해는 16세기에는 성공하지 못했다. 그러나 자크 카르티에의 시도는 성공적이었다. 그의 성공은 캐나다 동부 지역에 프랑스 식민지를 건설하는 계기가 되었고, 영국인들은 17세기에 허드슨 베이 회사를 통해 캐나다 지역에 더 많이 정착했다.

[그림 2-8] 미지의 땅이었던 알래스카를 발견한 비투스 베링 (자료: 위키피디아)

영국 해군은 1818년부터 1845년까지 북서항로 탐색을 시도했고, 존 프랭클린 경의 항해로 정점을 찍었다. 이 항해로 배와 선원들은 실종되었고 그 후 몇 년 동안 적어도 15개의 구조 탐험대가 그들을 찾으려고 시도했지만 번번이 실패했다. 1880년에는 현재의 캐나다 북극 지역의 섬 36,000개 이상으로 이루어진 군도가 영국령에서 캐나다로 귀속되었다.

1648년 러시아 탐험가 세묜 데즈네프가 시베리아 동쪽 끝에서 해협을 건너 북미 대륙에 도달했다는 기록이 있지만 실제 증거는 미미하다. 1741년 러시아 표트르 대제는 덴마크의 탐험가 비투스 베링을 단장으로 하는 원정대를 보냈다. 이들은 알래스카 일대를 발견했으며, 그 후 알래스카 지역은 러시아 제국의 영토가 되었다. 러시아인들은 1784년에 알래스카에 러시아정교 교회를 세우고, 1799년에 러시아-아메리카 회사를 설립했다. 모피 사냥꾼이 코디액섬

[그림 2-9] 1911년 남극점에 최초로 국기(노르웨이 국기)를 게양한 로알드 아문센 (자료: 위키피디아)

에 스리세이니츠베이를 건설했다. 크림전쟁(1854~56) 직후에 러시아는 패전에 따른 재정 위기에 빠져 있었고, 안으로는 농노반란으로 혼란한 상황을 맞이했다. 이런 상황에서 러시아는 자금 마련을 위해 알래스카 매각을 결정했고, 우여곡절 끝에 미국 대표로 슈어드 국무장관과 러시아 대표로 스테클 대사가 나서 1867년 3월 30일 알래스카 매각 협상이 이뤄지면서 알래스카는 미국령이 되었다.

1878년에는 핀란드-스웨덴의 과학자 아돌프 에릭 노덴스키외르드가 최초로 북동항로를 성공적으로 항해했다. 1903년에서 1906년 사이에는 노르웨이의 탐험가 로알드 아문센이 북서항로를 최초로 횡단했다. 그 외 북자극 위치를 확인했고, 북동항로 항행, 북극점 상공 통과 횡단 비행에도 성공한 것으로 알려졌다. 그는 1909년 미국인 로버트 피어리가 북극점에 도달한 것으로 알려지자 목표를 남극으로 바꾸어 1910년 프람호(號)로 남극탐험을 떠났다. 아문센은 로스해(海)의 고래만(灣) 대빙벽에 기지를 설치하고 개썰매로 남극점을 향해 출발한 지 55일 만인 1911년 12월 14일 인류 역사상 최초로 남극점 도달에 성공했다. 이는 영국의 스콧 일행보다 35일 앞섰다.[9]

2) 북극점[10]을 향한 여정

지난 수 세기 동안 수많은 탐험가가 북극점을 향한 탐험을 시도했다. 많은 사람이 북극해가 얼음으로 둘러싸인 열린 바다라고 확신했지만, 초기 탐험에서 북극해가 실제로 대부분 빙하 상태인 것을 확인했다. 탐험가들은 걸어서, 또는 개썰매나 열기구를 타고 얼음을 횡단했다. 북극점을 향한 질주는 19세기 말에 이르러 가속화됐다. 북극점은 지구의 가장 북쪽 북위 90° 지점이다. 북극해 한가운데 있으며, 북극점 지점의 깊이는 4,087m이다. 인류가 북극점에 처음 도달한 것은 1909년 4월 6일 로버트 피어리 일행이라고 알려져 왔다. 하지만 1996년에 새로 발견된 피어리의 일지를 검토해 본 결과, 피어리는 북극점에서 40km 못 미친 지점까지만 도달한 것으로 밝혀졌다. 1909년에 피어리는 북극점에 도달했다고 주장했지만, 북극점에 도달한 것으로 확인된 첫 번째 탐험은 1968년 스노모빌을 이용했던 미국 랠프 플라이드의 탐험으로 알려져 있다. 극지 탐험의 동기는 단순한 모험심은 아니었다. 북극의 해양, 환경, 기후에 관한 과학적 연구를 목적으로 하는 대규모 탐험이 증가했다.

1879년에는 조지 워싱턴 드롱이 이끄는 미국 원정대가 새로운 시도를 감행했다. 드롱은 브란젤섬이 북쪽으로 멀리 뻗어 있는 거대한 육지라고 믿으면서,

장넷트호를 이끌고 해안을 따라 항해했다. 그는 최대한 북쪽으로 항해한 뒤 극지까지 썰매를 타고 가고자 했다. 그러나 그의 배는 헤럴드섬 근처의 얼음에 걸렸고 22개월 동안 서쪽으로 떠내려가 브란젤섬 북쪽을 지났다. 이들은 신시베리아 제도 근처에서 침몰했다. 선원들은 배와 썰매를 타고 레나강 삼각주로 이동했는데, 그곳에서 드롱 자신을 포함한 많은 사람이 사망했다. 로버트 맬러리 베리 휘하의 수색 탐험대가 1881년 브란젤섬을 조사했다. 일부 잔해는 나중에 그린란드의 남서쪽 해안에서 발견되었는데, 북극해를 바로 가로질러 표류한 것으로 추정되었다.

노르웨이의 탐험가 프리드조프 난센은 1888년 사상 처음으로 그린란드 횡단에 성공했고, 그린란드 내부가 전부 빙원(氷原)임을 확인했다. 난센은 북극해의 과학 조사를 통해 우연히 북극점에 닿을 수 있는 경로를 발견했다. 특히 횡압에 의해 솟아올라 찌그러지지 않도록 특별히 설계된 새로운 선박 프람호에서 난센은 오토 스베르드럽과 함께 1893년 노르웨이를 떠나 카라해로 항해했다. 장넷트호가 침몰한 곳 근처에서 그들은 프람호를 타고 표류하기 시작했는데, 난센은 프람호를 설계 · 건조하여 북극 탐험에 나섰고 신시베리아섬에서 예정의 표류(漂流)를 시작하여 요한센과 함께 북위 86° 14'의 지점까지 도달하면서 당시 신기록을 세웠다. 난센은 영국의 탐험가 프레드릭 잭슨을 만나 배를 타고 귀국했다. 잭슨은 프란츠 요제프 제도가 북극점으로 가는 발판이 될 가능성이 있다고 보고 조사하고 있었지만, 난센의 설명을 듣고 시도를 포기했다. 그러나 잭슨은 3년간의 체류 기간(1894~97년)에 이 지역 섬에 관한 지도를 제작하는 획기적인 업적을 쌓을 수 있었다.

프람 원정 이후 알려진 바에 따르면, 북극점 중심부가 얼음으로 덮인 바다

[그림 2-10] 1895년 난센과 요한센의 탐험대 (출처: 위키피디아)

이고 아직 발견될 땅으로 둘러싸여 있다는 것은 의심의 여지가 없었다. 그 후 북극점을 향한 경쟁은 국제적인 스포츠 행사로 변질되었다. 잭슨의 뒤를 이은 몇 차례의 탐험은 프란츠 요제프 제도에서 북극점에 도달하려고 했다. 세 명은 미국인이었다. 1898~99년 월터 웰먼, 1901~02년 볼드윈-지글러 원정, 1903~06년 피알라-지글러 원정대가 탐험을 시도했다. 다브루찌 공작이 이끄는 이탈리아 원정대는 1900년 움베르토 카그니 대위가 북위 86°34′에 이르렀을 때 신기록을 세웠다.

로버트 피어리는 1891~92년과 1893~95년에 극지 탐험을 시작했는데, 당시 그는 주로 얼음이 없는 피어리랜드를 발견하면서 두 번의 긴 항해를 시도했다. 피어리는 1886년 그린란드를 탐험했고 1891~1892년에도 재탐험했다. 그 결과 극지빙하(極地氷河)가 북위 82 °까지 연장되어 있음을 판명하고, 빙하의 형성, 에스키모의 민속 연구 등에 크게 이바지했다. 그는 이후 북극 탐험에 나서 1898~1902년 북위 84 °17', 1905~1906년 북위 87 °6'에 도착했다. 1898~1902년 그는 스미스 사운드의 기지에서 레이디 프랭클린만에 대규모 공급소를 설치했고, 그린란드 북쪽 해안을 통과했고, 엘즈미어섬의 케이프 헤클라에서 북위 84°17′에 도달했다. 1905년 밥 바틀렛트 선장은 루즈벨트호를 타고 옛 겨울 숙소와 가까운 케이프 세리단까지 항해했다. 케이프 헤클라로부터 북위 87°06 ° 에 이르는 신기록을 세웠다. 그는 또한 엘레스미어섬 북쪽 해안을 통과하여 나레스가 떠난 해안을 지도화했다. 1908~09년에 귀국했을 때 그는 케이프 컬럼비아에서 출발하여 북극점에 도달했다고 주장했다.

러시아인 그레고리 세도프는 1912년 스베야토이 포카를 타고 탐험에 나섰다. 바렌츠해에서 얼음으로 막힌 탐험대는 노바야 제믈랴 북서쪽 해안에서 겨울을 보내고 1913년에야 프란츠 요제프 제도에 도달했다. 세도프는 1914년 프란츠 요제프 제도 남부의 티카야만 기지에서 극지방으로 썰매를 타고 내려오려 했으나 군도의 북쪽 끝에 도달하기도 전에 사망했다.

북극점에 도달한 것으로 확인된 첫 번째 표면 탐험은 1968년 스노모빌로 엘레스미어섬 북부에 도달한 랄프 플라이스테드 휘하의 미국 탐험대에 의해 이뤄졌다. 이듬해 월리 허버트가 이끄는 영국 북극 횡단 탐험대는 알래스카 포인트바로에서 스발바드를 향해 썰매개를 이끌고 북극점에 처음으로 도달했다. 극점을 가장 먼저 찾은 잠수함은 미국의 핵잠수함 노틸러스(Nautilus, 1958년)와 얼음을 뚫고 수면 위로 떠오른 스케이트(Skate, 1959년)였다. 극지방에 도달한 최초의 선박은 1977년 신시베리아 열도 방향에서 접근한 소련의 원자력 쇄빙선

아르크티카였다. 항공기가 극점(또는 그 근처)에 처음으로 착륙한 것은 1937년 소련 최초의 표류소인 북극 1호의 표류 시작점에 이반 파파닌이 이끈 원정대가 당도할 때였는데, 소련 비행사 미하일 보다피아노프에 의해 이뤄졌다.

북극점으로 날아가는 첫 비행은 1897년 스웨덴 과학자 살로몬 아우구스트 안드레와 두 명의 동료가 스발바르 제도에서 최초로 시도했다. 하지만 그들은 돌아오지 못했다. 크비트섬에서 그들의 사체와 일기가 1930년이 되어서야 발견됐다. 1926년 5월 12일 링컨 엘스워스, 움베르토 노빌레와 함께 아문센은 비행선을 타고 같은 기지에서 출발하여 극지를 가로질러 알래스카로 날아갔다. 이는 극지대를 횡단한 최초의 비행이 되었다.

3. 북극 주민과 인구 변화

1) 인구 변화

2000년대 세계 인구는 급속도로 증가했다. 2000년부터 2010년 사이에 인구가 13% 증가하여 2011년 10월에는 70억 명에 달했다. 그러나 전 세계 인구 급증과 대조적으로, 북극의 인구는 2000년 이후 약간 감소했다. 2013년 기준 약 405만 3천 명이 북극 지역에 거주한다. 2000년 이후 5만 5,982명(1.4%)이 감소했는데, 이는 러시아 북극 지역의 인구 급감에서 기인한다. 반면 알래스카, 아이슬란드, 캐나다 북극은 모두 세계 속도보다 더 빠르게 성장했다. 그린란드와 노르웨이의 북극 거주민 인구는 대략 같은 수준을 유지했고, 라피(핀란드)와 노르보텐(스웨덴)은 약간 감소했다.

미국과 캐나다의 북극 지역 인구는 빠르게 증가해왔다. 북극에서 가장 빠르게 성장한 지역은 누나부트로 2000년 이후 20% 가까이 증가했다. 반면 노르웨이 스웨덴, 핀란드, 러시아 등 북극 지역은 인구 증가 속도가 다른 나라들보다 느리거나 감소 속도가 빨랐다. 감소 폭이 가장 큰 북극 지역은 소련 이후 경제활동이 위축된 러시아였다. 보르쿠타와 이가르카, 북부 야쿠티야, 추콧카 도시들은 모두 2000년대에 20% 이상의 인구 감소율을 보였다. 반면 야말네네츠자치구는 젊은 층이 유입되면서 10% 가까이 증가했다. 북극의 정착지나 지역으로의 이주는 인구 규모와 구성에 엄청난 영향을 미쳤다.

2) 인구 구성 변화

도시와 농촌 사이에는 생활방식과 사회기간시설에서 상당한 차이가 있다. 알래스카는 주 내부뿐만 아니라 주 외부로부터 도시 지역으로 이주하면서 점점 더 도시화되고 있다. 1920년에는 인구의 6%만이 도시 지역에 거주했다. 경제 성장의 주요 동력이 도시 지역에 집중되고 새로운 도시 지역이 성장함에 따라 1970년 인구 조사 당시 알래스카 인구의 절반 이상이 도시 지역에 거주하는 것으로 나타났다.

캐나다 북부에서는 유콘에서 캐나다(81%)와 가까운 도시 지역(76%)에 거주하는 인구 비중이 높은 반면, 북서부 연방직할지(46%)와 누나부트(32%)에서는 농촌 지역이 더 많다. 노르웨이 북부 도시 지역에 거주하는 인구는 69%이며, 러시아 북극의 모든 지역에서는 인구의 절반 이상이 도시 지역에 거주하고 있다. 무르만스크(93%)와 야말네네츠(85%)가 가장 높은 비중을 차지하고 있다. 무르만스크주 인구의 상당수는 북해함대의 본거지인 무르만스크시와 그 밖의 여러 광산 정착촌에 집중되어 있다.

북극의 인구는 400만 명 수준을 유지하고 있다. 북극 지역은 대부분 저출산과 높은 태아 사망률로 인구통계학적 문제를 겪고 있다. 북극 지역의 평균 출산율은 누나부트의 경우 여성 1인당 3.0명에서 무르만스크의 경우 여성 1인당 1.3명까지 다양하다. 북극 전역에서 유아 사망률은 국제 표준에 비해 낮은 편이며, 일부 북극 국가 및 지역은 세계에서 가장 낮은 비율이 나타난다. 그러나 성인 사망률에서 차이가 있어 전체 기대수명에는 상당한 편차가 있다. 러시아 북극의 몇몇 지역에서 기대수명은 저개발국 수준 이하인 반면, 아이슬란드, 페로 제도, 페노칸디아 등 몇몇 북극 지역의 평균수명은 세계에서 가장 높은 수준이다. 거의 모든 북극 지역에서 도시로의 인구 집중 현상이 나타나고 있다. 향후 북극의 전체 인구는 세계 인구 증가 추세와 비교해서 많이 증가할 것으로 보이지는 않는다. 알래스카, 캐나다 북극, 아이슬란드, 노르웨이에서 인구 증가가 예상되지만, 다른 북극 지역, 특히 러시아 북극 지역에서는 심각한 인구 감소가 예상된다.

미주

1 북극 지역의 오랜 기간 터를 잡고 살아온 민족을 총칭하여 북극 토착 선주민 또는 원주민(Arctic Indigenous Peoples)으로 지칭한다.

2 https://www.britannica.com/place/Arctic/The-people

3 https://www.britannica.com/place/Arctic/Peoples-and-cultures-of-the-Eurasian-Arctic-and-subarctic

4 https://www.britannica.com/place/Arctic/Peoples-and-cultures-of-the-Eurasian-Arctic-and-subarctic

5 https://www.britannica.com/place/Arctic/Peoples-and-cultures-of-the-Eurasian-Arctic-and-subarctic

6 https://www.britannica.com/place/Arctic/The-people

7 https://newint.org/features/2009/07/01/arctic-history

8 오늘날의 우크라이나 일대와 러시아 서남부 지역에서 준군사적인 자치 공동체를 이루며 살았던 슬라브 유목 원주민들을 지칭한다.

9 https://terms.naver.com/entry.nhn?docId=1120930&cid=40942&categoryId=40467

10 북극점(北極點)은 지구의 가장 북쪽 지점을 말한다. 북극해 한가운데 있으며 북극점 깊이는 4,087m이다. 북극점은 지구 최북단 지점으로서, 남극점과 직경으로 정반대 지점에 위치해 있다. 측지학상으로는 북위 90°의 기준이 되며 진북의 방향을 삼는 데도 기준이 된다.

제3장

북극의 영토분쟁과 안보

1. 북극의 영토분쟁

북극은 육지, 내해, 영해, 배타적 경제수역과 북극권 상공의 공해(북위 66도 33분)로 구성된다. 북극의 모든 육지, 내해, 영해, 배타적 경제수역은 캐나다, 덴마크(그린란드), 핀란드, 아이슬란드, 노르웨이, 러시아, 스웨덴, 미국(알래스카) 등 북극 연안 8개 국가 중 한 국가가 관할한다. 이 지역 또한 국제법에 따라 규제된다.

국제법상 북극과 이를 둘러싼 북극해 지역은 어느 국가도 소유하지 않는다. 북극해 주변 5개국은 유엔에 제출한 신고 기준선에 따라 자국 해안에 인접한 12해리(22km, 14mi)의 영해와 200해리(370km, 230mi)의 배타적 경제수역 이내로 제한된다. 연안 주의 12해리(22km; 14mi) 영해 너머의 해역은 공해로 간주된다. 배타적 경제수역을 넘어 대륙붕이 연장된 것으로 확인되지 않은 해상과 해저는 '전 인류의 유산'으로 꼽힌다. 이들 해역에서 어업은 국제조약에 의해서만 제한될 수 있으며, 이들 해역의 해저와 해저 광물자원 탐사와 채취는 유엔국제해저기구(UN International Seabed Authority)에 의해 관리되고 있다.

유엔해양법협약의 비준에 따라, 한 국가는 확장된 대륙붕에 대한 권리를 주장할 수 있는 기간이 10년 주어진다. 이 기간 이후 유효가 인정된다면, 확장된 대륙붕 지역의 해저나 해저 자원에 대한 독점권을 부여한다.[1] 노르웨이, 러시아, 캐나다, 덴마크는 배타적 경제수역을 넘어 확장된 대륙붕에 대해 해저 청구권을 청구하기 위해서 근거를 마련하는 프로젝트를 시작했다.[2] 이에 대해 미국은 유엔해양법협약에 서명은 했지만 비준하지는 않았다.

북극해 특정 지역의 지위는 여러 가지 이유로 논란이 되고 있다. 캐나다, 덴마크, 노르웨이, 러시아, 미국은 모두 북극해의 일부를 자국(22km) 또는 국가 내부 해역으로 간주한다. 어떤 해로가 국제 해로를 구성하고 그 통로를 따라 통행할 수 있는지에 대한 논란도 있다.

1) 북극점과 북극해

(1) 1925년부터 2005년까지

1925년 섹터 원칙(Sector Principle)에 기초하여 캐나다는 적어도 서류상으로는 북극점까지 북쪽으로 해상 경계를 확장한 최초의 국가가 되었는데, 이는 보편적으로 인정되지는 않는다. 북극점과 캐나다의 최북단 육지점 사이에는 415nmi(769km, 478mi)의 바다가 있다. 이듬해 4월 15일 소련 최고인민회의 상임위원회는 두 선 사이의 영토(32°04″35″E~168°4)를 소련 영토라고 선포하기도 했다. 노르웨이(5°E ~ 35°E)는 미국(170°W ~ 141°W)과 마찬가지로 유사한 부문 주장을 했지만, 그 부문은 몇 개의 섬만 포함하고 있어 그 주장을 압박하지 않았다. 그린란드 전체에 대한 덴마크의 주권은 1916년 미국에 의해, 1933년 국제법원에 의해 인정되었다.

냉전 시기에 캐나다 정부는 부분적으로 영토를 확립하기 위해 이누이트인 일부를 북극의 북부 지역으로 보내기도 했다. 에든버러 공작, 찰스 왕세자, 앤 공주와 함께 캐나다 왕비 엘리자베스 2세는 1970년 북캐나다 순방에 나섰는데, 이는 냉전 기간 전략적으로 캐나다가 자국의 북극 영토에 대한 권리를 입증하기 위함이었다.[3] 게다가 캐나다는 캐나다 부근 북극 군도 내의 수역을 자국의 내부 해역이라고 주장했다. 미국은 캐나다나 다른 나라의 북극 군도 해역 주장을 인정하지 않는 국가 중 하나로, 캐나다 도서 인근에 미국의 핵 잠수함을 별다른 허가 요청 없이 보낸 것으로 알려졌다.

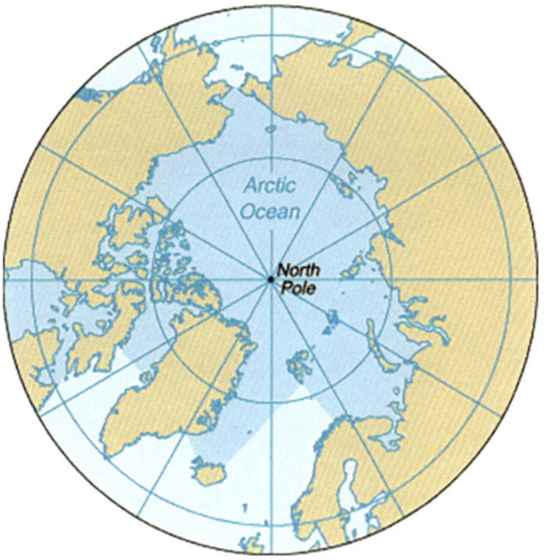

[그림 3-1] 북극점 지도 (출처: 위키피디아)

1999년까지 지리적 북극과 북극해의 주요 부분은 일반적으로 바다와 해저 모두를 포함한 국제 공간을 구성하는 것으로 간주되어 왔다. 그러나 유엔해양법협약 채택은 몇몇 국가다 청구권을 제출하게 하거나 극지방의 해저 일부에 대한 기존 청구권을 강화하도록 했다.

(2) 2006년부터 현재까지

유엔해양법협약에 의해 정의된 바와 같이, 각국은 연장된 대륙붕에 권리를 청구하기 위해 비준일로부터 10년의 기간을 가져야 한다. 그들은 대륙붕이 200해리 제한을 실질적으로 넘는다는 지질학적 근거를 유엔 기구인 대륙붕경계위원회(Commission on the Limits of the Continental Shelf)에 제시해야 한다. 위원회는 국경을 정의하지 않고 단지 주장의 과학적 타당성을 판단할 뿐이며, 때로는 과학적 타당성을 인정받더라도 타국과 공간이 중복될 수 있다는 문제가 발생한다. 이를 근거로 북극해와 직접 인접하는 5개국(캐나다, 덴마크, 노르웨이, 러시아연방, 미국) 중 미국을 제외한 4개국은 각각 2013년, 2014년, 2006년, 2007년까지 원하는 권리 청구권을 제출했다. 미국은 유엔해양법협약을 아직 비준하지 않았기 때문에 현재로선 제출 날짜가 확정되지 않은 상태다.[4]

연장된 대륙붕에 대한 청구권은 유효하다고 인정될 경우 청구 국가에 해저에 대한 배타적 권리와 해저 아래에 있는 자원 이용권을 부여한다. 배타적 경제수역은 오직 영해 기준선을 출발점으로 하여 200해리의 항만선을 그리는 것으로 결정되므로 유효한 연장된 대륙붕에 대한 권리 주장으로 국가의 배타적 경제수역이 연장되지는 않는다. 언론 보도는 종종 사실을 혼동하고 확장된 대륙붕 주장이 국가의 배타적 경제수역을 확장함으로써 해당 정부가 해저나 그 아래에 있는 자원뿐만 아니라 그 위에 있는 빙하에 있는 자원에도 독점권을 부여한다고 주장한다. 더럼대학(Durham University)은 북극해와 국경을 맞대고 있는 5개국의 미분쟁 배타적 경제수역의 범위 그리고 지구 바로 북쪽에 비교적 작은 규모로 남아 있는 '공해' 또는 완전한 공해(公海)의 범위를 정리한 바 있다.[5]

2) 주요 영토 분쟁 이슈

(1) 한스섬

한스섬(Hans Island)은 엘레스미어섬(캐나다 누나부트 최북단)과 그린란드 사이에 흐르는 수로인 나레스해협에 있다. 이 작은 무인도는 1.3km²(0.5 sq mi) 크기로 명칭은 그린란드 북극 탐험가 한스 헨드릭의 이름에서 유래했다.

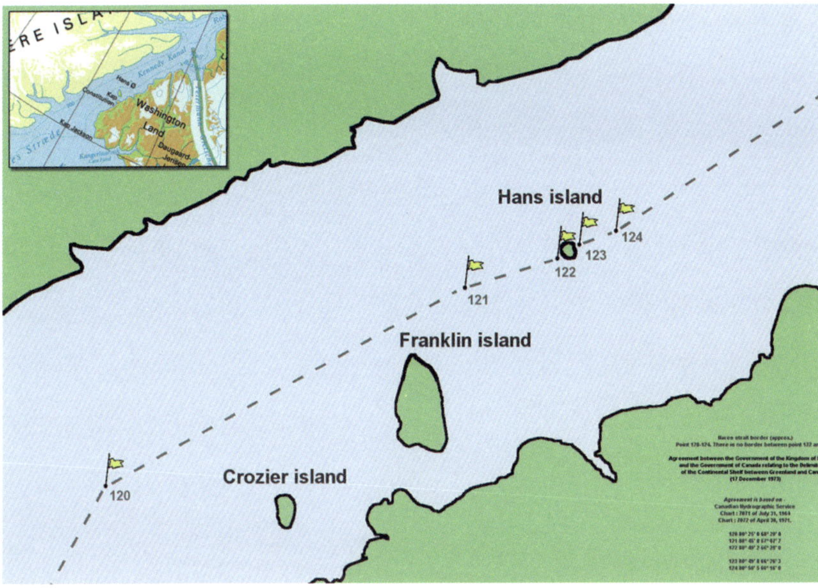

[그림 3-2] 분쟁 중인 한스섬과 케네디 해협 일부 지도 (자료: 위키피디아)

1973년 캐나다와 덴마크는 대륙붕의 지리적 좌표를 협상했고, 1973년 12월 17일 유엔에 의해 비준되어 1974년 3월 13일부터 시행된 경계 획정 조약(Delimitation Treaty)을 체결했다. 이 조약에는 데이비스해협에서 로베슨해협 끝까지 127개 지점(위도와 경도 기준)이 나열되어 있는데, 이 지점들 사이의 측지선으로 국경을 정의한다. 그러나 이 조약은 122 지점(80°49′2″N 66°2)에서 선을 긋지 않는다. 문제는 한스섬이 이 지역의 중심에 있다는 것이다.

덴마크 국기는 1984년, 1988년, 1995년, 2003년에 한스섬에 게양됐다. 캐나다 정부는 이러한 행동에 공식적으로 항의했다. 2005년 7월 빌 그레이엄 전 캐나다 국방장관은 북극을 항해하는 동안 예고 없이 한스섬에 들렀다. 이는 정부 간 외교 분쟁을 촉발시켰고, 그해 9월에서야 휴전했다.

캐나다는 한스섬이 1967년 원래 섬의 좌표를 판별하기 위해 사용된 지형도에서 캐나다에 속하는 선에 해당한다고 명확하게 보여주었기 때문에 분명히 한스섬이 캐나다 영토라고 주장했다. 그러나 연방정부 관리들은 2007년 7월 최신 위성사진을 검토했고, 이 선이 섬 중앙을 통과했다고 인정하면서, 다시 덴마크와 캐나다 간 소유권 논란이 일었다. 이 섬의 소유권 여부는 향후 이 지역의 어장 및 북서항로 접근권 주장과 연관된다는 점에서 중요하다.

2012년 4월 협상으로 섬이 거의 정확히 반으로 갈라지게 되었다.[6] 협상은 2012년 11월에 종료되어 좀 더 정확한 국경 경계를 결정했으나, 한스섬 분쟁을 완전히 해결하지는 못했다.

(2) 뷰포트해 분쟁

캐나다 영토인 유콘과 미국 알래스카주 사이에 있는 뷰포트해(Beaufort Sea)의 국제 경계선 문제 또한 중요한 분쟁 사례이다.[7] 캐나다 정부는 해상 경계선이 육지 경계선을 따라야 한다고 본다. 미국의 입장은 해상 경계선이 두 나라의 해안에서 같은 방향으로 확장되어야 한다고 본다. 문제는 해당 분쟁 지역에 상당한 양의 탄화수소가 매장되어 있다고 추정된다는 점이다. 미국은 이미 해저 아래 8개의 지형을 임대해 그곳에 존재할 가능성이 있는 석유 매장지를 탐사했고, 캐나다는 이에 대해 외교적으로 항의해 왔다.

미국이 유엔해양법협약에 서명했지만 비준하지 않았기 때문에 현재까지 타결된 것은 없다. 2009년 8월 20일 게리 로크 미국 상무부 장관은 알래스카 북부의 뷰포트 분쟁 해역을 포함한 어업 유예 조치를 발표했다.[8] 캐나다의 랜디 보스웰은 분쟁 지역이 뷰포트해의 21,436 평방 킬로미터 구역을 차지했다고

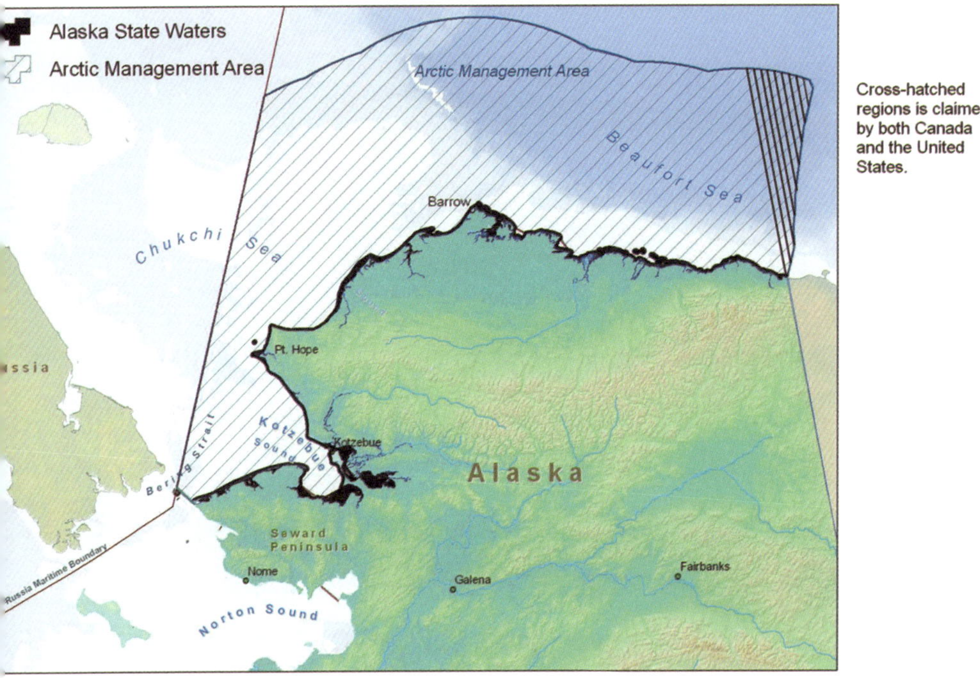

[그림 3-3] 분쟁 중인 뷰포트 지역의 지도 (자료: 위키피디아)

비판했다.

북서항로의 법적 지위는 다음과 같다. 유엔해양법협약에 따르면 캐나다는 북서항로를 캐나다 내 해역의 일부로 간주한다.[9] 미국과 대다수 해양 국가는 이 해협을 국제 해협으로 간주하고 있는데, 이는 외국 선박이 '통과'할 권리가 있다는 것을 의미한다.[10] 이에 따르면 캐나다는 어업과 환경 규제, 재정뿐만 아니라 선박의 안전을 위한 법률을 제정할 수 있는 권리를 갖게 되겠지만 통로를 폐쇄할 수 있는 권리는 없다.

러시아는 카라, 빌키츠키, 산니코프 해협 내 러시아 영해와 내해를 통과하기 위해 노바야 제믈랴 동쪽에서 베링해협까지 러시아 북극 배타적 경제수역 내 해역을 통과하는 항로만을 포함하는 북해 항로 일부 구간을 고려하고 있다.

2. 북극의 안보

북극은 새로운 안보 공간으로 부상했다. 북극이 '전통적인' 전략적 안보 문제와는 별개로 인식된 지 20여 년이 지난 현재 북극을 군사 경쟁의 장으로 볼 수 있는지에 대한 의문이 다시 나타나기 시작했다.[11] 지난 수십 년 동안 북극은 '더 북쪽으로 갈수록, 긴장감은 낮아진다'는 슬로건에 부합하는 지역으로 여겨져 왔다. 1987년 미하일 고르바초프 전 소련 공산당 서기장의 무르만스크 선언으로 북극권 개방과 북극 평화 지역 설립이 제안되었다. 북극의 전략적 긴장을 완화하기 위한 평화 구축 방안이 논의되었다.[12] 고르바초프의 무르만스크 선언은 북극 과학 연구를 위한 국제 비영리 조직인 국제 북극 과학위원회(IASC) 발족의 촉매제가 되었다. 1988년에 소련, 캐나다, 미국 및 5개 북유럽 국가에서 온 500명이 넘는 대표자가 북극 과학 연구 협력에 관한 레닌그라드 북극 국가 회의에 참여했다. 지구 물리학, 생물학을 시작으로 해양학 분야에서도 협력이 이뤄졌다.

1996년 새로 창설된 북극이사회는 설립 문서에 안보 문제를 의제에 포함시키지 않는다는 내용을 담았다. 북극이사회 내에서는 캐나다, 덴마크, 핀란드, 아이슬란드, 노르웨이, 스웨덴, 러시아, 미국 등 8개 회원국이 북극을 협력과 공동 문제 해결의 공간으로 인정했다. 2014년 우크라이나 분쟁 시작 이후 러시아와 미국 간의 관계가 냉각되었음에도 불구하고, 회원국 간의 암묵적인 합의는 비북극 지역에 따른 정치·안보에 대한 우려를 완화했다.

그러나 이러한 상황은 크게 두 가지 요인에 의해 급변했다. 첫째, 북극이사회 각국이 북극 지역에서 그들의 전략적 이익에 더 중점을 두고 있다는 것을 인식했다. 특히 러시아와 미국 사이에서 충돌하는 거대 전략의 과부하가 북극에서 더 뚜렷하게 나타나고 있다. 둘째, 북극 지역에서 더 많은 경제 활동을 장려하면서, 북극 문제에 대한 비북극 국가의 관심이 높아지고 있다. 특히 중국이 이 과정을 주도하고 있으며, 다른 비북극 정부 또한 국가별 강력한 정책을 도입하고 채택했다. 여기에는 유럽연합 전체뿐만 아니라 일본, 싱가포르, 한국, 유럽의 프랑스, 독일, 이탈리아, 네덜란드, 폴란드, 영국 등이 포함된다. 그 결과 북극은 점점 국제 전략 공간으로 자리매김했고, 북극이라는 지리적 특수성에도 불구하고 국제 안보 문제로 간주되고 있다.

1) 환경·경제 안보

북극의 안보는 전통적으로 비군사적 틀 안에서 논의되어 왔다. 최근 극지방의 해빙과 기후 조건의 변화 등 기후변화에 대한 북극 지역의 민감성, 그리고 지역 수준의 사회·경제적 문제와 원주민들에게 미치는 영향이 중요한 의제가 되었다. 향후 몇 년 동안 지구의 온도가 1.5℃ 상승할 때 전 세계적인 영향을 미친다는 국제기후변화위원회(Intergovernment Panel on Climate Change)의 보고서(2018)는 북극이 가장 큰 영향을 받고 있음을 지적했다.[13]

한때 북극해의 험난했던 해상 항로에서 장기간 얼음이 얼지 않게 되면서 수색과 구조, 해상 안전, 지역 해상 수송에 대한 행동 강령 등 해양 안보에 대한 우려가 증가했다. 가장 중요한 것은 북극과 남극 해역에서 민간 선박의 운송을 규제하려는 2017년 북극법과 관련이 있다.[14] 2018년 10월부터 캐나다, 중국, 아이슬란드, 일본, 노르웨이, 한국뿐만 아니라 유럽연합, 러시아, 미국 등의 지원으로 중앙 북극해의 어업 금지법이 도입되었다.[15]

2014년 이후 상대적으로 낮은 세계 에너지 가격 때문에 북극에서 화석 연료를 위한 시추 작업이 축소되거나 중단되었다.[16] 그러나 중국과 프랑스의 이해관계가 뒷받침된 야말 액화천연가스(LNG) 이니셔티브와 신흥 시추 기업 등 일부 주목할 만한 사업을 러시아가 주도하고 있다.[17] 환경적, 법적 우려에도 불구하고 미국 정부도 알래스카 북부에서 해양 석유 시추 작업을 시도했으나 지금까지 성공하지는 못했다. 지난 10년 동안 많은 나라가 더 쉽게 얻을 수 있는 자원을 찾아 이 지역에 진출했지만, 여전히 '북극 쟁탈전'에 대한 많은 경고가 제기되었다.[18] 이는 2014년 이후 유가 하락과도 관련이 있으며, 많은 자원이 북극 국가의 영토와 해역 내에 어떠한 경쟁도 없이 놓여 있다는 점 때문이었다.

북극해 연안국들의 배타적 경제수역을 넘어, 해양 경계에 대한 일부 의견 불일치가 있었고, 이는 북극해 지역이 경제적, 정치적 주권을 둘러싼 경쟁의 대상이 될 것이라는 우려를 더했다. 일부 영토 경계에 대한 분쟁이 있음에도 불구하고, 북극해 경계선에 대한 많은 의견 불일치가 해결되었거나 조용히 협상되었다. 2010년 협정에 의해 노르웨이와 러시아 사이 해상 국경 분쟁이 해소되기도 했다.[19] 한스섬(그린란드 타르투팔루크)의 경쟁적 위상은 지금까지 유사한 결의안을 피했지만, 궁극적인 정치적 지위를 둘러싼 캐나다와 덴마크의 협상은 계속되고 있다.

잠재적으로 더 복잡한 의견 충돌은 북극 그 자체와 관련이 있으며, 더 구체적으로는 북극을 포함한 중앙 북극까지 잘 확장되는 수중 로모노소프 능선에 대해 경쟁적인 논의가 이뤄지고 있다.[20] 이 능선 지역은 캐나다, 덴마크(그린란드), 러시아가 주장하고 있으며, 이들은 모두 이 지역이 자국 대륙붕의 일부라고 주장했다. 3개국 정부 모두 유엔대륙붕한계위원회에 새로운 청구권을 제출했다.[21] 분쟁 해결은 북극의 경제력과 전략적인 힘의 균형에 심대한 영향을 미칠 수 있다. 하지만 궁극적으로 바렌츠해의 노르웨이-러시아 분쟁 해결과 유사한 선에서 양자 합의에 의해 결정될 가능성도 있다.[22]

2) 군사 안보

블라디미르 푸틴 러시아 대통령 집권하의 러시아는 2014년 크림반도 합병 이후 서구의 경제 제재와 고립의 직격탄을 받고 있다. 러시아는 자국 경제를 활성화하기 위한 노력의 일환으로 북극에 주목하고 있다. 러시아 정부는 시베리아와 극동 지역이 에너지 사업을 통해 국가 경제에 큰 활력을 불어넣을 잠재력이 있음에 주목한다. 또한, 아시아와 유럽 간 빠른 해상 운송을 위한 북극항로, 북극해 무역을 지원하기 위한 관련 항만과 기반시설 건설 등에 투자를 아끼지 않고 있다.

이전에 버려졌던 냉전 시대 군사 시설이 다시 활용되었고 러시아 항공기나 잠수함이 다른 나라의 북극 공간에 드나들거나 가까이 침입하는 일이 잦아졌다.[23] 가장 최근 러시아군의 대규모 훈련인 보스토크 2018은 시베리아와 러시아 극동 전역의 작전을 포함했으며,[24] 모스크바는 북극 횡단 레이더 탐지 범위를 늘리고 외국 항공기와 선박의 무선 전자 교란 시스템을 개발했다.[25]

미국과 나토 연합군은 북극에서 군사 안보 문제를 예의주시하고 있다. 미국과 나토는 북극에서 더 가시적으로 운용할 수 있는 수단 개발,[26] 2006년 미군이 철수한 후 아이슬란드 케플라빅(Keflavik)에 있는 시설 개보수,[27] 그리고 오랫동안 지연된 새로운 쇄빙선 건설 계획, 미국 해군 제2함대 개선 등을 이룩했다.[28] 북극 군사화에 대한 미국의 입장은 2019년 당시 미국 국무장관이었던 마이크 폼페오가 핀란드 로바니에미 북극이사회 각료회의에서 한 연설에서 드러났다.[29] 그는 비북극권 행위자를 군사적 위협으로 지목하면서 북극 국가가 아님에도 불구하고, 과학 외교와 경제 협력 분야에서 북극 정책을 대폭 강화한 중국을 견제했다. 게다가, 그의 연설은 기후변화에 대한 어떠한 언급도 생략했고, 미국 대표단이 기후변화에 대해 언급했던 어떤 기구의 성명도 지지하지 않을 것이기 때문에, 회의는 마지막에 공식적인 선언을 발표할 수 없었다.[30]

미국 해안경비대의 2019년 4월 정책 보고서[31]와 5월 미국 국방부의 연례 군사활동 보고서 등도 중국의 과학적 이해관계를 시사하는 등 중국의 북극 진출을 경계하는 내용을 담았다.[32] 그린란드 지역은 잠수함 배치를 포함한 명백한 북극 군사 전략 공간이 되었다. 덴마크 정부만 아니라 미국 정부도 중국이 광업과 잠재적 인프라 투자 등 그린란드에 대한 경제적 이해관계를 확대하는 것에 대해 불안감을 감추지 못했다.[33]

중국은 러시아, 그린란드를 포함한 다른 북극 국가와도 강한 유대관계를 맺고 있다. 중국은 2017년 북극 지역을 일대일로 계획에 포함시키면서 중국 북극성 연구·투자 성과가 부각되는 북극권포럼(Arctic Circle forum)을 상하이에서 개최하기도 했다.[34] '얼음 실크로드'에 관해 중국 정부는 2018년 1월 북극 정책 백서를 통해 더 많이 설명했다.[35] 상하이 회의에서는 중국이 북극 지배 구조의 현 상태에 도전하는 것이 아니라 이 지역에서 소외되는 것을 받아들이지 않을 것임을 강조하면서 북극의 새로운 조직을 이끄는 데 관심이 있다고 밝혔다.

러시아와 미국 모두 북극 전략을 강화할 조짐을 보이고 있다. 푸틴 정부는 외국 선박의 북극항로 이용에 관한 새로운 규정을 발표했는데, 여기에는 45일 간의 통보가 의무화되고 선박과 그들의 화물에 대한 정보가 러시아 당국에 전달되는 내용이 포함된다.[36] 한편, 미국은 캐나다와 러시아 양국의 반대에도 불구하고 북극에서 '항행의 자유'가 허용되기를 바라고 있다.[37] 미국 국방부는 중국과 러시아가 자국의 경제력을 통해 북극 지배 구조에 영향을 미칠 수 있다는 우려를 포함해 이 지역 안보에 제기하는 과제를 재차 강조하면서 최신 북극 전략 보고서를 발표하기도 했다.[38] 이처럼 북극은 국제정치적 공간으로 미·중 갈등의 새로운 무대가 되었다. 주요 북극권 국가인 러시아와 미국뿐 아니라 중국과 같은 비북극 거대 국가의 관여는 북극의 안보에 불확실성을 더하고 있다.[39]

미주

1 United Nations Convention on the Law of the Sea (Annex 2, Article 4).
2 https://web.archive.org/web/20070808005847/http://www.un.org/Depts/los/reference_files/status2007.pdf
3 Davison, Janet (7 November 2014). "Princess Anne's Ottawa tour will honour 'everyday heroes'." Canadian Broadcasting Corporation. Retrieved 23 November 2014.
4 Lasserre, Frédéric (November 2011). "The Geopolitics of Arctic Passages and Continental Shelves" Public Sector Digest.
5 "Maritime jurisdiction and boundaries in the Arctic region" (PDF). International Boundaries Research Unit, Durham University. 2008-07-24.
6 "New proposal would see Hans Island split equally between Canada and Denmark". National Post. April 11, 2012.
7 "Transnational Issues CIA World Fact Book". Cia.gov.
8 "Secretary of Commerce approves fisheries plan for ArcticSecretary of Commerce approves fisheries plan for Arctic". Worldfishing.net. 2009-08-20.
9 Todd P. Kenyon. "Unclos Part Iv, Archipelagic States". Admiraltylawguide.com.
10 The Edmonton Journal (9 April 2006). "Northwest Passage gets political name change"
11 https://www.nato.int/docu/review/articles/2019/06/28/the-changing-shape-of-arctic-security/index.html
12 https://www.barentsinfo.fi/docs/Gorbachev_speech.pdf
13 https://report.ipcc.ch/sr15/pdf/sr15_spm_final.pdf
14 http://www.imo.org/en/MediaCentre/HotTopics/polar/Pages/default.aspx
15 https://ec.europa.eu/fisheries/eu-and-arctic-partners-enter-historic-agreement-prevent-unregulated-fishing-high-seas_en
16 https://www.nato.int/docu/review/articles/2019/06/28/the-changing-shape-of-arctic-security/index.html
17 https://www.offshore-energy.biz/yamal-lng-ramps-up-to-full-capacity/
18 https://www.foreignaffairs.com/articles/arctic-antarctic/2008-03-02/arctic-meltdown
19 https://www.tandfonline.com/doi/full/10.1080/1088937X.2011.597887
20 https://en.wikipedia.org/wiki/Lomonosov_Ridge
21 https://www.un.org/Depts/los/clcs_new/submissions_files/submission_can1_84_2019.html
22 https://www.nato.int/docu/review/articles/2019/06/28/the-changing-shape-of-arctic-security/index.html

23 https://www.nbcnews.com/think/opinion/russia-harassing-u-s-jets-arctic-part-putin-power-play-ncna1010781
24 https://www.nato.int/docu/review/articles/2018/12/20/vostok-2018-ten-years-of-russian-strategic-exercises-and-warfare-preparation/index.html
25 https://thebarentsobserver.com/en/arctic-security/2019/05/russia-says-its-radio-electronic-shield-now-covers-arctic
26 https://www.upi.com/Defense-News/2019/05/30/US-Navys-2nd-Fleet-reaches-initial-operational-capability/7791559228757/
27 https://news.usni.org/2018/10/24/iceland-embracing-its-strategic-location-though-supporting-nato-air-defense-hosting-us-planes
28 https://www.reuters.com/article/us-st-engineering-contract/st-engineering-wins-up-to-1-9-billion-contract-to-build-icebreakers-for-u-s-navy-idUSKCN1S007E
29 https://www.state.gov/looking-north-sharpening-americas-arctic-focus/
30 https://thebarentsobserver.com/en/arctic/2019/05/us-stonewalling-climate-language-scuttles-arctic-council-declaration-0
31 https://assets.documentcloud.org/documents/5973939/Arctic-Strategic-Outlook-APR-2019.pdf
32 https://overthecircle.com/2019/05/05/the-united-states-hardening-stance-on-arctic-security/
33 https://thediplomat.com/2018/03/the-many-roles-of-greenland-in-chinas-developing-arctic-policy/
34 http://www.arcticcircle.org/forums/china
35 http://english.gov.cn/archive/white_paper/2018/01/26/content_281476026660336.htm
36 https://www.arctictoday.com/russia-sets-out-stringent-new-rules-for-foreign-ships-on-the-northern-sea-route/
37 https://www.usni.org/magazines/proceedings/2019/january/rushing-navy-ships-arctic-fonop-dangerous
38 https://media.defense.gov/2019/Jun/06/2002141657/-1/-1/1/2019-DOD-ARCTIC-STRATEGY.PDF
39 https://www.nato.int/docu/review/articles/2019/06/28/the-changing-shape-of-arctic-security/index.html

제4장

북극의 경제학

북극 지역을 경제적 공간으로 인식하기 시작한 것은 얼마 되지 않았다. 이전까지 북극은 경제적 목적을 위해 거의 이용되지 않았다. 북극은 지구 표면의 8%와 전 세계 육지 면적의 15%를 아우르는 지역이다.[1] 북극에는 천연자원이 풍부하게 매장되어 있다. 일부 자원 매장지는 이미 발견되어 활용되고 있으나, 경제적 가치가 잠재된 공간이 여전히 많다. 북극의 대표적인 경제 산업에는 자원 개발 산업, 북극항로를 통한 운송·물류 산업, 어업, 관광 산업 등이 있다.

1. 북극 자원 개발 산업

1) 북극 자원 개발 현황

북극 지역은 탐사가 여전히 많이 이루어지지 않았다는 점을 고려할 때, 잠재력이 상당한 에너지 자원 매장지이다. 지난 2세기 동안 북극 지역에서 석탄, 석유, 가스 등 탄화수소 에너지 자원에 대한 대대적인 탐사가 있었다. 북극에 탄화수소 자원이 매장되어 있다는 사실은 수십 년 전부터 알려졌지만, 최근 몇 년에 와서야 비로소 본격적인 개발이 이뤄졌다. 이러한 노력의 결과 시베리아,

알래스카, 베링해에서 400개 이상의 석유와 가스전이 발견되었다. 북극 석유·가스 매장량은 전 세계 석유 매장량의 2%를 웃돌고 가스 매장량의 절반 수준으로 알려졌다.

러시아에서 타조프스코예 지대(Tazovskoye Field)가 발견되면서 북극 석유와 천연가스의 대규모 시추가 시작되었고 미국에서는 1967년 알래스카 프루드호예만 지대(Prudhoe Bay Field)가 발견되면서 뒤를 이었다. 미국 지질 조사에 따르면 북극 석유와 천연가스 자원의 87% 이상(약 360억 배럴 석유 환산)이 북극 유역 7개 매장지인 아메라시안 분지(Amerasian Basin), 북극 알래스카 분지(Arctic Alaska Basin), 동부 바렌츠 분지(East Barents Basin), 동부 그린란드 리프트 분지(East Greenland Rift Basin), 서부 그린란드–동부 캐나다 분지(West Greenland–East Canada

[표 1] 북극 석유 및 천연 가스 자원 주요 매장지별 매장량 (자료: 미국 지질 조사)

지역	원유 (10억 배럴)	천연가스 (Tcf)	콘덴세이트 (10억 배럴)	전체 (oil equivalent in billions of barrels)
서부 시베리아 분지	3.66	651.50	20.33	132.57
북극 알래스카	29.96	221.40	5.90	72.77
동부 바렌츠 분지	7.41	317.56	1.42	61.76
동부 그린란드 리프트 분지	8.90	86.18	8.12	31.39
예니세이–카탕가 분지	5.58	99.96	2.68	24.92
아메라시안 분지	9.72	56.89	0.54	19.75
서부 그린란드–동부 캐나다	7.27	51.82	1.15	17.06

[그림 4-1] 스발바르 제도에 있는 바렌츠부르크의 러시아 탄광 (출처: 위키피디아)

Basin), 서부 시베리아 분지(West Siberian Basin), 예니세이 하탄가 분지(Yenisey–Khatanga Basin)에 있다.[2] 미국 지질 조사는 전 세계 미발견 석유 탐사 자원량의 약 13%와 미발견 천연가스 매장량의 약 30%가 북극 지역에 매장되어 있다고 추산한다.

석탄은 러시아나 미국, 캐나다 등이 일부 채굴하고 있으나 중국과 호주와의 경쟁에는 밀려 있다. 북극권 내에는 러시아 탄광인 아크티쿠골과 노르웨이 탄광인 스피츠베르겐섬에서 채굴되고 있다. 석탄을 대체하는 지속 가능한 연료

자원이 개발되면서 북극 지역에서 석탄 채굴 프로젝트가 더는 착수되지 못할 가능성이 높다.

북극은 니켈, 구리, 아연 또는 납과 같은 비철 금속 자원도 매장되어 있다. 은, 금, 백금, 팔라듐, 다이아몬드 등 귀금속도 발견된다. 북극 지역에는 광산(Hard-rock Mining)도 잘 발달되어 있다. 특히 러시아에서는 소련 시기 국가 프로젝트의 일환으로 무르만스크와 노릴스크 주변에 광산을 개발했다. 러시아 사하공화국은 다이아몬드 채굴지가 발달해 있다. 사하공화국에는 그 밖에도 금, 주석, 니켈, 구리, 백금, 코발트 등이 매장돼 있으며, 철광석, 석탄, 아파타이트도 채굴된다. 알래스카와 북부 캐나다, 특히 납과 아연 광산이 일부 있지만, 러시아만큼 자원 개발이 이뤄지지는 않았다.[3]

21세기 첨단 제조업 산업의 부상은 희토류(Rare Earth Elements)[4]와 희소금속(Rare Metal) 등 전략 광물 확보 경쟁을 심화시키고 있다. 희토류가 주목받는 것은 독특한 화학적·전기적·자성적·발광적 특징과 함께 탁월한 방사선 차폐 효과를 가지고 있기 때문이다. 광섬유 제조에 사용되는 가돌리늄이나 어븀은 미량만 첨가해도 빛의 손실이 일반 광섬유의 1%까지 낮아진다. 터븀을 사용한 합금은 열을 가하면 자성을 잃고 냉각시키면 자성을 회복하는 특성을 이용해 정보를 입력·기록할 수 있는 음악용 MD나 광자기디스크를 만드는 데 이용된다. 이 밖에도 스마트폰, 하이브리드 자동차, 고화질TV, 태양광 발전, 항공우주산업 등 첨단산업에서 희토류는 반드시 필요하다.[5] 현재 희토류는 중국이 세계 최대 생산국이며, 2019년 미국의 희토류 수입량 78%가 중국산이었다. 재생에너지, 전기차, 스마트기기 등 4차산업의 발달은 희토류의 전략적 중요성을 증대하고, 미국과 중국 간 예측할 수 없는 경쟁을 심화하고 있다. 희토류는 특히 러시아와 그린란드, 아이슬란드 지역에서도 일부 생산되고 있어, 북극 지역에서 탄화수소 개발 이후 자원 개발의 새로운 국면이 예상된다.

북극 천연자원 프로젝트는 해당 지역에 많은 영향을 끼친다. 국가 및 지역 경제에 직접적으로 미치는 파급 효과를 통해 경제 발전을 가져온다. 북극 관련 교통 및 통신이 발달하면서 비북극권 국가들의 투자도 증가한다. 중국 투자자들은 북극 개발 분야에서 30%에 가까운 지분을 갖고 있으며, 중국 정부의 적극적인 북극 개발 참여는 일대일로 프로젝트의 일환으로 평가받는다.[6]

단순히 북극 자원 추출을 환경과 경제의 이분법으로 바라볼 수는 없다. 북극 개발은 잠재적으로 부정적인 경제적 영향도 있다. 첫 번째는 소위 스테이플스 트랩(Staples Trap Theory)인데, 지역 사회가 특정 산업에 고도로 전문화됨에 따라 특정 산업에 지나치게 의존하게 된다는 것이다. 가령 북극의 일부 도시는 광산업 등 특정 경제 활동에 의존한다. 그러나 자원이 고갈되거나 세계적인 수요가 더 이상 존재하지 않으면서, 해당 산업이 경쟁력을 잃게 되면 도시 전체의 경제가 쇠퇴하거나 붕괴할 수 있다. 러시아의 단일산업도시(Monocity)를 예로 들 수 있다. 두 번째 부정적인 경제적 영향은 지대 추구에 따른 문제이다. 기본적으로 지방 정부가 부의 창출을 적극적으로 추진하는 과정에서 천연자원에서 지대를 추출하는 데만 의존하면서 다른 요인을 등한시하는 결과가 나타난다. 세 번째로, '자원 숙명주의' 현상을 들 수 있다. 이 현상은 지역사회의 구성원들이 자원 추출에만 의존하면서, 기업가적이거나 더 나아가 지역 경제를 발전시키는 데 관심이 적어지는 부작용을 의미한다.

2) 북극 자원 개발의 특수성

(1) 혹독한 기후와 제한된 인프라

북극 지역은 연중 대부분 혹한과 오랜 밤이 지속되는 환경적인 특수성이 있다. 매장지는 주로 해양 지대에 위치하는데, 이 경우 빙하와 얼음 붕괴에 따른 피해도 따른다. 툰드라 지역은 습도가 높고 계절별 지반이 변화한다는 점도 특징적이다. 이러한 기후 특성은 석유 및 가스 추출 시 장비와 인력에 피해를 줄 수 있다. 북극 지역은 낮은 인구 밀도와 환경적인 이유로 사회기반시설이 낙후되어 있다. 이 지역에서 가스와 석유를 공급하고 생산하려면 특수 탱커부터 쇄빙기까지 다양한 특수 장비가 필요하다. 자원과 자원 퇴적물에 접근할 수 있을 뿐만 아니라, 자원을 북극에서 필요로 할 수 있는 다른 장소로 수송하기 위한 교통 수송로도 상당히 중요하다.

지구온난화의 영향으로 북극이 변화하고 있다. 영구동토층이 녹으면서, 북극 지역의 사회기반시설 붕괴에 따른 문제도 발생하고 있다. 한편 북극의 지구온난화는 자원 접근성을 높여줄 수 있다. 해당 정부는 자원 개발을 통해 더 많은 세수익을 얻을 수 있다. 일반적으로 자원 추출 프로젝트는 지역사회가 사용할 수 있는 추가 인프라 개발과 연관되기 때문에 지역사회에서 자원 추출은 일자리를 창출하고 소득을 증가시키며 인프라 개선을 가져올 수 있다.

(2) 가스 공급자 간 경쟁 및 개발 비용

세계적인 가스 시장과의 경쟁 또한 북극 지역의 신규 매장지 개발에서 중요한 요인이다. 기존 가스 공급지와의 경쟁뿐만 아니라 액화천연가스와 파이프라인가스 간 경쟁 역시 북극 지역의 자원 개발에서 상당히 중요한 고려사항이기도 하다. 대부분의 개발이 북극에서의 천연가스 개발에 비해 적은 비용과 낮은 환경 위험을 통해 개발될 수 있다는 점에서 개발 비용과 채굴 비용이 북극에서의 자원 개발 논의에서 빠질 수 없는 요인이다.

(3) 환경 오염 및 환경 규제

북극의 모든 활동을 둘러싸고 환경 우려가 증가하고 있다. 환경 문제는 항상 정부와 투자자에게 매우 중요한 문제이다. 2010년까지 북극 석유와 가스에 대한 논쟁은 대부분 이산화탄소 배출량 규제에 집중되었다. 그러나 알래스카 엑손발데즈 원유 유출 사고[7]와 멕시코만 기름유출 사고[8] 이후 해상 개발의 안전에 더 많은 관심이 쏠리고 있다.[9] 이러한 일련의 사고 이후 미국과 캐나다는 엄격한 해상 개발 안전 규정을 요구하고 있다. 지난 2020년 5월 29일에는 러시아 크라스노야르스크변강주 노릴스크에서 경유 유출 사고가 발생하기도 했다. 이 사고는 노르니켈이 소유한 노릴스크타이미르 에너지의 제3화력 발전소 연료 저장 탱크가 고장이 나 21,000 세제곱미터의 경유가 강으로 범람하며 시작되었다. 블라디미르 푸틴 대통령은 6월 초에 비상사태를 선포했고, 이 사고는 현대 러시아 역사상 두 번째로 큰 기름 유출이자 북극권에서 발생한 역대 환경오염 사고 가운데 가장 큰 규모로 여겨진다.

해저 탐사 기술이 발전하면서, 개발 비용을 절감하고 많은 환경적 위협 요소를 없애는 데 도움을 주었다. 하지만 오늘날 어떤 북극권 국가도 북극에서 석유 유출 사고가 발생했을 때 이를 수습할 수 있는 효율적인 기술을 보유하고 있지 않는다는 점에서 북극 지대 개발의 책임론이 대두될 수 있다. 2014년 극지법을 채택한 국제해사기구나 2015년 해양유출방지협정을 체결한 북극이사회와 같

[그림 4-2] 알래스카 프린스 윌리엄만에서 발생한 엑손발데즈호 기름유출 사고 (자료: 위키피디아)

은 국제기구들은 이러한 환경적 문제를 방지하기 위해 해당 국가 및 기업과 협력하고 있다. 결론적으로 각국 정부와 투자자들은 북극 석유와 가스 자원에 대한 관심을 갖고 있으나, 그들의 접근법은 지난 10년 중반에 비해 지금 훨씬 더 현실적이고 유보적이 되었다.

국가별 상이한 환경법과 규제는 북극 개발을 억제·제약할 수 있다. 또한, 미국의 북극 국가 야생동물 보호구역 개발 금지 또는 북극 시추 계획에 대한 환경 규제는 북극 개발을 더욱더 복잡하게 한다. 북극 개발을 두고 비정부 기구의 반발과 반대도 거세지고 있다. 많은 전문가는 북극 환경이 독특한 생태계이며 회복이 쉽지 않다는 점에 주목하며, 북극 개발 심화에 따른 잠재적 생태계 피드백에 대해서 경고하고 있다.

(4) 국가별 상충하는 경제적 주권 문제

1982년 유엔 해양법협약과 관련하여 대륙붕의 연장선으로 주장되는 북극 해저 영유권에 대해 해당 국가별 상충되는 입장이 나타나고 있다. 이는 상당한 정치적 문제로 이어질 수 있으며 영토 관할과 관리 문제와도 연결된다. 특히 미국은 유엔 해양법협약에 서명은 했으나 비준하지 않았다. 현재 국제관례에 따라 국가는 배타적 경제수역이라 불리는 해안의 200마일까지 해저 자원 독점권을 가진다. 각국은 배타적경제수역을 넘어 해저 권리를 주장하기 위해 해저면이 대륙붕의 '자연적인 연장'임을 증명해야 한다. 이러한 관행은 국가 간 의견 충돌을 야기했다. 예를 들어 러시아는 자국의 대륙붕이 로모노소프 능선을 따라 북극까지 연결되어 있다고 주장했다. 이는 캐나다의 입장에서는 받아들일 수 없는 주장이다. 또한, 보퍼트해 경계를 둘러싸고 미국과 캐나다 간 분쟁이 계속되고 있으며, 바렌츠해를 둘러싼 러시아와 노르웨이 사이에서 이어졌던 장기간의 분쟁은 2010년 말에서야 해결되기도 했다.

3) 국가별 북극 자원 개발 현황

(1) 러시아

러시아는 북극 자원 개발을 통해 다양한 이익을 얻을 수 있다. 지난 몇 년 동안 러시아는 자국의 석유와 가스 생산을 독려하기 위해 대륙붕에서의 광범위한 탄화수소 자원 개발에 박차를 가하고 있다. 러시아 내 석유·가스 생산을 위한 대륙붕단은 총 620만 평방 킬로미터에 달한다. 러시아 정부는 북극 지역 자원 개발을 촉진하기 위해 대륙붕 및 연안 지역에 걸친 종합적인 지질 탐사와 매장지 개발을 위한 인프라 시설을 계속해서 건설하고 있다. 북극해 해상 자원 개발 사업은 현행법에 따라 3개 국영기업인 로스네프트(Rosneft), 가스프롬(Gazprom), 가스프롬네프트(GazpromNeft)만이 추진 가능하다. 북극 지역 육상 자원 개발 사업에는 민간 기업도 운영사로 참여할 수 있다. 북극 지역 자원 개발 및 수송을 위해서 인프라 건설이 이루어지는 대상 지역으로는 바렌츠해, 페초라해, 카라해, 야말반도 및 기단반도 등을 들 수 있다.

(2) 미국

미국에서는 오랜 기간 북극 개발에 대한 사회적 논의가 이어져 왔다. 미국에서 북극 개발은 단순한 국익 차원의 문제로 바라볼 수 없다. 미국의 북극 자원 개발은 연구 및 환경 보호 측면이 강조되면서, 제한적으로 이뤄지고 있다. 미국은 북극 지역에 속한 영토인 알래스카를 중심으로 북극 연구, 안보, 정책 등을 추진하고 있다. 북미 지역에는 미발견된 북극 원유의 약 65%와 미발견된 북극 천연가스의 약 26%를 보유하고 있는 것으로 추정된다. 구체적으로 알래스카 북극 지역에는 미발견 북극 석유 매장량이 가장 많으며 약 300억 배럴에 달할 것으로 추정된다.

알래스카 북극은 북극 국립 야생동물 보호구역(ANWR), 중앙 북극, 국립 석유 보호구역(NPRA), 보포트 외곽 대륙붕(OCS), 추코트해 대륙붕 5개 지역으로 이루어져 있다. 현재 이들 지역의 탐사와 생산은 석유 생산에 초점이 맞춰져 있지만, 점차 천연가스로 옮겨지고 있다. 미국 알래스카의 석유와 가스 자원의 상당 부분은 기후 변화와 북극 개발의 영향과 같은 다양한 우려와 함께 아직 미개척 상태로 남아 있다.

(3) 노르웨이

노르웨이는 스칸디나비아반도 서부, 얀마옌섬, 스발바르 제도, 부베섬으로 이루어진 총면적 385,207제곱미터에 인구 약 490만 명으로 유럽에서 두 번째로 인구 밀도가 작은 나라이다. 노르웨이는 유럽 최대 석유 및 가스 생산국이자 수출국으로, 생산한 석유의 93%, 가스의 94%를 수출한다. 1960년대 말 북해에서 대규모 유전이 발견된 후 노르웨이는 유럽 최대 산유국으로 부상했다. 석유 수출에 따른 수입을 국가 재정 안정화를 위해 사용하는 국부펀드를 1990년대 설립했다.[10] 1971년부터 북해 유전이 개발되어 1975년 산유국 대열에 진입했으며 수력발전과 어류 및 산림·광물자원이 풍부하다. 노르웨이의 석유·가스 생산은 노르웨이 대륙붕에 집중되어 있으며, 북해, 노르웨이해, 바렌츠해에서 활동이 활발하다. 노르웨이는 세계 5위의 석유 수출국이자 러시아, 카타르에 이어 천연가스 수출국 3위를 차지한다. 약 30년 전 북해에서 처음 생산을 시작한 후 천연가스 생산량은 2001년에 340만 b/d를 약간 넘겨 정점을 찍었고, 그 이후로 감소했다.

노르웨이는 석유와 가스 생산에 더 높은 세금을 요구하면서도, 국가를 차별화하는 재정 정책 안정성을 고수함으로써 지속적으로 높은 수준의 투자를 유치해 왔다. 노르웨이 당국은 1981년 탐사를 시작해, 같은 해 국영 석유회사인 스타토일이 거대한 스노빗(Snøhvit) 가스전을 발견했다. 이후 30년 동안 스타토일을 비롯해 다수 기업이 80개가 넘는 탐사정 굴착을 통해 이 분야에서 확고한 입지를 구축해 왔다. 바렌츠해의 러시아 지역에서는 1990년대 스타토일이 탐사 시추 활동에 참여하기도 했다. 스타토일은 러시아 국영가스회사인 가스프롬과 프랑스 기업 토탈과 함께 바렌츠해에서 600km 떨어진 거대한 스토크만

가스전 탐사에 참여해왔다.

2010년 9월 드미트리 메드베데프 당시 러시아 대통령과 옌스 스톨텐베르그 노르웨이 총리는 바렌츠해에서 그들의 해상 국경을 구분하는 조약에 서명하여 수십 년간 지속되어온 양국 간 분쟁을 종식시켰다. 북극권 북쪽의 노르웨이 국경 근처에 있는 러시아의 도시 무르만스크에서 체결된 조약은 2010년 4월 사전 합의에 따라 체결되었다. 분쟁 지역은 바렌츠해의 약 17만 5천 평방 킬로미터에 걸쳐 있었다.

노르웨이 정부는 1980년대 후반부터 기후변화 대응 정책에 관심을 기울였으며, 탄화수소 생산 시에 발생하는 이산화탄소에 대해 1991년부터 세금을 부과했으며 CCS기술 선도국으로 입지를 다졌다. 노르웨이는 국가 전력 생산량의 대부분(98%)을 재생에너지를 통해 얻고 있으며, 이는 국제에너지기구(IEA) 회원국 가운데 최고 수준이다.[11]

(4) 캐나다

캐나다는 오랫동안 북극 지역 석유전 개발에 관심을 기울여왔다. 1967년 정부와 산업계가 합작하여 범북극사(Panarctic Oils Ltd)를 결성했고, 1970년대와 1980년대 초 캐나다 정부는 북극 석유와 가스 탐사에 투자했다. 맥켄지 델타 지역과 보포트해분지 등에서 중요한 발견이 이루어졌다. 캐나다 북극해에서 1972년 탐사 시추가 시작됐고, 그 이후 보포트해에서 약 90개의 유전이 개발됐다. 또 누나부트의 북극해 근처에서 34개의 해양 유전이, 동부 북극해 연안에서도 3개의 유전이 추가로 시추됐다. 시추 활동은 대부분 1970년대와 1980년대에 있었는데, 연료 가격 상승과 연방정부의 인센티브 지급에 힘입은 결과였다. 그러나 석유와 가스에 대한 세계 시장의 변화, 정부 탐사 인센티브 중지, 시장에 석유와 가스를 선적할 인프라의 부재 등은 1990년대 캐나다의 북극해 연안에서 탐사 시추 기업이 철수하는 결과로 이어졌다.

국가에너지위원회(NEB)가 이 지역의 석유·가스 탐사 및 생산 활동 규제를 인수한 1991년 이후 캐나다 북극 지역의 유일한 개발 유전은 데본 파코아 C-60 탐사 유전이었다. 2005~06년 겨울 보포트해에서 시작된 유전 프로젝트도 2006년 3월에 폐기됐다. 캐나다 북극해 연안에 대한 탐험 관심이 최근 몇 년간 증가했다. 보퍼트해에서 탐사하는 3개 기업에 2007년과 2008년에 6건의 탐사를 허용했고, 매켄지 델타 보퍼트해 지역에서도 탐사가 증가했다. 최근 캐나다 북극 지역의 석유 가스전 시추는 비용이 많이 들고 위험한 것으로 판명되었다.[12] 캐나다 북극 지역의 지질은 멕시코만과 같은 산유 지역보다 훨씬 더 복잡한 것으로 밝혀졌는데, 대부분의 석유는 지질학적 과정에 의해 천연가스로 변형되거나 지각 활동에 의해 많은 시추 매장지가 붕괴되어 있다. 이러한 연구를 바탕으로 캐나다는 시추 안전 규제를 명확히 하고, 3D 시추 탐사 기술을 도입하여 안전한 개발을 위해 노력하고 있다.

(5) 덴마크/그린란드

북극권 국가 중 그린란드는 북미 대륙의 북동부, 대서양과 북극해 사이에 위치하고 있다. 그린란드는 지질학적으로 캐나다 순상지의 일부이지만, 지정학적으로 유럽에 속해 있다. 면적이 2,166,086㎢로서 한반도의 10배 면적을 가지고 있지만, 인구는 약 56,000명에 불과하다. 얼음으로 덮여 있는 약 80% 지역은 빙설 기후를 보이며, 육지가 노출된 약 20% 연안 지역은 툰드라 기후를 보인다. 그린란드의 주요 수출 품목은 새우, 게, 명태 등의 해산물로서 어업이 가장 중요한 산업이며, 일부 목축(주로 양)과 사냥(바다표범, 고래 등)이 주요 생업 수단이다. 하지만 그린란드 정부는 어업 외의 다른 수입원을 찾기를 열망하고 덴마크에서 받는 보조금 의존도를 낮추기 위해 석유·가스 개발을 장려하고 있다. 그린란드는 2009년 덴마크로부터 자치권을 획득하여, 광물과 석유 자원에 대한 100% 지배권을 획득한 바 있다.[13]

그린란드의 석유 탐사는 1970년대 후반으로 거슬러 올라간다. 1976~77년 5차례의 시추 시도가 있었으나 수익성 있는 매장지는 발견되지 않았다.[14] 1990년대 상업용 석유·가스 매장량을 찾기 위한 여러 시도가 있었지만 실패했다. 2006~07년에 그린란드 정부는 동에너지(Dong Energy, 덴마크), 엑손(Exxon, 미국), 허스키(Husky, 캐나다), PA 자원(PA Resources, 스웨덴), 카이른 에너지(Cairn Energy, 스코틀랜드) 등 8개 회사에 바핀만(Baffin Bay) 탐사 허가증을 발급했다. 2010년 여름 영국의 독립 석유 회사인 카이른 에너지(Cairn Energy)사가 그린란드에서 처음으로 탄화수소 매장지를 탐사하고 개발하기 시작했으나, 경제성 있는 탄화수소 개발은 본격적으로 진행되지 않았다.

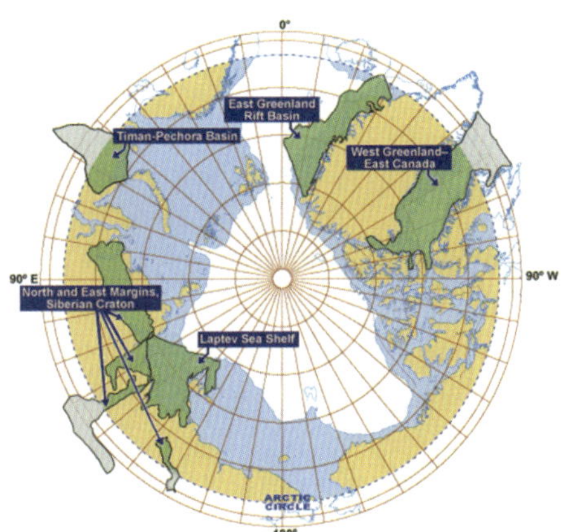

[그림 4-3] 북극 석유 탐사 지점 (출처: 위키피디아)

그린란드에는 탄화수소만 아니라, 희토류 등 희유금속 자원도 많이 부존되어 있다. 그린란드는 1854년 빙정석(Na3AlF6) 광산 개발을 시작으로 1900년대 초부터는 동, 흑연, 석탄 등이 개발되었고, 1900년대 중반 이후에는 연–아연이, 2000년대부터는 감람석과 금이 개발된 바 있다. 그러나 생산된 광산 수는 모두 10여 개에 불과하다. 최근 그린란드에서 지질조사 및 광물 자원 탐사 결과 북부 지역에서 연–아연–동, 동부 지역은 몰리브덴, 동, 백금족, 금, 니켈, 남부 지역은 희토류, 지르코늄, 니오븀, 탄탈륨, 우라늄, 토륨, 플루오린(불소) 등 잠재성 높은 광물 자원이 발견되었다.[15] 남부 지역은 희토류 등 다양한 희유금속 자원이 부존되어 있어 그린란드에 새로운 가능성을 열어주고 있다.

2. 북극의 교통로와 물류

1) 해상 항로

북극 해양 탐사 역사는 토착 문화를 고려할 때 수천 년 전으로 거슬러 올라간다. 북극은 육지로 둘러싸인 대양이므로 수로가 최초의 수송로였다는 것은 놀랍지 않다. 북부 원주민들은 카누와 카약을 타고 강과 호수를 건너다녔다. 남부 외지인들은 바다를 건너거나 강을 따라 북극 지역으로 이동해왔다. 15세기부터 유럽을 중심으로 다양한 북극 탐사가 이뤄졌고, 많은 사람이 북반구 대륙의 북쪽 끝인 북서항로와 북동항로를 중심으로 수로를 탐사했다. 북극을 거쳐 유럽으로부터 중국으로 향하는 북동항로 이용 구상은 16세기 초 러시아로 거슬러 올라간다. 당시 해양대국이었던 영국과 네덜란드를 중심으로 탐사가 이뤄졌고, 16세기 후반에 바렌츠가 북동항로를 탐험하는 결과로 이어졌다. 1725~30년 베링의 원정을 포함하여 대부분 러시아인에 의해 여러 원정 탐사가 진행되었다. 북서항로는 1845년 프랭클린의 탐험을 포함하여 대부분 영국인에 의해 탐사되었다. 북해 항로를 통해 유럽으로부터 아시아로 가는 최초의 횡단은 1878년에 이르러서야 이루어졌다. 북서항로를 그린란드에서 알래스카로 횡단한 것은 1906년에 처음 있었으며, 이 탐험은 아문센이 주도했다.

해상 항로 대부분은 러시아와 인접해 있다. 처음에는 북동항로로 알려지고 나중에는 북극항로로 불리는 유라시아 북쪽 해안을 따라가는 수송로는 북극해 항로 중 가장 많은 교통량이 나타난다. 1만 샤프트 마력(Shaft Horsepower)이 넘는 20여 개의 쇄빙선이 운항하는 화물선은 무르만스크와 블라디보스토크 사이에서 연간 수백만 톤의 화물을 운반한다. 항구 주변에 수심이 얕아지면서, 최대 2만 톤에 불과한 비교적 작은 선박을 활용해 화물을 운반한다.

해상 항로에서 최대 제약 요인은 해빙의 정도이다. 해빙의 정도에 따라 계절의 길이가 결정된다. 어느 해에는 2개월 반 동안 항해가 가능하지만, 러시아 서부 예니세이강 부근에서는 연중 항해도 가능하다. 연중 내내 항해가 이뤄질 수 있도록 다양한 기술적인 노력이 이어져 왔다. 미래의 또 다른 가능성은 중앙 극지 분지를 가로질러 항해하는 것이다. 그러나 이런 발전은 선박에 대한 막대한 투자를 필요로 하며, 해빙 조건에 의해 결정된다.

현재 항로는 북극해로 흐르는 강 하구에 건설된 항구를 따라 형성되었다. 강을 따라 운반되는 주요 화물은 일반 화물 또는 연료이다. 이 화물들을 북부 도시로 전달하고, 광석과 목재를 다른 지역으로 운반한다. 북극 지역 내륙 수로 이용도 중요한 사안이다. 모든 주요 강과 많은 작은 강이 화물 수송로로 이용될 가능성이 높기 때문이다.

러시아에서는 해상 및 내륙 수로를 가장 많이 이용한다.[16] 다른 북극권 국가

[그림 4-4] 북극항로의 주요 거점 항구 중 하나인 무르만스크항 (출처: 라승도)

의 지역에서도 해상 및 내륙 수로를 이용하고 있다. 그린란드와 유럽 지역의 덴마크 사이에 교통로가 있으며, 북아메리카에서는 캐나다와 미국 모두 해로를 이용하여 캐나다 군도와 알래스카에 산업 물품을 운반한다. 북서항로는 거의 사용되지 않는다. 실제로 캐나다 정부는 이 항로가 국제 수로가 아니지만 캐나다 통제하에 있다고 주장한다. 1988년 협정 조건에 따라 미국은 이 통로를 가로지르는 캐나다인의 승인을 받기 시작했다.[17]

북극을 통과하는 두 개의 주요 운송 항로가 있다. 러시아 북부 해안을 벗어나 유럽~동아시아 간 수에즈 운하 노선보다 최대 40% 짧은 거리를 제공하는 북극항로와 캐나다 북부 해안을 경유하는 북서항로는 파나마 운하 노선보다 최대 20% 짧은 거리를 제공한다. 북유럽 국가에는 여러 개의 짧은 수송로가 있다. 기후변화로 인해 최근 몇 년간 상당한 해빙 손실이 발생하면서 북극해의 해양 접근성이 증가했다. 현재 북극에서 이뤄지는 활동에는 북극항로 이용, 어업, 석유·가스, 광물 채굴업, 관광업, 연구·화물 운송 등이 있으며, 서로 유기적으로 연결되어 있다.

북극항로가 중요한 이유는 다음과 같다. 이동 거리가 짧다는 것은 운송비 절감, 연료 절감, 선박 운항 시간 단축을 의미하며 동시에 화물 운송 시간도 단축한다는 것을 의미한다. 예를 들어, 유럽과 동아시아 사이의 북극항로를 통해 이동할 경우, 기존의 수에즈 운하를 통과하는 항로에 비해 대략 35일에서 25일을 단축할 수 있다. 이 요인은 흔히 사용되는 '빙산 무역 모델'에 따라 무역 비용을 절감한다는 것을 의미한다.[18] 이 모델에 따르면, 상품을 오래 선적할수록 그 가치가 '빙산처럼 녹아내린다'. 따라서 무역로를 단축하는 것이 경제적으로 더 바람직하다고 볼 수 있다. 북극항로를 완전히 운영하게 될 경우, 유럽과 동아시아 사이의 무역 가치가 최대 6%까지 상승할 수 있으며, 이는 상당한 수준이다.

그렇다면 북극항로가 열릴 경우 승자와 패자는 누가 될 것인가? 현재 수에즈 운하 교통량의 3분의 2에 해당하는 세계 무역량의 5%까지 북극항로를 통해 운반 가능하다. 여기서 가장 큰 승자는 북서유럽, 중국, 일본, 한국이 될 것이다.[19] 그리고 이들 국가는 북극해 항로를 통한 교역 증가로 인해 GDP가 0.2%까지 증가할 것으로 예상된다. 러시아도 사베타항과 같은 운송 관세와 인프라 개발을 통해 이득을 볼 수 있다.

한편 가장 큰 패배자는 수에즈 운하와 남아시아, 지중해 국가들, 특히 이집트가 될 것이다. 동시에 북극 운송, 기름 유출, 그을음 배출, 황 방출, 소음 공해로 인해 환경 위험이 증가할 것이다. 이들은 지역 생태계와 공동체에 영향을 미칠 것이다. 그리고 마지막으로, 최근 연구는 북극항로 운항이 결국 전 세계적 온난화를 가속화할 수 있음을 시사하기도 했다.[20] 북극해 이용에는 여러 불확실한 요인이 있다. 북극 특정 지역에서의 배출 가스 규제 규정이나 거시경제적으로 북극해 이용을 촉진하는 시장 흐름이 영향을 줄 수 있다. 또한, 북극항로 개발에 대한 지정학적 상황도 반드시 고려되어야 한다.

한편, 북극항로 이용 시 나타나는 장점에도 불구하고 북극항로 이용이 갖는 한계도 살펴보아야 한다. 북극항로의 효율적인 운항을 위해서 북극 해빙의 손실이 선행해야 한다는 점에서, 2030년대 이후에도 오랜 기간이 걸릴 것으로 전망된다.[21] 2020년 이래로 향후 10여 년 동안 예상할 수 있는 물류량은 불규칙적일 수밖에 없다. 따라서 투자자 및 해운업자들의 사업 조건이 충족될 때까지는 북극항로 개발이 이루어지는 데 제약이 따를 수밖에 없다.

북극항로를 이용하는 선박으로는 소규모 벌크선과 유조선이 가능할 것으로 보인다. 대형 화물 컨테이너선의 경우 북극항로 이용이 가능하기까지는 오랜 시간이 걸릴 것이다. 한편, 선박 엔진은 이산화탄소, 입자 물질, 황산염 및 기타 에어로졸의 배출량이 많아 환경 오염 정도가 높은 화석 연료인 중유(重油)를 사용해 왔다. 이러한 선박 엔진 연료는 해빙이 있는 북극해에서는 여러 심각한 문제를 야기할 수 있다. 따라서 선박의 오염 물질 배출량 감소는 북극항로 이용 시 중요한 사안이 될 것으로 예상할 수 있다.

북극항로에서는 안전상의 이유로 다른 항로에 비해 느린 속도로 이동한다. 북극항로 이용 시 거리를 단축하고 속도를 늦추기 때문에 이산화탄소 배출량이 감소한다. 따라서 전 세계적으로 온난화 영향을 낮출 수 있지만, 선박들이 직접 배출하는 황산 에어로졸은 직접적으로 북극해 해빙을 녹일 수 있다. 또한, 북극해 운항에 따른 유럽과 동아시아 국가 간 물동량이 증가할 경우, 더 많은 화석 연료 물질이 배출될 수 있다. 북극해 이용은 전 세계적 온난화로 이어질 것이고, 이는 기후변화로 인한 여러 문제로 이어질 수 있다. 북극항로 이용은 전 세계적으로 이익을 가져다주지만, 그 이익과 손실은 지역별로 불평등을 야기할 수 있다.

2) 육상 운송

북극 지역의 육상 운송을 위한 사회기반시설은 굉장히 낙후되어 있다. 인구밀도가 적은 북극 지역에 도로 및 철도를 건설하는 것은 국가 차원의 우선순위에서 밀려나기 쉽다. 미국 북부에는 남해안의 시워드항에서 내륙의 페어뱅크스에 이르는 철도인 알래스카 철도 노선이 단 하나 있을 뿐이다. 그 밖에 더 많은 도로가 있는데, 그중에서도 특히 알래스카 고속도로는 제2차 세계대전에 필수적이라고 생각되었던 미국과 알래스카 사이의 육지 연결을 제공하기 위해 건설되었다.

그린란드는 시외 도로나 철도가 없다. 스칸디나비아 북부는 나르빅에서 노르웨이 북쪽 해안에 도달하는 철도와 러시아 국경까지 해안을 따라 흐르는 도로로 남부 도시들과 연결되어 있다. 러시아는 철도와 도로 모두 다른 북극 지역에 비해 가장 긴 구간을 건설했다. 무르만스크로 가는 철도와 오비강 일대, 푸르강으로 가는 철도와 야쿠츠크로 이어지는 철도 등이 있다. 국가 철도망과 연계되지 않은 철도 노선으로는 노릴스크와 두딘카의 예니세이강을 잇는 노선이다. 마가단 고속도로 또한 러시아 북부 지역에 포함된다. 이 지역의 도로를 이동할 수 있는 차량은 한정적이며, 다량의 물류 운송로로 사용되기는 쉽지 않다.

3) 항공 운송

항공 운송은 북부 주민에게 가장 선호되는 방식이다. 항공편 네트워크 체계가 잘 발달되어 있으며, 북극의 많은 지역에서 항공 운송로가 유일한 이용 수단이다. 알래스카와 캐나다 북극 지역의 경우, 개인 소유인 경비행기가 여객 수송의 대부분을 차지하기도 한다. 비행장 건설이 어렵거나 불가능한 그린란드 지역에서는 헬리콥터 서비스가 자주 활용된다.

1950년대 이후 유럽과 북아메리카를 오가는 장거리 비행이 북극의 중심부를 횡단했다. 제2차 세계 대전 때는 군용 항공기가 처음 사용되었다. 이후 항공기 사거리가 증가함에 따라 서유럽과 미국 서부 해안 사이의 직항 항공편이 점점 더 북극점에 가까운 지점을 가로질러 비행했다. 때로 북극으로부터 600마일 이내를 지나기도 했다.

3. 어업

북극 지역에서 발달한 산업 중 하나는 어업이다. 북극 지역의 전체 어획량은 전 세계 해양 어획량의 약 10%를 차지한다. 그중 3분의 1은 3개 지역에서 주로 생산된다. 첫째는 동대서양에 있는 바렌츠-노르웨이해이고, 파로(Faroe), 아이슬란드, 서부 그린란드 주변 지역과 동부 베링해 지역도 있다. 하지만 최근 이 지역의 지나친 남획으로 인해 북극 지역 어업의 지속 가능성을 위협하고 있다. 캐나다 북부와 알래스카에서는 대구, 광어, 게 등 여러 종이 어획된다. 러시아 북부에서는 소규모 자급자족 어업이 이뤄지고 있다.

러시아에서는 무르만스크가 수산업의 주요 기반이 되는 도시이다. 이 도시에서 운항하는 많은 선박은 무르만스크 지역이 아닌 바렌츠해와 노르웨이 해역에서 광범위한 조업 활동을 한다. 배타적 경제수역 규칙에 따라 인접 국가인 노르웨이와 러시아가 이 지역에서 조업 활동을 할 수 있다. 국제 항행은 허용되지만, 이 두 국가만이 경제 활동에 대한 독점적 권리를 갖는다.[22] 러시아 시베리아 지역에서는 주로 담수 어획이 이루어지며, 어획량이 적고, 희귀하고 활용성이 높은 연어류를 포함하기 때문에 사치품 시장으로 유입된다. 캐나다에서도 마찬가지로 북극 어류는 특별한 가치가 있다. 한때 상당했던 고래잡이는 중단되었지만, 바다표범이 서식하는 백해와 래브라도 앞바다에서 포획은 계속되고 있다. 이런 어류 등의 해양 자원이 주로 북부 지역의 수익원이 되고 있다.

북극 지역의 어업은 기후변화에 상당한 영향을 받는다. 수온과 해양 환경의 변화는 어류량과 어류 구성을 변화시킨다. 식생 분포도를 따라 남베링해에서 북베링해까지 어류의 총량은 헥타르당 약 50kg에서 2,000kg까지 크게 감소한다.[23] 북축코트해에서는 헥타르당 0.5~2.5kg 정도밖에 되지 않는 규모였다. 과거에는 남부 해양에 훨씬 더 많은 종이 있었고 특히 추코트해의 베링해협 북부에 있는 종들은 훨씬 더 적었다.

북베링해와 추코트해에서의 상업적 어업은 현재 미국 법에 의해 제한되거나 완전히 금지되어 있다. 어업을 허용할 수 있을 정도로 물고기 개체수를 충분히 알 때까지 미국은 상업적 어업을 제한하는 조치를 취하고 있다. 수온이 변화함에 따라 더 많은 남방 어류종이 북부 해양으로 확장 서식하는 경향이 나타나고 있다. 한편, 이 어종들이 실제로 북부 지역 환경에서 서식할 수 있는지는 확실하지 않다. 동절기에는 남부 어종의 서식 활동이 제한될 수 있을 뿐만 아니라 적절한 산란 서식지가 부족할 수도 있다. 이러한 변화는 공교롭게도 조류와 곤충의 지상 환경에서 관찰된 이동률의 약 2배에 달한다. 기후변화의 영향은 육지보다 바다에서 더 빠른 속도로 일어나고 있다는 점을 시사한다.

얼음과 관련된 빙하의 변화가 어류 생태계에도 영향을 준다. 얼음이 더 일찍 녹거나 어떤 지역에서 전혀 형성되지 않는 경우 식물성 및 동물성 플랑크톤의 개체수에 상당한 영향을 미친다. 많은 식물성 플랑크톤이 다수의 작은 갑각류, 게, 홍합, 달팽이, 그리고 다른 종들로 구성된 풍부한 어류 및 해저 생물들의 주된 먹이가 된다. 기온이 높아질 경우 식물성 플랑크톤에 비해 이를 소비하는 동물성 플랑크톤의 개체 수가 급격히 증가하면서, 식물성 플랑크톤을 먹이로 하는 다른 생물종이 줄어드는 결과가 나타난다. 식물성 플랑크톤은 빙하 아래에 서식한다. 기후변화로 빙하의 수가 감소하면서 식물성 플랑크톤이 필요한 다수의 생물종 또한 먹이가 감소하게 된다.

한편 이러한 환경 변화는 일부 어류종의 급격한 증가로 이어지기도 했다. 가령 축코트해에서 동물성 플랑크톤이 풍부해지면서, 이를 주된 먹이로 하는 바닷새가 증가하고, 활머리고래의 개체수가 증가한 사례가 있다. 남동부 베링해에서는 봄 시기에 얼음이 부족하거나 얼음이 상당히 녹으면서, 동물성 플랑크톤의 종류 또한 변화했다. 알래스카 명태, 태평양 대구의 어획량이 대폭 감소했다. 이러한 환경 변화에 따른 피해를 줄이기 위해 많은 국가가 북부 지역에서 규제되지 않은 어업을 막기 위한 예방 조치를 시행하고 있다.

이들 지역 대부분은 실제로 각국 해안에서 200마일까지 이어지며, 각국이 별도로 관리하거나 때로는 정부 간 협약을 통해 관리되는 배타적 경제수역 내에 있다. 이러한 어업에 관한 방침은 국가마다 제각각이다. 미국의 경우 2009년 베링해협 북쪽에 있는 해역에 대해 상업적 어업을 금지하기로 결정했다. 또한, 최근 9개국과 유럽연합이 2017년 11월에 서명한 역사적인 협정에 따르면, 중앙 북극해에서는 적어도 향후 16년간 상업적 어업이 금지된다.[24]

내륙에서는 순록이 주된 경제 활동 자원으로 활용된다. 러시아와 스칸디나비아 국가에서 사육 중인 순록 수는 약 300만 마리로 추정된다. 순록은 여러 원주민의 주된 영양원이기도 하다. 일부 지역에서는 야생 순록이 있지만, 개체 수는 상당히 적다. 역사적으로, 외지인들이 북극 지역에 관심을 갖게 된 주된 동인은 모피를 가진 포유류를 찾는 것이었다. 일부 모피의 가치는 매우 높았고, 그래서 산업은 수 세기 동안 견고한 경제 기반을 구축했다. 그러나 이러한 모피 산업은 관련 종사자의 부족, 목장의 감소, 모피 수요의 감소, 그리고 가장 최근에는 환경론자들의 반대로 쇠퇴하고 있다. 북극 지역에서는 농작물 재배가 어렵다. 북극 지역 기후에 적응한 일부 작물과 야채 품종이 자라긴 하지만, 남부에서 식품을 수입하는 것이 오히려 저렴하고 쉬운 편이다. 주요 작물은 건초인데, 소와 말이 사육되는 아북극 지역의 사하공화국 일대에서 주로 활용된다.

4. 관광산업

1) 북극 지역의 관광 개발

북극곰과 다양한 동식물, 원주민들의 고유한 문화, 광활한 툰드라와 타이가 자연 풍경, 빙산과 빙하, 역사 유적지 등 북극 지역의 다양한 자원이 재조명되고 있다. 이러한 흐름에 따라 북극권 국가의 정부, 민간 차원에서 북극 지역의 관광산업을 부흥하기 위한 노력이 증가하고 있다. 북극 지역은 기후변화와 상당한 연관성을 보인다는 점에서, 이 지역의 관광산업의 발전 방향에 대한 사회적 논의는 필수적이다.

북극의 관광객은 최근 10년간 꾸준히 증가했다. 북극 지역은 교통이나 사회적 인프라가 상대적으로 낙후되어 있는 곳이 많기 때문에, 세계의 다른 지역에 비해 관광 산업 발전이 더딘 편이다. 그럼에도 불구하고 관광산업은 북극 지역에서도 결코 배제할 수 없다. 각국은 북극 지역의 특수성을 활용하여 홍보를 활발히 하고 있으며, 관광을 북극 지역의 미래 경제 발전의 원동력으로 활용하고

[그림 4-5]
최근 러시아 북극의 대표 관광지로 급부상한 무르만스크 바렌츠해 어촌 마을 테리베르카 (출처: 라승도)

있다.

북극 지역 전체 관광 개발 현황에 대한 구체적인 수치를 파악하기는 쉽지 않다. 국제 극지방 관광 연구 네트워크(IPTRN, International Polar Tourism Research Network)에 따르면, 2013년 가을과 겨울 동안 미국 알래스카를 찾은 외래 방문객은 약 27만 3천 명으로 집계되었다. 이후 2014년 여름에는 약 160만 명이 이 지역을 방문하면서 급격히 증가했다. 이들은 대부분 대형 유람선을 통한 관광 프로그램에 참여했으며, 이러한 인바운드 관광의 증가로 이 지역의 경제적 파급 효과는 39억 2천만 달러로 상당했다.[25] 직간접적 일자리가 약 3만 8천여 개 증가했다. 아이슬란드의 경우 2002년 이후 약 꾸준히 증가하여, 2018년에는 230만 명의 관광객 수를 기록한 바 있다.[26] 2016년에는 아이슬란드의 수출 수익의 39.2%가 관광과 연관된 산업을 통해 창출되었다. 마찬가지로 핀란드의 라플랜드 방문객 수는 2001년 170만 명에서 2019년에는 310만 명으로 증가했다.[27]

북극 지역은 그 면적과 위치만큼이나 다양한 특성이 있다. 지역별로 상당히 다른 관광 자원을 보유한다. 북극 지역의 관광지는 매우 불균등하게 분포하고 있으며, 비교적 접근성이 높고 잘 알려진 지역이 인기가 많다. 가장 많은 방문객이 찾는 지역은 핀란드, 노르웨이, 스웨덴과 알래스카이며, 2010년 이래로 아이슬란드가 신규 관광지로 각광을 받았다. 앞선 지역이 각각 연간 200만 명 이상의 관광객을 유치하고 있지만, 캐나다 유콘 지역은 20만 명에 불과하다.[28] 캐나다 최북단 누나부트에는 연간 1만 5천만 명이 찾는다고 한다.[29] 북극 지역에서 인기 있는 관광지는 다른 국가와의 관계가 친밀하고, 인프라가 잘 구축되거나 관광 상품이 발달해 있으며, 지역 사회가 관광 산업을 이해하고 있다는 특성이 있다. 특히 지역 내 원주민 공동체들은 북극 지역의 독특한 문화적 유산을 보유하고 있다는 점에서 많은 유인책이 될 수 있다.

2) 관광 개발에 영향을 주는 요인

성공적인 관광 상품으로 알려진 사례는 스발바르 제도의 북극 유람선 관광 프로그램이다. 인프라가 갖춰져 있으며, 유럽과의 항공편 이용이 수월하며, 관광 상품이 비교적 저렴하다는 장점이 성공 요인으로 꼽힌다.[30] 북극 지역의 관광 개발에 영향을 주는 요인으로는 관광 명소, 마케팅, 사회기반시설, 관광 절차 등이 있다.

첫째, 관광 명소는 북극 관광을 유인하는 가장 중요한 요인이다. 자연과 야생동물, 원주민 문화, 빙하에 대한 접근성 등이 이에 해당한다. 특히 일반 사람들에게 연상되는 북극 자체의 자연환경과 문화를 경험할 수 있다면, 상당한 이점이 될 수 있다. 대표적인 지역이 스발바르 제도인데, 빙하와 북극의 경관을 감상할 수 있을 뿐만 아니라, 북극곰, 해마 등의 해양 동물을 볼 수 있다는 점이 많은 사람의 관심을 끌고 있다.

둘째, 마케팅은 특정 지역의 관광 개발에 상당한 영향을 주는 요인이다. 아이슬란드는 항공 스톱오버 프로그램 등을 통해 대대적인 홍보를 수행했고, 지난 15년간 가장 많은 관광객 유치 성과를 보여주었다.

셋째, 사회기반시설, 즉 인프라 수준 또한 상당히 중요하게 작용한다. 특히 교통 인프라가 결정적인 요인이다.[31] 가령, 불모의 넓은 땅을 하이킹하는 모험적인 여행객들은 대개 장비에 상당한 비용을 투입하는데, 이 경우 교통로와 숙박 시설이 저렴하고 이용이 용이한 곳을 선호하는 경향이 높다. 마지막으로 관광 절차 또한 관광 개발에서 상당히 고려해야 할 사항이다. 가령 기후변화와 인프라 정비로 캐나다와 러시아의 북극 지역이 새로운 관광지로 부상할 수 있으나, 허가 요건, 비자 발급 등의 관료적인 절차가 복잡하고 번거로울 경우 관광 개발의 장애 요인으로 작용할 수 있다.

3) 관광: 북극을 위한 기회와 도전

이전부터 북극과 남극 극지방에 수많은 생태 관광 시장이 존재해왔다.[32] 그러나 기후변화와 세계화의 영향으로 북극 지역이 재조명되었고, 북극 지역을 찾는 관광객 수도 증가하고 있다. 기후변화에 따라 해빙이 적고 일 년 중 더 긴 기간을 관광할 수 있는 여건이 마련된 것도 하나의 촉진 요인이 되었다. 이러한 관광 개발은 해당 지역에 경제적 파급 효과를 창출할 뿐만 아니라, 지역 인프라 개선에도 도움이 될 수 있다. 한편, 북극은 남극과 달리 토착 원주민과 기존 주민들이 거주하는 공간이다. 따라서 남극의 생태 관광이나 과학연구 프로그램에서는 다루지 않았던, 지역사회에 부정적인 영향을 최소화하는 지속 가능한 관광 개발에 대한 논의가 필요하다.

북극 지역에 무분별한 관광이 증가할 경우, 환경 오염과 수자원 부족, 야생동물의 개체수 감소 등의 문제가 발생할 수 있다. 또한, 항공기와 선박 사용이 늘어나면서 화석 연료 및 폐기물 발생 또한 증가할 수 있다. 유람선의 대형 사고 및 기름 유출 사고 등의 심각한 문제도 발생할 수 있다. 지역사회 거주민과 원주민에게도 부정적인 영향을 초래할 수 있다. 따라서 관광산업을 한 지역의 모든 문제를 해결할 수 있는 '만병통치약'으로 인식하기보다는 지역사회와 환경에 영향을 최소화할 수 있는 관광에 대한 고려가 반드시 이루어져야 한다. 특히 전문가들은 광업과 같은 다른 경제 활동과 마찬가지로 관광산업도 호황과 불황의 주기가 있다는 점을 알아야 한다고 강조한다.[33] 즉 특정 지역사회가 관광상품 개발에 모든 자원과 투자를 쏟지 않는 점도 중요하다는 것이다. 북극 지역을 관광지로 개발하기 위해 고려해야 할 사안은 복잡하고 다양하다. 따라서 북극 관광의 이점을 활용하되, 지속 가능한 관광 개발이 이루어질 수 있도록 사회 각계의 노력이 함께 이루어져야 한다.

미주

1 https://www.britannica.com/place/Arctic/The-economy
2 https://geology.com/articles/arctic-oil-and-gas/
3 https://www.britannica.com/place/Arctic/The-economy
4 희토류 원소(稀土類元素, 영어: Rare Earth Elements, Rare Earth Metals)는 주기율표의 17개 화학 원소의 통칭으로, 스칸듐(Sc)과 이트륨(Y), 그리고 란타넘(La)부터 루테튬(Lu)까지의 란타넘족 15개 원소를 말한다. 이들을 묶어 희토류로 통칭하는 이유는 서로 화학적 성질이 유사하고 광물 속에 그룹으로 함께 존재하기 때문이다. (출처: 위키피디아)
5 https://ko.wikipedia.org/wiki/%ED%9D%AC%ED%86%A0%EB%A5%98_%EC%9B%90%EC%86%8C
6 https://www.reuters.com/article/us-china-arctic/china-unveils-vision-for-polar-silk-road-across-arctic-idUSKBN1FF0J8
7 엑슨발데즈 원유 유출 사고는 1989년 유조선 엑슨발데즈가 미국 알래스카주 프린스 윌리엄만에서 좌초되면서 적하돼 있던 원유 1,100만 갤런이 유출된 사고이다. 이 사고는 지금까지 해상에서 발생한 인위적 환경 파괴 중 최악의 사건으로 간주되고 있다.
8 딥워터 허라이즌 기름 유출 사고는 2010년 4월 20일 미국 멕시코만에서 석유 시추 시설이 폭발하고, 이후 5개월 동안 대략 7억 7천만 리터의 원유가 유출된 사고이다.
9 https://www.voanews.com/usa/us-gulf-region-still-struggling-10-years-after-bp-oil-spill
10 세계 에너지시장 인사이트 제13-37호 2013.10.18
11 IEA, Energy Balances of OECD Countries (2013 edition), 2013
12 Gulas, Sarah; Downton, Mitchell; D'Souza, Kareina; Hayden, Kelsey; Walker, Tony R. (January 2017). "Declining Arctic Ocean oil and gas developments: Opportunities to improve governance and environmental pollution control". Marine Policy. 75: 53-61.
13 고상모, 북극권(그린란드) 광물자원 개발전망, 한국극지연구진흥회
14 https://russiancouncil.ru/en/arcticoil
15 고상모, 북극권(그린란드) 광물자원 개발전망, 한국극지연구진흥회
16 https://www.britannica.com/place/Arctic/Transportation
17 https://www.britannica.com/place/Arctic/Transportation
18 빙산 무역 모델은 일반적으로 사용되는 운송 원가 모형 중 하나이다. 운송 비용과 거리를 선형적으로 연계하고, 물동량을 고려하여 비용을 도출하는 방식이다. 폴 새뮤얼슨이 1954년 제안한 글에서 기인했다. Samuelson, Paul (1954). "The Transfer Problem and Transport Costs, II: Analysis of Effects of Trade Impediments". Economic Journal. 64 (254), pp. 264-289
19 https://www.coursera.org/learn/global-arctic/lecture/BVcRK/the-opening-of-the-arctic-to-commercial-

shipping

20 https://www.coursera.org/learn/global-arctic/lecture/BVcRK/the-opening-of-the-arctic-to-commercial-shipping

21 https://www.coursera.org/learn/global-arctic/lecture/BVcRK/the-opening-of-the-arctic-to-commercial-shipping

22 http://www.sciencemag.org/news/2017/12/nations-agree-ban-fishing-arctic-ocean-least-16-years

23 https://www.coursera.org/learn/global-arctic/lecture/zmrvE/arctic-fisheries-in-an-uncertain-future

24 http://www.sciencemag.org/news/2017/12/nations-agree-ban-fishing-arctic-ocean-least-16-years

25 https://www.akrdc.org/tourism

26 https://www.ferdamalastofa.is/en/recearch-and-statistics/numbers-of-foreign-visitors

27 https://yle.fi/uutiset/osasto/news/record_number_of_tourists_visit_finnish_lapland_in_2019/11186729

28 https://www.highnorthnews.com/en/more-and-more-arctic-tourists-where-exactly

29 https://www.highnorthnews.com/en/more-and-more-arctic-tourists-where-exactly

30 https://www.highnorthnews.com/en/more-and-more-arctic-tourists-where-exactly

31 http://citr.up.krakow.pl/article/view/3312

32 Van Bets, L.; Lamers, M.; Van Tatenhove, J. Collective self-governance in a marine community: Expedition cruise tourism at Svalbard. J. Sustain. Tour. 2017, 1-17.

33 https://www.highnorthnews.com/en/more-and-more-arctic-tourists-where-exactly

제5장

북극 협력과 국제 거버넌스

북극 지역의 협력은 북극권 8개국(캐나다, 미국, 핀란드, 아이슬란드, 러시아, 노르웨이, 덴마크, 스웨덴)으로 구성된 북극이사회를 통해 이뤄지고 있다. 북극이사회의 협력하에서 북극권 8개국의 입법, 사법, 행정 기관이 각국의 북극 관련 정책을 주도하며, 영국, 독일, 유럽연합, 중국과 같은 비북극권 국가의 영향은 상대적으로 낮은 편이다. 비정부 기구와 학계 또한 북극의 협력에서 상당히 중요한 역할을 수행하며, 유엔과 같은 정부 간 기구와 북대서양조약기구도 중요하다.

북극이사회는 북극의 지속 가능한 개발과 환경 보호 문제 등 북극에 관한 여러 현안을 논의하기 위한 목적으로 북극권 국가, 북극 원주민 공동체 및 기타 북극 주민 간 협력, 조정 및 상호작용을 촉진하기 위한 선도적인 정부 간 협의 기구이다.[1] 북극이사회는 1996년 정식 설립되었다. 오타와 선언[2]에 따라 북극권 8개국이 결정되었고, 북극 원주민 대표 기구들이 원주민 사무국의 지원을 받아 상시 참여단체로 지정되었다. 오타와 선언이란 캐나다, 덴마크, 핀란드, 아이슬란드, 노르웨이, 러시아, 스웨덴과 미국의 정부 대표들이 오타와에서 회의를 통해 높은 수준의 포럼으로서 북극이사회를 설립했는데, 당시의 선언을 일컫는다. 이처럼 북극이사회는 북극권 국가뿐만 아니라, 북극의 원주민 단체 및 다양한 연구 기관도 협력하여 북극 문제를 논의할 수 있는 장을 마련하고 공유한다는 점이 특징적이다.

북극이사회의 주요 목표는 첫째, 북극 주변 거주민의 복지, 원주민 및 지역 전통 보호, 둘째, 생물 다양성 유지(북극 지역 환경 및 거주민 건강 생태계 보호), 셋째, 북극 자연 자원의 지속 가능한 이용, 넷째, 북극 지역 지속가능한 발전(경제·사회·문화)이다.

[그림 5-1]
북극이사회 로고(출처: 위키피디아)

1. 북극이사회 회원국

1996년 북극이사회 설립 이후 북극이사회 8개 회원국은 2년씩 의장국을 순환적으로 수행하고 있다. 북극이사회 회원국 중 캐나다, 미국, 러시아 등 주요국들의 우선과제와 의장국 기간 동안의 성과는 다음과 같다.

캐나다는 1996년부터 1998년까지, 이후 2013년부터 2015년까지 북극이사회 의장국을 수행했다. 북극과 관련한 캐나다의 주요 우선 과제로는 사회·경제적, 문화적 발전, 환경 보호 및 기후변화, 원주민과의 관계 강화 등이다.[3] 특히 첫 번째 의장국 기간에 북극 청소년 지원, 원주민 및 북극권 국가 정부 간 긴밀한 파트너십을 통한 공통 문제 해결 등을 우선순위로 설정했다.[4] 이후 2013년부터 2년간 의장국 기간에는 북극 주민을 위한 발전, 북극 주민의 정신적 건강 증진, 북극 원주민의 토착 지식을 위원회 업무에 적용, 탄소 및 메탄의 감소를 포함한 환경보호 등의 의제를 제시했다.[5] 캐나다는 기업 간 협력을 위한 독립적인 포럼인 북극경제위원회(Arctic Economic Council) 설립에 기여했다. 또 북극의 석유 오염을 막기 위한 행동 계획과 블랙 카본(Black Carbon) 및 메탄양 감축을 위한 북극이사회 기본 계획을 수립했다.

미국은 1998년부터 2000년까지, 그리고 2015년부터 2017년까지 북극이사회 의장국을 수행했다. 첫 번째 의장국으로서 우선순위에는 북극에서 원격 의료 및 질병 모니터링 등 주민 건강 증진, 북극 기후변화의 영향 연구, 지속 가능한 북극 관광 개발 등이 포함되었다. 두 번째 의장국 기간의 우선순위에는 북극 안전 구조 협력, 석유 오염 방지 및 대응 활동, 해양 보호 및 해양 해운 관리, 북극해 안전 보안 관리, 기후변화 영향 해결, 혁신적인 기술 추구, 북극 거주민의 정신 건강 증진, 통신 인프라 문제 해결 등 북극의 경제 및 생활 환경 개선 등이 있다.

미국의 북극이사회 주요 성과로는 미국 질병통제예방센터 주도로 국제북극권감시시스템(ICS, International Circumpolar Surveillance)을 도입한 사례를 들 수 있다. 미국은 2004년 아이슬란드 의장국 시기에 북극의 기후변화 영향에 관한 최초의 종합적인 과학적 평가 기구인 북극기후영향평가(ACIA, Arctic Climate Impact Assessment)를 출범시키기도 했다. 2017년 5월 11일 알래스카 페어뱅크에서 열린 북극이사회 각료 회의에서 북극이사회 회원국 외무장관이 서명한 법적 구속력 있는 '국제 북극 과학 협력 증진 합의서'가 체결되었다. 미국과 러시아가 과학 협력 특별대책단의 공동위원장을 역임했다. 또 미국은 해양 환경 대응 및 수색 구조 전문가 그룹의 의장국 역할을 맡고 있다.

핀란드는 2000년부터 2002년까지, 이후 2017년부터 2019년까지 북극이사회 의장국을 수행했다. 북극과 관련하여 핀란드의 첫 의장국 기간 우선순위는 북극의 지속 가능한 개발, 지속 가능한 개발을 위한 다양한 자원 활용, 지역사회 역량 확대, 전통적인 지식을 통한 과학적 의사 결정 등이었다. 두 번째 의장국 기간의 우선순위는 북극에서의 지속 가능하고 책임 있는 개발을 촉진하기 위한 모범 사례 및 신기술에 관한 정보를 공유함으로써 환경 보호를 촉진하고, 북극에서 광대역 통신 서비스의 개발과 가용성을 확장하는 것이었다. 또 공공 안전 개선 및 국제 해운, 항공 교통 인프라 구축, 북극 기후 과학 발전을 위한 남북극 간 기상 및 해양학 협력, 북극대학(Arctic University)과 협력하여 교육 전문가 네트워크 강화, 북극의 공정한 교육 기회 제공 등이 있다.

핀란드의 주요 성과로 회원국이 상시 참여 단체에 정보 및 전문 지식을 공유

[그림 5-2]
2019년 5월 핀란드에서 열린 북극이사회의 핀란드 외무장관 티모소이니 장관 (출처: 위키피디아)

하고 북극이사회 보조 기관 간 긴밀한 협력을 유도했다. 핀란드는 과학자, 정책 입안자, 정부 관계자, 원주민 단체, 학생, 산업계, 시민사회 대표가 함께 북극의 생물 보존과 지속 가능한 이용을 위한 조치를 논의하는 북극 생물 다양성 회의(Arctic Biodiversity Congress) 설립을 보조한 바 있다.[6] 핀란드는 북극이사회의 공식 설립 이전부터 주도적으로 북극 환경 보호를 위한 북극권 8개국 간 조직적 협력을 주도했다. 1991년 로바니에미에서 역사적인 장관급 회담으로 이어졌고 이는 북극 국가 간 첫 각료회의로 꼽히며 '로바니에미 프로세스'로 알려진 지속적인 협업이 시작되는 토대를 마련하기도 했다.[7]

아이슬란드는 2002년부터 2004년까지 북극이사회 첫 의장국을 맡았으며, 북극 인력 개발, 북극에서 ICT 적용, 북극 연구 협력 강화를 우선순위로 설정했다. 2019년부터 2021년까지 두 번째로 의장국을 역임하면서 플라스틱, 미세플라스틱, 해양 폐기물을 포함한 북극 해양 환경, 해양 생물 경제 및 지속 가능한 운송, 온실가스 배출량 감축 및 대기질을 개선하는 기후 및 녹색 에너지 솔루션, 북극 지역사회에서 경제적 기회, 통신 서비스 제공, 양성평등 실현, 건설적 협력을 통한 북극 위원회 제고 등을 위해 노력했다.

아이슬란드의 주요 성과로는2002년 이나리 회의(Inari-meeting)에서 성과로는 북극인간개발보고서(AHDR, Arctic Human Development Report)가 우선 프로젝트로 장관들에 의해 승인된 것을 들 수 있다. 이 보고서에 따라 북극이사회의 업무는 문화적, 사회적, 경제적 차원을 강화하는 노력이 포함되었고, 북극 주민 복지를 체계적으로 기록하고 비교하는 최초의 종합적인 시도가 이루어졌다. 아이슬란드의 주도로 북극 연구 협력이 확대되면서 과학 및 교육 당국의 참여가 증가한 점 또한 성과로 꼽힌다.

러시아는 2004년부터 2006년까지 북극이사회 의장국을 수행했다. 러시아는 북극의 정보통신 기술 네트워크 개발을 위한 국제 통신 기술 분야 협력을 강화하고 북극 거주민의 건강 증진, 원격 의료 서비스 제공, 극지방의 주요 질병에 대해 예방 활동을 수행했다. 또 자연 자원의 지속 가능한 관리 및 재생 에너지의 사용과 북극 원주민의 지속 가능한 발전 등을 우선순위로 설정했다.

2. 북극이사회 상시 참여단체 — 북극 원주민 대표 단체

북극 토착 원주민들은 북극 지역에서 수천 년간 살아왔다. 토착 원주민은 북극의 척박한 땅에서 삶을 영위하며 그들만의 고유한 생활방식과 문화를 이어왔다. 북극의 다양한 민족 문화는 그들의 생활양식, 종교, 음악, 예술, 의복, 자연과의 상호작용 등 여러 가지 면에 반영되었다. 그리고 북극의 원주민 문화는 다양하지만 한편으로 상호 유사점이 많다는 점이 특징적이다. 이는 자연환경과의 지속적인 사회적, 경제적, 정신적 유대에서 비롯되었다.[8] 이러한 특성은 단순한 우연의 일치가 아니라, 북극의 자연환경 속에서 방대한 지식을 축적하며 적응해온 수 천 년의 역사를 반증하는 것이다. 이러한 지식은 각 원주민에게 정체성과 문화 보존의 열쇠가 되며, 상시 참여단체인 북극 원주민 단체는 그들이 쌓아온 전통적인 지식을 북극이사회 내에서 공유하면서 다양한 역할을 수행하고 있다.

북극 원주민 대표 단체로는 알레우트국제협회(AIA, Aleut International Association), 북극 아타바스칸이사회(AAC, Arctic Athabaskan Council), 그위칭국제이

표 2] 북극 원주민 대표 단체의 주요 지표

구분	상징(Symbol)	거주 영토(Territory)	원주민 (Indigenous Peoples)	원주민 인구 (Indigenous Population)	언어 (Languages)
알레우트 국제협회 (AIA)		미국: 알래스카 지역, 프리빌로프섬 (Pribilof Islands), 러시아: 콤만더섬 (Commander Islands)	러시아와 미국 알레우트인 (Aleut, Unangan)	미국: 15,000명 러시아: 350명	영어, 러시아어, 우난감 투누우어 (Unangam Tunuu), 니구김 투누우어 (Niigugim Tunuu)
북극 아타바스칸 이사회 (AAC)		미국: 알래스카 캐나다: 유콘, 북서 지역	아타바스칸인	45,000명	23개 언어
그위칭 국제이사회 (GCI)		미국: 알래스카 캐나다: 유콘, 북서 지역	그위칭인	9,000명	그위칭어 (아타바스칸어의 일종)
이누이트 북극권 이사회 (ICC)		미국: 알래스카 캐나다, 그린란드, 러시아: 추콧카	이누이트인	18만 명	이누이트어, 영어, 덴마크어, 러시아어
러시아북부 원주민회 (RAIPON)		러시아	41개의 러시아 원주민 단체	27만 명	40여 개 언어
사미이사회 (Saami Council)		핀란드, 러시아, 노르웨이, 스웨덴	사미인	5만~8만 명	9개 언어

출처: https://arctic-council.org/

사회(GCI, Gwich'in Council International), 이누이트북극권이사회(Inuit Circumpolar Council), 러시아북부원주민협회(RAIPON, Russian Association of Indigenous Peoples of the North), 사미인이사회(Saami Council)가 있다.[9]

1) 알레우트 국제 협회

알레우트국제협회는 미국과 러시아의 알레우트인 원주민을 대표하는 비영리법인이다. 알레우트 프리빌로프 제도협회(APIA, Aleutian Pribilof Islands Association)와 러시아 캄차카 지역 알레우트 북부 원주민 협회(ANSARKO, Association of the Indigenous peoples of the North of the Aleut District of the Kamchatka Region of the Russian Federation)가 협력하여 출범했으며 AIA는 대표의 주도로 알래스카 출신 4인과 러시아 출신 4인으로 구성된 이사회를 구성한다.

이 협회는 베링해의 풍부한 자원과 수천 년간 이어온 알레우트인의 환경적, 문화적 문제를 해결하기 위해 결성되었다. 원주민의 문화를 보존하고 생활을 영위하기 위한 자원을 보존하는 것을 최우선으로 한다. 가령 오염물질 발생, 기후변화, 상업적 어업이 베링해의 생태계에 미치는 영향을 파악하도록 협회가 정부와 전문가 집단과 협력하면서 북극이사회의 상시 참여단체로 동참하게 되었다. AIA는 북극이사회의 상시 참여단체 지위 외에도 2004년에는 유엔 경제사회이사회(Economic and Social Council of the United Nations)에서 특별자문 지위를 부여받았다. 또 유엔기후변화협약(UNFCCC, United Nations Framework Convention on Climate Change)과 국제환경기구(GEF, Global Environment Facility)에 공인된 비정부 기구이다.[10]

AIA를 구성하는 알레우트인(우난간, Unangan)은 알래스카 남서부 알레우트 제도 지역과 러시아 콤맨더 제도에서 약 1만 년간 살아왔다. 러시아와 미국의 알레우트 지역은 두 국가로 분리되어 있으나 실제로는 베링해와 북태평양 지역에서 문화적 관습이 상호 연결되어 있다. AIA는 1998년 북극이사회 상시 참여단체로 승인되었으며, 회원국, 워킹그룹 및 기타 상시 참여단체와 함께 이사회 업무 회의와 계획에 정기적으로 참여하고 있다. 특히 AIA는 해양 지역과 해양 지역 주변의 환경적, 사회적 변화에 특별한 관심을 기울이고 있다.

2) 북극아타바스칸이사회

북극아타바스칸이사회는 미국과 캐나다 아타바스칸인의 권리와 더 나아가 국제적 이익을 보호하기 위한 목적으로 설립되었다. AAC는 북극 북아메리카 지역 아타바스칸인의 문화적 유산 이해를 증진하기 위해 노력하고 있다. 아타바스칸인은 전통적으로 북부 북아메리카 지역 300만 평방 킬로미터의 광활한 대지에서 생활해왔다. 아타바스칸인은 이 지역에서 수렵과 사냥, 낚시를 주로 한다. 특별히 아타바스칸인은 약 23개의 서로 다른 언어를 구사하며 공유한다는 특징이 있다. 알래스카에 약 1만 2천 명이 거주하며 캐나다 유콘주에 1만 명, 캐나다 북서부 지방에 2만 명 정도 살고 있다고 추정된다.[11] AAC는 2005년에 북극이사회 상시 참여단체로 승인되었고 북극 국가, 워킹그룹, 기타 상시 참여단체와 협력하여 정기적으로 기여하고 있다. AAC는 환경 보호와 경제적 지속 가능성의 균형을 맞추는 데 주력하고 있다.

3) 그위칭국제이사회

그위칭국제이사회는 미국과 캐나다에 거주하는 약 9천여 명의 그위칭인을 대표하는 비영리단체이다. GCI는 국제적으로 지속 가능한 개발과 환경 보호와 관련한 그위칭인의 권리를 대변하는 것을 목적으로 한다. GCI의 회원 자격은 캐나다와 미국 양국의 대표 기관이 관리하며 캐나다 출신 4인과 미국 알래스카 출신 4인이 이사회를 구성하여 공동의장을 선출한다.

그위칭인은 북아메리카의 최북부에서 거주하는 원주민 중 하나이며 북서부 수목한계선 근처에서 주로 살고 있다. 그위칭인은 언어와 문화가 비교적 뚜렷한 편이며 크게 아타바스칸인에 속한다. 여러 방언으로 구성되는 그위칭어는 오늘날 심각하게 사라져가는 언어 중 하나이다.[12] 그위칭인은 전통적으로 순록 무리와 함께 생활하며 1870년대까지 유목 생활을 한 것으로 알려져 있다. 이 시기에는 주로 모피상과 모피를 거래하면서 정착 생활이 시작되었고 현재에도 여전히 사냥과 낚시와 함께 순록 방목이 중요한 경제 활동 중 하나로 꼽힌다.

GCI는 2005년 북극 아타바스칸 이사회와 함께 북극이사회 상시 참여단체로 인정되었다. GCI는 건강한 원주민 공동체 지원을 위한 환경과 지속 가능한 개발에 관심을 갖고 있으며, SDWG, CAFF, and EPPR 워킹그룹과 협력하고 있다.

4) 이누이트 북극권 이사회

이누이트북극권이사회는 북극 지역의 이누이트인들의 공통 관심사에 대해 일치된 의견을 표명하고 권리를 보호하기 위한 목적으로 설립되었다. ICC의 목표로 북극 지역 이누이트인의 협력 강화, 국제적 차원에서 이누이트인의 권익 증진, 북극 환경 보호를 위한 장기적인 정책 개발 및 장려, 그리고 북극 지역의 정치, 경제, 사회 발전을 위한 적극적인 파트너십 모색 등을 추구하고 있다. ICC는 1983년부터 유엔경제사회이사회에서 자문기관으로 활동하고 있으며 북극 지역을 포함한 토착 원주민의 인권에 관한 광범위한 문제에 대해 유엔과 정기적으로 협의하고 있다.

역사적으로 이누이트인은 북부 아메리카, 그린란드, 러시아 등 광범위한 북극 지역에서 사냥 및 수렵, 유목 생활을 영위해왔다. 오늘날 이누이트인은 글로벌 원주민 단체로서 활발히 활동하고 있다. ICC는 1996년에 북극이사회 상시 참여단체로 인정되었으며, 북극이사회 내에서 다양한 워킹그룹, 태스크포스와 적극적으로 협력하고 있다.

5) 러시아북부원주민협회

러시아북부원주민협회는 원주민의 인권을 보호하고 그들의 법적 이익을 옹호하며 환경, 사회, 경제, 문화, 교육 문제 해결에 도움을 주고, 원주민들의 자치권을 증진하려는 목적으로 설립되었다. RAIPON은 러시아 연방 정부와 함께 토착 원주민 문제와 관련한 법률 제정에 동참하고 있다. RAIPON은 북극이사회 상시 참여단체로 1996년 채택되었다. RAIPON은 러시아의 북부, 시베리아, 극동 지역에 거주하는 총 27만 명 이상이 포함된 원주민 41개 단체를 대표한다. RAIPON은 유엔경제사회이사회와 집행위원회, 유엔환경계획의 글로벌 장관환경 포럼 등 국제 활동에서 옵서버 자격으로 적극적으로 참여하고 있다.[13] RAIPON은 북극 지역의 사회·경제적 이슈, 환경 보호, 문화 보존, 교육 등에 관심을 갖고 있다.

6) 사미이사회

사미이사회는 사미인의 권익을 증진하고 사미인 간 유대 관계 강화, 사미인의 국가로서 인정, 사미인의 경제·사회·문화적 권리를 4개국의 입법에 반영하는 등의 구체적인 목적을 바탕으로 설립되었다. 사미인은 핀란드 북부와 러시아, 노르웨이, 스웨덴에 걸쳐 있는 지역인 사프미(Sápmi) 지역에 주로 거주한다. 사미인의 인구는 대략 5~8만 명으로 추정되며 노르웨이 지역에 절반이 살고 있다. 사미인은 전통적으로 순록 목축업, 어업, 가축 사육, 사냥 등을 통해 생계를 유지해왔다. 1989년 노르웨이 사미인들은 노르웨이 정부 당국의 협의체 역할을 하는 의회로서 사메디기(Sámediggi)를 최초로 도입했다.[14]

사미이사회는 1996년 북극이사회 상시 참여단체로 인정받은 이래로 꾸준히 북극이사회 내에서 다양한 기구와 협력해왔다. 특히 사미이사회는 북극의 환경 보호와 지속가능한 개발에 관심을 갖고 활동하고 있다.

[그림 5-3] 핀란드 라플란드 우츠조키에 위치한 사미이사회 본부 (출처: 위키피디아)

3. 북극이사회 워킹그룹 — 환경 및 과학 연구 협력

환경과 과학 연구 협력은 북극 지역 협력과 지역 차원의 거버넌스에서 가장 중요한 부분을 차지한다. 냉전이 끝난 이후, 북극 지역이 겪고 있는 환경 문제를 북극권 국가들은 공동으로 해결해야 할 문제로 생각하고 다양한 협력을 진행해 왔다. 북극이 마주하고 있는 환경 문제는 다양하다. 먼저 지역 차원뿐만 아니라 글로벌 차원에서 심각하게 인식하고 있는 문제인 기후변화와 그로 인한 자연환경의 변화는 북극의 주요 현안이다. 북극 지역은 다양한 지하자원 매장지로, 석유·가스, 광물 자원의 채굴 및 가공 시 오염 문제가 제기된다. 오염물질은 북극 내부에서 생성될 뿐만 아니라, 타 지역에서 이동해 들어오기도 한다. 생성된 오염물질은 대기와 해류, 북극의 강과 얼음에 의해 북극 지역으로 이동한다. 중금속, 유기 오염 등이 주를 이루지만 현재는 북극 지역의 미세플라스틱 문제도 심각하다, 이 외에도, 러시아의 핵실험, 북유럽 원자력 발전소의 배출로 인한 방사능 오염 문제도 존재한다.

북극 지역의 환경 문제를 해결하기 위해 각국에서는 개별적으로 환경 보호 관련 법률 또는 이니셔티브를 만들었다. 기존에 북극은 남극(남극조약)과 달리 하나의 통일된 광범위한 협정은 없었다. 대신 국가별로 자국 영토의 북극 지역에 대한 환경 규제를 시행하고 있었다. 또 지역협력체 차원에서 환경 문제에 해결 필요성을 인식하고 북극권 국가들이 협력하기 시작하여 북극이사회 차원에서의 환경 협정이 발표되거나 지역 간 협력이 이루어지고 있다.

북극이사회 내에는 6개의 워킹그룹을 통해 이사회 내 연구, 모니터링 및 기타 업무를 수행하며 북극에서의 여러 환경 및 과학 연구 협력을 추진하고 있다.

여기에는 북극 오염물 처리 프로그램(ACAP, Arctic Contaminants Action Program), 북극 모니터링 및 평가 프로그램(AMAP, Arctic Monitoring and Assessment Programme), 북극 동식물 보존 기구(CAFF, Conservation of Arctic Flora and Fauna), 비상상황 예방, 준비 및 대응 기구(EPPR, Emergency Prevention, Preparedness and Response), 북극 해양 환경 보호 기구(PAME, Protection of the Arctic Marine Environment), 지속가능한 개발 워킹그룹(SDWG, Sustainable Development Working Group) 등이 포함된다.

1) 북극이사회 이전 환경 및 과학 연구 협력

북극의 환경 문제는 현재 북극 지역 협력의 기반을 만들어냈다. 냉전 종식과 함께, 북극 환경 문제를 해결하고자 하는 각국의 합의로부터 냉전기에는 타 북극 국가와 협력이 활발하게 이루어지지 않았던 러시아까지 포함하여, 북극권 국가들의 협력이 시작되었다.

1987년 고르바초프 소련 공산당 서기장은 페레스트로이카 정책 시행과 함께 그동안 닫혀 있던 러시아 북극 지역을 포함한 북극해 해역을 개방하는 '무르만스크 선언'을 발표했다. 무르만스크 선언은 북극권 개발, 탐사, 환경 보호에서 국제 협력 내용을 담고 있다. 북극 지역에서 냉전의 긴장을 끝내고, 북극권 국가들은 새로운 북극 시대를 연 이 연설의 취지에 공감하면서 협력의 필요성에 동의하고 북극 지역 협력의 구체적 방법을 모색하기 시작했다.

첫 번째 결과는 1989년 핀란드 로바니에미에서 시작된 북극 지역 국가들이 모여 만들어낸 북극 환경 보호 협의로 나타났다. 핀란드의 주도로 북극권 국가들이 참여한 로바니에미 회의라는 이름의 이 협상은 북극이사회 추진 회의(Initiation Meeting)의 첫 번째에 이름을 올리고 있다. 현재 북극 지역 차원의 거버넌스와 협력 체계가 이곳에서부터 시작되었다. 로바니에미 회의에서 시작된 취약한 북극 환경 보호와 당면한 문제를 해결하려는 노력으로 1991년에는 북극환경보호전략(AEPS, Arctic Environmental Protection Strategy)이 채택되었다. 캐나다, 덴마크, 핀란드, 아이슬란드, 미국, 노르웨이, 스웨덴, 소련이 참여했다. 북극이사회의 전신인 AEPS에는 현재에도 북극이사회에 설치되어 있는 워킹그룹인 AMAP, CAFF, PAME, EPPR, SDU가 구체적인 조치로서 설립되었고, 이 중 SDU를 제외하고는(현재는 SDWG가 설립됨) 지금도 북극이사회 주요 기구로서 역할을 계속하고 있다.

AEPS의 목표는 네 가지로 정리된다. 인간을 포함한 북극 생태계 보호, 환경 상태의 보호·향상·복원 및 북극의 지역민과 원주민의 사용을 포함한 천연자원의 지속 가능한 활용, 북극 환경 보호와 관련하여 원주민의 전통적·문화적 요구와 가치 및 관행을 인식하고 가능한 한 수용하려고 노력하는 것과 북극 환경을 정기적으로 검토하고 오염물질을 규명하고 감소시키며 최종적으로 제거하는 것이다.[15]

이후 북극이사회가 1996년 오타와 선언을 통해 설립되었으며, 환경 보호를 위해 시작된 북극 지역의 협력은 더욱더 구체적인 형태를 띠며 그 범위를 확장했다.

2) 북극이사회 워킹그룹

(1) 북극 오염물 처리 프로그램

북극 오염물 처리 프로그램(ACAP, Arctic Contaminants Action Program)은 북극의 오염과 환경 위험을 예방하고 줄이는 것을 목적으로 구성되었다. ACAP은 북국의 오염물 배출량 감소와 환경 정화를 위해 해당 프로그램을 홍보하고 시범 사업을 실시하는 활동을 펼치고 있다. ACAP은 각국이 환경 관련 정책을 강화하고 환경, 보건, 사회·경제적 위험을 줄일 수 있는 조치를 취하도록 장려하고 있다. ACAP은 특히 북극권 정부와 협력하여 북극 원주민이 처한 문제와 위험을 고려하고 파일럿 프로젝트를 수행한다.

ACAP은 산업용 화합물 PCB과 같은 유기 오염 물질(POPs, Persistent organic pollutants) 및 해양 폐기물, 플라스틱, 미세플라스틱, 폐농약, 용매, 의약품 등 화학물질에 의한 해양 오염을 방지하기 위한 프로젝트를 수행한다. 북극이사회의 프로젝트 지원 기구(PSI, Projects Support Instrument) 기금을 통해 ACAP가 추진하는 프로젝트를 승인한다. PSI는 북극 지역의 오염을 방지하고 완화하는 것을 목적으로 기금을 사용하며, 여기에는 프로젝트 선별, 개발, 사전 타당성 연구, 환경 영향 평가, 사업 수행 및 자금 조달 계획 등 프로젝트 전반을 관리하는 것을 목적으로 한다. ACAP은 2년마다 교체되는 의장국에 의해 주도되며 북극이사회 회원국과 상시 참여단체가 활동에 참여하며 옵서버 또한 ACAP 워킹그룹 회의에 참관할 수 있다.

(2) 북극 모니터링 및 평가 프로그램

북극 모니터링 및 평가 프로그램(AMAP, Arctic Monitoring and Assessment Programme) 워킹그룹은 북극의 오염 및 기후 변화 문제를 모니터링하고 평가하는 역할을 수행한다. AMAP은 관련 정책의 기초를 제공하기 위해 북극의 오염과 기후 변화 상태에 대한 독립적이고 과학적인 기관으로 모니터링 활동을 하고 있다. AMAP 워킹그룹의 평가 프로그램 작업은 전문가 단체를 통해 이뤄진다.

AMAP의 주요 업무는 오염물질의 특성과 영향, 오염원 및 오염 경로 추적, 주요 기후 지표의 동향과 환경 영향 등을 기록하며, 북극 원주민과 기타 거주민의 건강 상태 등을 파악하여 오염물질과 기후변화가 북극 생태계와 인간에 미치는 영향을 조사하는 것이다. 또 기후 및 오염 문제와 관련한 북극 환경 현황을 보고하는 역할을 수행하여 북극 환경 개선에 필요한 우선 조치에 대해 정부에 자문을 제공한다.[16] AMAP은 환경 오염과 기후변화로 인한 전 지구적 위협을 줄이기 위한 국제 프로세스를 지원하는데, 여기에는 유엔기후변화협약(UN Framework Convention on Climate Change), 유엔유럽경제위원회(United Nation's Economic Commission for Europe)의 대기오염협약 등이 포함된다.[17] AMAP의 대표단은 1년에 두 번 전체회의를 개최하여 업무 계획에서 파악된 우선순위와 프로젝트를 논의한다.

(3) 북극 동식물 보존 기구

북극 동식물 보존 기구(CAFF, Conservation of Arctic Flora and Fauna)는 북극의 생물다양성을 보존하기 위해 북극권 국가 정부와 주민에게 관리 규정 및 규제 체계에 관한 정보와 지식을 공유하고 자문하는 역할을 수행한다. 여러 활동에 대한 감시, 평가, 전문가 그룹 활동을 통해 개발 및 경제 활동, 정책 등 북극 생태계와 관련한 중요 이슈에 대한 국제적인 협력 메커니즘을 이끌고 있다.

CAFF의 프로젝트는 자연환경을 보존하고 지역 개발을 허용하는 데 발생하는 문제를 해결하기 위한 적절한 데이터를 제공한다. 이 작업은 모든 북극권 국가, 토착 원주민 단체, 국제 협약 및 단체 간 협력을 바탕으로 이뤄지며, CAFF

의 전략 계획과 격년제 작업 계획이 안내된다. CAFF는 북극 생물 다양성의 현황과 동향, 서식지, 생태계 건강 지표 등 종합적인 기준 데이터를 마련하고, 시간에 따른 동적 평가를 제공하기 위한 분석틀과 도구를 개발하고 있다.

(4) 비상상황 예방, 준비 및 대응 기구

비상상황 예방, 준비 및 대응 기구(EPPR, Emergency Prevention, Preparedness and Response)는 북극 지역에서 발생 가능한 환경 및 기타 비상 상황, 사고 및 수색 구조에 대한 예방, 준비 및 대응에 참여하기 위한 북극이사회 워킹그룹이다. EPPR은 북극 내에서 필요한 연구를 수행할 수 있도록 협력하는 데 초점을 맞추어 지역 간 대응 격차 해소, 전략 마련, 정보 공유, 데이터 수집 및 협력 프로젝트를 수행한다. 북극의 극한 기후 조건과 열악한 인프라 시설은 비상 상황 발생 시 위험과 부정적인 영향을 증가시키고 대응 활동을 방해할 수 있다. 따라서 북극의 조건과 특성에 맞게 신중하게 계획되고 조정되는 것이 중요하며 국제 협력이 매우 중요하다. EPPR은 1년에 두 번 회의를 진행하여 작업 계획에서 채택된 우선순위와 프로젝트를 논의한다.

(5) 북극 해양 환경 보호 기구

북극 해양 환경 보호 기구(PAME, Protection of the Arctic Marine Environment)는 북극 해양 환경의 보호와 지속 가능한 이용을 위한 북극이사회 워킹그룹이다. PAME은 육상 및 해상 활동에서 환경 변화에 대응하는 해양 정책을 다룬다.[18] PAME은 북극 해양 환경의 보호를 목적으로 기존의 법적 협정을 보완하여 전략 계획, 프로그램, 평가 및 지침을 개발하고 조정하는 역할을 수행한다.

PAME의 프로젝트는 북극해 운송, 해양 보호 구역, 자원 탐사 및 개발, 북극 해양 오염 등을 의제로 하여 운영된다. PAME의 의장국은 북극이사회 회원국 내에서 돌아가면서 수행된다.

(6) 지속가능한 개발 워킹그룹

지속가능한 개발 워킹그룹(SDWG, Sustainable Development Working Group)은 북극의 원주민과 거주민의 환경, 경제, 사회적 조건과 건강을 보호하고 향상시키기 위해 구성되었다. 2년마다 북극이사회 내 회원국이 의장국을 순환하면서 역임한다. SDWG가 다루는 의제는 다음과 같다.

경제적 평가

지속 가능하고 다양한 경제를 개발하고 투자, 정책을 강화하는 등 북극의 경제 동향과 활동에 관한 분석과 공동 모니터링을 수행한다.

교육 기회

북극 지역 주민이 지식을 쌓고 기술을 개발하며 극지 간 네트워크를 개발한다.

북극 공동체의 유산 및 문화

북극 지역의 민족, 문화, 전통적 삶의 방식, 언어 등에 대한 전 지구적 이해를 도모하고 전통 지식과 지역 지식을 확장하고, 전통적인 문화 활동을 장려하며 북극의 주요 문화적 유산을 발견하고 홍보를 지원한다.

주민 건강

환경 위험 요소, 자살, 감염성 및 만성 질환을 감소시킬 수 있도록 공중 보건 시스템과 보건 서비스를 제공하도록 지원한다.

인프라

변화하는 북극 지역 환경을 고려하여 북극 인프라에 대한 책임 있고 지속 가능한 장기 투자를 촉진하기 위한 정보를 제공한다.

불평등 감소 및 해소

연령, 성, 장애 여부, 인종, 민족, 출신지, 종교, 경제적 수준에 따른 모든 계층의 불평등 해소를 위한 건전한 정책 수립과 실행을 촉구한다.

지속 가능한 개발을 위한 과학 및 연구

학술교류 및 북극 공동연구를 포함한 지속 가능한 발전에 도움이 될 수 있도록 북극권 연구기관 및 광범위한 활동을 지원한다.

지속 가능한 비즈니스 참여 및 개발

경제 개발을 탐색하고, 일자리 창출, 지역 문화 및 상품 홍보 등 잠재적 편익을 평가한다.

지속 가능한 에너지

재생에너지를 장려하고 에너지 자원에 대한 책임 있고 지속 가능한 관리와 개발을 촉진한다.

교통망 연결

지속 가능한 교통 인프라와 전통적인 운송로 개발을 촉진한다.

식수 및 위생관리

북극 지역의 환경 위험에 대한 모니터링을 바탕으로 지속 가능한 식수, 위생, 폐기물 처리 관리 개선을 위해 지역사회의 참여를 강화한다.

3) 북극에 적용되는 환경 규제 및 협정

북극은 남극이 글로벌 차원에서 전 세계의 남극 지역 사용과 보존 문제를 협약을 통해 지정할 수 있었던 것과는 달리 각 국가가 국내 수준에서의 환경 규제를 정하는 경우가 대부분이었다. 상대적으로 적기는 하지만 북극을 대상으로 한 지구적 또는 지역적 차원의 규제와 협정을 통해 이 지역의 환경 문제를 해결하려고 하고 있다. 지역 협력을 제외하고도, 넓은 범위에서의 환경 보호 관련 조약과 기타 국제법이 존재하고, 북극을 구체적인 대상 지역으로 하는 조약 및 협정으로 나눌 수 있다. 대체로 전자가 많으나, 북극을 전문적으로 다루는 후자의 경우도 최근 만들어지게 되었다.

북극만을 협정 대상 지역으로 지정하지는 않지만, 전 세계적인 환경 대상 조약과 기타 국제법에 북극이 포함되는 경우는 매우 다양한 환경 문제의 분야에서 존재한다. 1992년 브라질 리우에서 채택된 유엔 기후변화협정(UNFCCC), 유엔 생물 다양성 컨벤션은 대표적인 예시이다. 기후변화 문제는 북극에서도 심각하게 대두되는 부분으로, UNFCCC와 이후 교토의정서, 파리협정으로 이어지는 일련의 글로벌 기후변화 거버넌스는 북극을 취약성 높은 주요 지역으로 인식하고 있다. 또한, 희귀 생물종의 허가 없는 거래를 방지하려는 워싱턴 조약도 북극의 생물종을 포함한다. 그 외 Espoo Convention, 스톡홀름 컨벤션 등이 모두 북극 지역을 포함하고 있는 조약들이다.

전문적으로 북극 환경을 대상으로 한 협정도 존재한다. 대표적인 환경 보호 협정으로는 2013년 체결한 '해양기름유출사고 대비 빛 대응 협력 협정(Agreement on Cooperation on Marine Oil Pollution Preparedness and Response in the Arctic)'이 있는데, 북극이사회하에서 워킹그룹인 EPPR의 주도로 개발한 지침에 따라 만들어진 것이다. 북극이사회 회원국뿐 아니라 비정부 기구도 참여했는데, 주요 해운, 에너지 기업 등 북극을 사업 대상지로 삼고 있는 기업체들을 포함한 다양한 이해관계자가 여기에 포함된다.

또한, 생물종 보호에 관한 협정으로 1973년에 오슬로에서 북극곰 보존 협정(Agreement on the Conservation of Polar Bears)이 체결된 바 있다. 이처럼 북극 지역에서의 생물종 보호에 대해서는 국가 내부에서의 법안을 제외하고도 초국경적 협력을 통해 규정하고 있었다.

북극해를 대상으로 항행에서의 환경 규정을 정한 국제해사기구(IMO, International Maritime Organization)의 폴라 코드(Polar Code)도 주목할 필요가 있다. 폴라 코드는 북극과 남극 지역에서 운항하려는 선박에 대해 안전과 환경 전반을 포함하고 있고, 2014년 제정되어 개정을 거쳐 2017년 1월 1일 발효되었다. 지구온난화로 북극해 해빙이 감소하며 점점 더 북극항로의 사용 가능 기간이 늘어나게 되었고 북극항로를 사용하는 운송 과정에서의 환경오염을 줄이고 훼

손을 최대한으로 억제할 필요가 있었다. 따라서 폴라 코드에 따라 북극해를 항행하는 선박은 폐기물 문제, 기름 유출, 선박 오수 처리, 외래종 진입 문제 등에 대한 규정을 준수해야 한다. 이 규정을 따른 첫 번째 선박은 2016년 러시아 유조선 시투르만 알바노프였고 이후 건조되는 선박은 모두 폴라 코드를 준수해야 한다.

대표적으로 제시되는 문제가 선박의 연료유 사용에 관한 것이다. 북극에서 운항하는 많은 수의 선박이 연료로 중질유를 사용하고 있는데, IMO에 따르면, 중질유는 북극에서 사용된 연료의 57%를 차지했다(2015년 기준). 중유는 대기오염과 지구온난화를 가속화하는 블랙 카본 등의 심각한 오염물질이 배출된다는 문제가 있고, 중유가 해상에서 유출되면 복구하기가 매우 어렵다. 따라서 북극의 환경단체와 원주민 단체들을 중심으로 북극에서 중유 사용을 금지하라는 요구가 있었다. 남극에서는 2011년에 이미 중유 사용이 금지되다. IMO는 2011년 이래 북극에서의 HFO 사용 금지를 위해 노력해 왔지만, 러시아와 캐나다 등의 반발로 2020년에 이르러서야 10여 년 만에 성과를 얻을 수 있었다. 2020년 IMO는 2024년부터 시작되는 HFO의 사용과 운송을 단계적으로 폐지하는 규정 초안에 동의했다. 러시아의 규정 적용이 2029년으로 유예되는 등의 한계는 있으나 한 걸음 발전한 것이다.

4. 북극이사회 영구 옵서버

북극이사회는 2년마다 열리는 장관 회의의 승인을 거쳐 북극권 8개국 외의

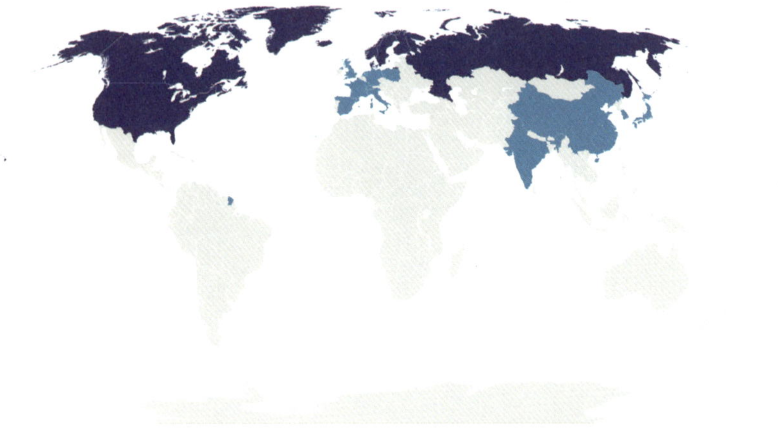

[그림 5-4] 북극이사회 회원국(청색)과 옵서버 국가(하늘색) (출처: 위키피디아)

국가, 정부 간 및 의회 간 기구, 비정부 기구에 옵서버 자격을 부여한다. 옵서버 자격을 부여받은 국가는 독일(1998), 네덜란드(1998), 폴란드(1998), 영국(1998), 프랑스(2000), 스페인(2006), 이탈리아(2013), 일본(2013), 중국(2013), 한국(2013), 인도(2013), 싱가포르(2013), 스위스(2017)로 2017년 기준 총 13개국이며, 향후 추가될 수 있다.[19]

정부 간 기구(Intergovernmental Organization)와 의회 간 기구(Inter-Parliamentary Organization) 중에서는 13개가 옵서버 자격을 부여받았다.[20] 2020년 기준 옵서버 기구에는 국제 해양탐사이사회(ICES, International Council for the Exploration of the Sea), 국제적십자연맹((IFRC, International Federation of Red Cross & Red Crescent Societies), 국제해사기구(IMO, International Maritime Organization), 국제자연보전연맹(IUCN, International Union for the Conservation of Nature), 북유럽장관협의회(NCM, Nordic Council of Ministers), 북유럽환경재정법인(NEFC, Nordic Environment

Finance Corporation), 북대서양해양포유류위원회(NAMMCO, North Atlantic Marine Mammal Commission), OSPAR위원회(OSPAR Commission), 북극지역의원상임위원회(SCPAR, Standing Committee of the Parliamentarians of the Arctic Region), 유엔개발프로그램(UNDP, United Nations Development Programme), 유엔환경프로그램(UNEP, United Nations Environment Programme), 세계기상기구(WMO, World Meteorological Organization), 서부 북유럽위원회(WNC, West Nordic Council)가 포함되어 있다.[21]

비정부 기구 12개도 북극이사회 옵서버 자격을 부여받았다. 북극이사회의 옵서버 비정부 기구로는 해양보호자문위원회(ACOPS,Advisory Committee on Protection of the Sea), 북미북극연구소(AINA, Arctic Institute of North America), 세계순록목동협회(AWRH, Association of World Reindeer Herders), 북극권 보존 연합(CCU, Circumpolar Conservation Union), 국제북극과학위원회(IASC, International Arctic Science Committee), 국제북극사회과학협회(IASSA, International Arctic Social Sciences Association), 국제극지방보건연합(IUCH, International Union for Circumpolar Health), 국제원주민문제워킹그룹(IWGIA, International Work Group for Indigenous Affairs), 노던포럼(NF, Northern Forum), 오세아나(Oceana), 북극대학(UArctic, University of the Arctic), 세계자연기금–북극프로그램(WWF, World Wide Fund for Nature, Arctic Programme) 등이 있다.[22] 이들 옵서버 국가와 기구는 북극이사회 회의를 참관할 수 있으며, 감시와 모니터링을 통해 북극권 국가와 이사회 기구에 대한 균형점 역할을 담당하고 있다.

환경 문제를 둘러싼 지역 차원의 거버넌스에서 중요한 역할을 차지하고 있는 또 다른 한 축은 NGO와 시민사회이다. 그린피스, 세계자연기금(WWF)을 비롯해, 벨로나기금(Bellona Foundation), 알라스카 윌더니스리그(Alaska Wilderness

League) 등 북극 지역에 집중하는 국제 환경 NGO들이 북극 지역에서 활동하는 대표적인 비국가 행위자로서의 역할을 수행하고 있다.

환경 NGO는 캠페인을 통해 환경 보호에 대한 대중의 반응을 이끌어내고, 북극 지역에서 오염물질을 배출하거나 개발을 통해 자연 파괴 위험이 있는 기업들에 압력을 가한다. 대표적인 예로 그린피스의 'Save the Arctic' 프로젝트를 들 수 있다. 이 캠페인을 통해 그린피스는 당시 쉘(Shell)사가 진행하고 있던 북극 석유 시추의 환경오염 위험성을 알리고 이를 중단시키려 노력했으며 약 3년에 걸친 활동 끝에 쉘의 사업 중지를 이끌어냈다.

또한, 북극 각 국가의 협력을 통해 환경 및 야생동물 보호 등의 노력을 계속하는 사례를 WWF에서 찾아볼 수 있다. WWF 북극 프로그램은 1970년대 북극곰 보호에 관한 협약 제정을 준비했고, 현재에도 북극곰과 북극 바다코끼리를 비롯한 생물종 보호와 인간과 곰 사이의 갈등 완화를 포함한 보호 프로그램을 수행하고 있다.

미주

1 https://arctic-council.org/en/about/
2 https://www.international.gc.ca/world-monde/international_relations-relations_internationales/arctic-arctique/declaration_ac-declaration_ca.aspx?lang=eng
3 https://arctic-council.org/en/about/states/canada/
4 https://oaarchive.arctic-council.org/handle/11374/1563
5 https://oaarchive.arctic-council.org/handle/11374/376
6 https://arctic-council.org/en/about/states/finland/
7 https://arctic-council.org/en/about/states/finland/
8 https://www.arcgis.com/apps/Cascade/index.html?appid=2228ac6bf45a4cebafc1c3002ffef0c4
9 https://arctic-council.org/en/about/permanent-participants/aia/
10 https://arctic-council.org/en/about/permanent-participants/aia/
11 https://arctic-council.org/en/about/permanent-participants/aac/
12 https://arctic-council.org/en/about/permanent-participants/gci/
13 https://arctic-council.org/en/about/permanent-participants/raipon/
14 https://arctic-council.org/en/about/permanent-participants/saami-council/
15 Arctic Pollution Issues: A State of the Arctic Environment Report (1997), p. 1.
16 https://arctic-council.org/en/about/working-groups/amap/
17 https://arctic-council.org/en/about/working-groups/amap/
18 https://arctic-council.org/en/about/working-groups/pame/
19 https://arctic-council.org/en/about/observers/non-arctic-states/
20 https://arctic-council.org/en/about/observers/intergov-interparl/
21 https://arctic-council.org/en/about/observers/intergov-interparl/
22 https://arctic-council.org/en/about/observers/non-governmental-organizations/

제6장

북극의 문화와 예술

북극에서 문화와 정체성 개념은 다양한 논의와 담론을 불러일으키는 복잡한 개념이다.[1] 문화와 정체성을 공유하는 것은 해당 집단의 구성원과 일정한 특성을 공유한다는 것을 의미한다. 이러한 특성은 정치 담론, 민족주의 담론에서 쉽게 단순화되고 강화될 수 있어 결론적으로 문화와 정체성 개념은 정치적 배제, 소외, 긴장, 갈등으로 이어질 수 있다. 북극의 문화와 정체성은 시간이 지남에 따라 의미와 언어, 관계의 모든 구성이 변화했고, 사회·경제적 환경, 북극의 극심한 환경에 적응하는 과정에서 발현되었다.

북극의 문화적 다양성은 문화 스펙트럼과 역사적 경험과 불가분의 관계가 있다. 북극 지역에서 발생한 역사적 변화 과정을 인식할 때, 현재의 북극 지역 상황을 이해할 수 있다. 현대 북극의 문화와 정체성은 과거의 산물이기 때문이다. 북극 지역에서 인류는 수천 년 이상 거주했다. 유라시아 북부에서 구석기 시대 현생 인류가 정착한 가장 초기 흔적이 시베리아 대륙에서 발견되었다. 현생 인류는 12,000년에서 7,000년 전 사이에 현재 우리가 북극 지대라고 부르는 북극권 경계선 위로 영역을 확장했다.[2] 북극에 유럽 제국들의 식민지화가 발생한 것은 비교적 최근 현상이지만 그 이전부터 이미 무역과 교류가 있었다. 사미인은 2,000년 이상 남부 지역과 교류했다.[3] 17세기 이후 시베리아와 북미 지역은 모피 무역의 집결지로 기능했고, 18~19세기에는 유럽 북부와 북미 해안 근처에서 고래 사냥이 성행했다.

1. 북극의 전통적인 생활

1) 유라시아 북부 원주민

태평양 연안 일대를 제외하고 유라시아 북극과 아북극 지역은 순록의 분포 지역과 거의 정확하게 일치한다.[4] 순록 방목 문화는 북극 지역 전체에 문화적 동질성을 부여하며, 순록이 비교적 야생 상태로 남아 있는 북아메리카 북극 지역과 유라시아 북극 지역을 구분해준다.[5]

순록은 두 종류로 나뉘는데, 타이가와 툰드라 지대라는 두 지배적인 생태계에 의해 결정된다. 툰드라의 개방된 평야 지대에서는 순록을 대규모로 관리하기가 용이하다. 이 순록 무리들은 일반적으로 목장에서 주로 사육되지만, 겨울에는 타이가 숲, 여름에는 툰드라 지대로 먹이를 찾아 이동한다. 따라서 이러한 계절 이동은 순록 무리를 이끄는 토착 원주민 집단이 유목 생활을 하는 이유가 된다. 때로는 수백 마일을 넘는 거리를 이동하기도 한다. 이러한 형태의 유목 생활을 하는 원주민으로 서부 유라시아에는 산림 사미인(Mountain Sami)과 툰드라 네네츠인(Tundra Nenets), 동부에는 축치, 코랴크인이 있다. 서부 유라시아의 원주민은 목축견을 동반한다는 점이 동부 유라시아와 차이가 있다. 목축 과정에서는 야생 순록을 사냥하는 방식이 실행되기도 한다. 한편 순록은 원주민의 썰매를 끌 때 개 대신 이용되기도 한다. 순록은 원주민에게 충분한 단백질

[그림 6-1] 코랴크인의 순록사육 (출처: 위키피디아)

공급원이자 의복에 필요한 가죽을 제공하는 등 일상생활과 밀접하게 연결되어 있다.

타이가 숲 환경에서는 대규모 순록 무리를 관리하고 감독하는 게 불가능하다. 이 경우 순록 규모는 훨씬 더 축소된다. 순록은 수송 수단이 되기도 하는데, 사냥, 포획, 어업에 기반을 둔 경제 활동에서 운송은 상당히 중요하다. 따라서 순록은 잘 길들여진 채로 여러 경제 활동에 활용된다. 타이가 숲 일대에서 소규모 순록 목축을 통해 생활을 영위하는 원주민으로 스콜트 사미인(Skolt Sami), 숲 네네츠인(Forest Nenets), 셀컵인(Selkup), 케트인(Ket), 에벤크인(Evenk)과 에벤인(Even) 등이 있다.

북태평양 연안 원주민의 경제 활동은 유라시아 및 북아메리카 지역의 원주민과 상당히 다르다. 북태평양 연안 원주민은 대체로 순록 방목을 하지 않는다. 이들은 해안을 따라 해양 생물을 사냥하거나 어업에 주로 의존한다. 이들은 유목 생활이 아니라 마을을 이루고 정착 생활을 한다. 또 개를 주로 사육하는데, 개들은 동절기에 썰매를 끄는 데 활용되기도 한다. 이런 유형의 경제 활동을 하는 원주민은 시베리아 북부 지역에 연안 축치인(Coastal Chukchi), 연안 코랴크인(Coastal Koryak), 유픽인(Yupik), 오호츠크해 연안의 일부 에벤크인과 에벤인 등이 있다.[6]

원주민의 주거와 의복 양식은 문화적 적응의 결과이다. 문화적 적응은 타이가, 툰드라, 해안 등의 원주민이 생활하는 환경과 밀접하게 연관되어 있다. 타이가 숲 일대에 적응한 원주민의 주거지는 반지하(semi−subterranean) 형태인 경우가 많다. 주로 목재로 지어지고 단열을 위해 흙이 활용된다. 여름철에만 사용되는 임시 거주지는 대부분 수렵과 어업 활동을 위해 만들어진다. 타이가 숲에서 쉽게 구할 수 있는 자작나무나 황갈나무 껍질을 활용한다. 이 목재를 이용해 피라미드식 텐트나 원뿔형 텐트를 지어서 생활한다.

툰드라 지대에서 유목 생활을 하는 원주민은 순록 가죽을 덮은 원뿔형 텐트에서 연중 내내 살기도 한다. 이동 중에는 텐트 기둥과 덮개를 쉽게 휴대해야 한다. 따라서 텐트의 크기는 한 가구가 보유할 수 있는 순록의 수에 따라 결정되었다. 순록을 많이 보유한 주인의 경우 텐트가 크고 많았지만, 그렇지 않은 경우에는 빈약한 주거 공간에 만족해야 했다. 텐트는 낮은 원형 벽에 완만하게 경사진 원뿔형 지붕이 올려져 있는 형태였다. 지붕 위에는 순록의 가죽이나 나무껍질을 덮어서 외부와 열을 차단한다. 시베리아 동북부에서는 축치인, 코랴크인, 유카기르인, 에벤인 등이 이러한 형태로 유목 생활을 영위해왔다.

[그림 6-2] '춤'으로 불리는 북극 토착민들의 원뿔형 텐트 (출처: 위키피디아)

해안 지역에 사는 축치인과 유픽인은 고래의 뼈로 기둥을 쌓고 흙으로 덮은 반지하 형태의 주택에 거주했다. 이들은 순록 가죽 대신 바다코끼리 가죽으로 텐트를 덮는다는 점을 제외하고는 내륙 지역 사람들과 유사한 거주 형태를 보인다는 점이 특징적이다. 코랴크인과 이텔멘인(Itelmen)의 영구 주거지는 반지하 구조물로 이들은 계절마다 다른 출입구를 내어 생활해왔다.

유라시아 북극과 아북극 일대 원주민의 의복은 동물 가죽과 털로 만들어졌다. 숲에 사는 이들은 모피가 주로 활용되며, 툰드라 대지의 원주민 의복에는 순록의 가죽이 주재료가 되었다. 북태평양 연안 지역에서는 주로 내륙 목축 원주민과의 거래를 통해 순록 가죽을 구했다. 이들은 무역으로 얻은 순록 가죽과 물개 가죽을 활용해 의복을 만들었다.

유라시아 북극 및 아북극 지역의 원주민 간 친족 구성과 사회 조직에 관한 정보는 충분히 조사되지 않았다.[7] 사미인은 비교적 잘 연구되어 모계와 부계 양쪽이 서로 동등한 구조로 되어 있다고 밝혀져 있다.[8] 원주민 현지 지역 사회와 마을은 직계 가족이나 배우자의 가족과 연합하여 구성되는 양자 직계(Bilateral Descent)[9] 형태를 따르는 경우가 많다. 이러한 가족 직계 방식은 주로 북유럽 북부의 라플란드부터 베링해협에 이르는 유라시아 북부 전역에 널리 퍼져 있다. 이러한 양자 직계 방식으로 지역사회를 규정하는 것은 불확실한 북극 환경에서 적응에 유리하다는 이점이 있다.[10] 그럼에도 불구하고 인류학자들은 네네츠인, 한티인, 만시인, 느가나산인(Nganasan), 에벤크인, 에벤인, 사하인과 같은 원주민 집단에서 부계 중심의 직계 방식을 따르는 사례를 발견하기도 한다.[11] 부계 중심 씨족 체계(Clan System)는 남부 시베리아 일부 원주민 사이에서 발견되지만, 툰드라 환경에서 이러한 부계 중심 씨족 체계는 선호되지 않았다. 사하인을 제외하면, 대부분의 북부 유라시아 민족은 정치적으로 가부장적이지 않으며, 평등주의적이고 개인의 부와 영향력 차이가 있음에도 불구하고 위계질서가 없다.[12] 일반적으로 북극 지역의 원주민은 개인의 자율성에 높은 가치를 부여한다.

2) 북아메리카 북극 원주민

북아메리카 북극 지역 원주민들의 전통적인 일상생활은 크게 두 가지 형태로 나뉜다. 첫 번째 형태는 북극 해안선 일대에서 주로 생활하며 계절별로 이동하는 원주민 집단이며, 북부 유피트인(Northern Yupiit)과 이누이트인이 해당된다. 두 번째는 태평양 연안의 개방 수역과 그 인근에서 정착 생활을 하는 원주민 집단이며, 남부 유피트인(Southern Yupiit)과 알레우트인(Aleut)이 있다.

계절성 유목 생활을 하는 북부 유피트인과 이누이트인은 툴레(Thule) 조상에서 이어졌다고 알려져 있으며 주로 해양과 내륙의 자원을 모두 활용하는 특징이 있다. 전통적으로 툴레인의 생활방식을 그대로 이어오는데, 여름에는 순록을 사냥하고 그 외 계절에는 해양 포유류, 특히 바다표범을 사냥하며 생활했다. 한편 베링해협 도서 지역 원주민은 전적으로 바다 포유류, 그중에서도 바다코끼리 사냥에 상당히 의존해왔다. 세워드 반도(Seward Peninsula)와 포인트 바로우(Point Barrow) 지역 사이의 알래스카 마을에서는 순록, 물개, 고래 등을 사냥하며 생활해왔다. 북부 알래스카 지역의 브룩스(Brooks) 산맥 일대 사람들은 연중 내내 순록을 사냥했고, 해양 포유류의 기름을 거래하면서 외부 물품을 얻었다.

겨울에는 이 지역 원주민은 나무나 고래 뼈대 위에 돌을 쌓은 거대한 반지하 주거지에서 생활했다. 알래스카에서는 중앙에 땔감을 쌓아 난로를 만들어 난방을 했다. 그린란드에서는 거대 포유류의 기름을 난방에 활용했다. 한편 북극해에 가장 가까운 지역에 사는 이들은 겨울에 눈으로 집을 만들어 생활했다. 대다수 집단은 겨울 동안 물개를 사냥하기 위해 얼음 대지로 이동해야 했다. 순록을 사냥하거나 어업 활동을 할 경우에는 내륙에 있는 눈집(Snow House)에서 생활했다. 북부 알래스카에서는 종종 기름 램프로 난방을 하는 이중층 돔 모양의 텐트에서 겨울을 보냈다. 이 주거지는 대체로 대가족이 함께 생활하도록 지어졌다. 동부와 서부 그린란드에서는 공동 주거지가 돌로 지어졌으며 서로 다른 혈족을 기반으로 한 집단이 함께 거주하며 생활했다. 개별 가구마다 각자 실내 공간과 등유 램프를 보유했으며, 공동 주거지에서 많은 것을 공유하면서 살았다. 그린란드 북부 지역사회에서는 개별 가구의 생활을 보호하기 위해 더 작은 석조 거주지에서 생활했다.

유피트인 사이에서는 러시아어로 카심(Kashim)이라고 불리는 독특한 반지하 주택에서 공공 행사와 의례를 진행하거나 남성을 위한 모임 공간으로 활용되었다.[13] 카심은 남자들이 선박을 만들거나 장비를 수리하고 목욕을 하거나, 남

학생을 교육하고 공동체의 춤을 추는 장소로 활용되었다. 여성들은 주로 개별 집에서 아이를 양육하거나 집안일을 했다. 많은 경우 여자들의 집은 터널로 서로 연결되어 있었다. 이처럼 숨겨진 터널은 외지인의 침입을 피할 때도 유용하게 활용되었는데, 여러 민간 설화에서 이 터널에 대한 이야기가 전해지고 있다.[14] 카심은 베링해협 북부보다는 남부 지역에서 더 발달했다. 카심 형태의 공간은 세인트로렌스나 시베리아에서는 존재하지 않았다.

카약과 소규모 보트는 보편적으로 사용되었다. 카약은 일반적으로 이 지역에서 물개 사냥을 할 때 사용되었다. 물개 사냥이 제한된 곳에서는 호수와 강을 건너면서 이동하는 순록을 사냥할 때 사용되기도 했다. 우미악(Umiak)은 화물을 실은 보트인데 주로 뒤쪽에서 여성들이 노를 젓는 경우가 많았다. 고래나 바다코끼리를 사냥하는 지역에서는 사냥선으로 사용되었고 이 경우에는 남성들이 노를 저었다. 겨울에는 보트 대신에 썰매로 강을 이동했다. 썰매를 끄는 개들의 수는 식량 공급 문제로 인해 제한되었다.

이 지역에서 활과 화살은 내륙 지역의 사냥 시에 필수적으로 사용되었다. 특히 바다표범과 바다코끼리을 사냥할 때는 작살을 사용했다. 고래 사냥에 사용되는 우미악은 전문적인 선원에 의해 사용되었고 다양한 사냥 기술을 통해 어업 활동이 이루어졌다.

계절성 유목 생활 방식은 해당 사회의 유연한 조직 구성이 수반되었다. 각 개인은 동일한 집단 내에서 심리적, 물질적 지원을 통해 안전을 보장받았으나, 친지 외의 외지인에 대한 기피 경향도 나타났다. 그러나 개인이 안전을 보장받는 동시에 사회와 영토를 확장할 수 있도록 친족 관계를 형성하는 사회적 장치도 마련되었다. 가령 친척과 같은 이름을 가진 사람은 친척 관계인 것처럼 대우받을 수 있고, 거래, 노래, 사냥 파트너 또한 친척으로 대우받을 수 있는 식이다.

일반적으로 미국 에스키모는 부계와 모계 양쪽 친척을 2촌까지 가족으로 인정했다. 사촌과의 결혼은 일부에 의해 이루어지기도 했지만, 대부분의 경우 선호되지 않았다. 어떤 원주민 사회는 모계보다는 부계를 강조하는데, 세인트로렌스섬과 시베리아 지역에서 부계 가문의 이름을 따르는 규칙도 있었다. 비록 세인트로렌스에서는 특별한 제약이 없었으나, 시베리아 지역에서는 같은 씨족의 구성원 간에 혼인이 불가능하다.

일부 원주민 사회에서 수장(Chief)이라는 직책이 있어서 공동체를 통솔하는 역할을 하는데, 대표적으로 이누피아트(Inupiat)의 우미알릭(Umialik)을 들 수 있다. 우미알릭이라고 불리는 수장은 고래잡이용 선박을 소유하거나 선원을 고용하는 고용주이자 각 가족을 지키는 수호자 역할을 담당했다. 우미알릭은 카심을 관리했다. 우미알릭 개념은 해안가 마을뿐만 아니라, 순록을 주로 사냥하며 생활하는 북부 알래스카 내륙에서도 사용되었다. 우미알릭이라는 지위는 승계되는 것이 아니며 숙련된 지도자가 맡는 방식이다. 또한, 우미알릭은 자신의 공동체 외에는 누군가를 통제하지 않는다. 베링해협 남부 지역에서는 이 명칭이 거의 사용되지는 않는다.

남부 유피이트인과 알레우트인은 주로 태평양 북부 연안 일대에서 정착 생활을 이어왔다. 이들은 반지하 형태의 주거지에서 생활하며, 가죽을 덮은 카약 및 우미악을 활용해서 어업과 사냥을 통해 생활을 영위했다. 그러나 이들은 많은 노스웨스트 해안가의 인디언처럼 전적으로 해양 자원에만 의존한다. 부계 중심으로 승계되는 수장이 있으며 다른 지도자층, 평민층, 노예 계층 사회로 구성된다는 점에서 이전의 유목 생활을 하는 원주민 공동체와 차이가 있다. 코디악(Kodiak) 지역의 유픽어권 원주민은 대체로 북부의 카심과 유사한 체제를 유지해왔다. 그러나 러시아의 모피 사냥꾼에 의해 이 원주민 지역이 정복되면서, 이전의 토착 생활의 여러 세부적인 전통이 근절되었다.[15]

2. 북극의 언어 다양성과 위기

북극권 지역의 문화는 의미와 정체성이 상당히 복잡하고 역동적이다. 문화의 포괄적인 정의를 고려할 때, 생활양식에서 종교적 신념, 예술과 음악에 이르는 영역에서 언어의 중요성을 빼놓을 수 없다. 언어는 인류의 문화 요소 중 가장 중요한 측면이자 생존을 위한 필수적인 요소이다. 언어는 정보 전달이라는 기능적인 역할에서 나아가, 기억을 보존하고 특정한 용어의 의미 속에 전통적인 지식이 내포하며 환경에 대한 인식과 세계관을 분명히 드러낸다. 북극 지역은 다른 어느 지역보다도 언어적 다양성이 나타나는 공간이지만, 원주민 언어에 대한 식민주의적 동화 압력과 특정 원주민 집단의 인구 감소는 북극 지역의 언어적 다양성에 악영향을 미쳤다.

최근 몇 년 전부터 북극의 언어에 대한 관심이 크게 증가했다. 알래스카의 언어학자 마이클 크라우스 (Michael Krauss)가 '언어학의 우선순위를 제고해야 한다. 언어학이 역사에서 해당 분야의 90%가 사라지는 것을 목도하는 유일한 학문으로 전락하지 않도록 해야 한다.'고 언급하며 변화를 촉구한 것을 계기로 다수의 학자와 실무자는 문제를 인식하기 시작했다.[16] 북극 사회 지표 보고서

(Arctic Social Indicators Report)는 북극의 문화에 있어 최우선순위를 '언어 보존'으로 꼽았다.[17]

북극 지역에는 지역 방언을 포함해 약 40~90개의 원주민 언어가 사용된다고 알려져 있다. 이와 관련하여 북극 원주민 언어 지도는 북극이사회 상시 참여단체 사무국이 조사하여 공개했는데, 각 언어의 지도상의 위치는 중첩되고 경계가 모호하다는 점에서 정확하지 않다.[18] 다수의 북극 원주민 언어가 소실 위험에 처해 있지만, 북극의 언어 보존을 위해 북극이사회 상시 참여단체가 북극 언어에 대한 두 가지 중요한 이니셔티브를 주도했다. 북극 원주민 언어 심포지엄(Arctic Indigenous Languages Symposium)은 캐나다의 이누이트 북극권 이사회(ICC)의 주도로 노르웨이 트롬소에서 2008년에 개최됐다. ICC는 북극 원주민 언어 프로젝트를 모니터링하고 촉진하기 위해 북극이사회의 지속가능한 발전 워킹 그룹을 2011년에 승인했다. 2012년에 연구 개발 워크숍 '북극 원주민 언어 활성화 평가'가 ICC에 의해 캐나다 오타와에서 열렸고, 제2회 북극 원주민 언어 심포지엄이 2015년에 개최되었다.

북극의 여러 지역에서 언어 사용과 보존에 관한 데이터가 없거나 접근하기 어렵다는 특성이 있다. 러시아의 경우 2002년과 2010년에 걸쳐 사용 언어 수요 조사를 실시했고, 스스로를 어떤 민족으로 식별하는가에 대한 질문을 통해 인구사회학적 특성을 조사했다. 그러나 이 조사도 정확한 언어 사용의 여부를 구분하기 어렵고 개인의 식별에 근거한 정보라는 점에서 여러 한계가 나타난다. 북부 노르웨이와 북부 스웨덴, 핀란드 일부에서 주로 사용되는 사미어의 경우도 모든 사미어 중에서 가장 큰 위기에 봉착했고, 일부 지자체가 공용어로 인정한 곳에서도 여전히 어려운 상황에 직면해 있다.[19]

1989년과 2006년 사이 북극 언어의 화자의 비율은 급격히 감소했다. 그러나 그중 9개의 언어는 동기간 화자의 비율이 증가한 사례도 있어, 북극 언어 보존 가능성에서 희망적으로 해석될 수 있다. 최근 소셜미디어를 통한 스토리텔링 캠페인, 소수 언어 사용자에게 공직, 학교, 의료 기관에서 해당 언어 사용 권리 부여 등 언어 보존을 위한 다양한 노력이 이어지고 있다는 점도 고무적이다. 반면에 소수 언어와 문화에 대한 정부 차원의 무분별한 간섭은 특정 방언을 표준으로 선택하고 이외 언어를 소외시키는 문제로 이어질 수 있다는 점에서 여전히 다양한 논의가 필요하다.

3. 북극 지역의 세계관—종교적 신념

북극 지역의 '전통적인' 형태의 세계관은 땅, 동물, 정신적 존재와 공동체의 생산적인 관계의 일부로 이해될 수 있다. 이러한 세계관은 북극의 사회, 환경, 생태계에 적응하면서 형성되었고, 종교 활동, 사냥 활동과 같은 다양한 행동 양식에 나타난다. 동물의 영혼과 조상의 영혼에 대한 애니미즘적 믿음은 토착 원주민의 세계관의 중요한 특징이다. 그들의 사냥 관행에는 동물의 정신세계에 대한 특정한 인식을 수반하며, 북극 토착 원주민 집단이 갖고 있는 동물주의적 신념의 기초가 된다.[20] 북극 지역에서는 인간과 비인간 사이의 영속성, 샤머니즘 우주론, 평등주의, 반평등주의 등 다양한 신념 체계가 나타난다. 예를 들어 곰은 샤먼과 밀접하게 연관되어 있으며, 곰 자체가 인간과 영혼 세계를 연결하는 샤먼이자, 스스로 인간으로 변신할 수 있으며 샤먼이 곰으로 바뀔 수 있다

는 믿음이 전반적인 북극 원주민 집단에서 나타난다.[21]

1) 유라시아 북부의 종교

유라시아 북부 지역의 전통적인 종교적 신념과 양식(practice)은 샤머니즘(shamanism) 형태를 띤다. 실제로 샤먼(shaman)이라는 용어는 에벤크인의 언어에서 유래되었다.[22] 샤머니즘 세계관에 따르면 우주(cosmos)는 여러 층위로 나뉜다. 여러 영혼과 교감하며 도움 혹은 방해를 받는 무속인(shaman)은 그 층위 사이를 무아지경 속에서 경험할 수 있다고 전해진다. 그럼으로써 무속인은 개인의 건강과 공동체의 안녕에 필수적인 합치를 이룰 수 있다고 여겨진다. 무속인의 동물 파트너는 곰이며, 유라시아 북부 전역에서 곰은 특별한 숭배의 대상이 되어왔다.[23] 동물은 영혼의 주인이나 보호자에 의해 통제된다고 믿었고, 이는 동물을 단순히 사냥의 대상으로 보지 않으며, 동물을 일종의 허락받은 것으로 인식하도록 했다. 한편 순록 혹은 개는 원주민의 희생적인 수송 수단으로 인식했다.

스콜트 사미인은 기독교로 개종한 최초의 북방 토착 원주민 공동체 중 하나이다. 이들은 1532년 전통적인 정교회 성 트리폰(saint Trifon)이 가져온 기독교로 개종했다. 이후 17세기 무렵부터 서부 지역에 사는 사미인은 루터교의 영향을 받았고, 그들의 무속 신앙과 관행은 기독교에 의해 금지되었다. 한편, 시베리아에서는 제정 러시아가 이 지역으로 진출하면서 동방 정교회가 전파되었으나 토착 원주민 사이에서는 형식적인 수행만 이루어졌을 뿐, 그들 고유의 무속 신앙은 유지되었다.[24] 20세기에는 무속 신앙 관행이 상당 수준으로 억압되어 왔으나, 여전히 그들의 신앙 체계는 이어져 왔다.

현대에 이르러 노르웨이, 스웨덴, 핀란드의 사미인은 러시아의 토착 원주민과는 매우 다른 역사적 경험을 갖게 되었다. 북유럽의 사미인은 각기 다른 세 개의 국가로 나뉘어 서로 다른 시민권으로 단절되었다.[25] 이들은 사미인 정체성에 관심을 갖고 사미어 보존과 정치적 권리 보호를 위해 여러 조직을 구성했다. 특히 북유럽의 사미인은 상대적으로 부유하며 복지가 발달한 북유럽 국가의 특성에 힘입어 시민권 향상이라는 측면에서 여러 혜택을 받을 수 있었다.[26] 한편, 1986년에 발생한 체르노빌 원전 사고는 북서부 라플랜드 지역의 순록 방목 공동체에 영향을 구어 이 지역 원주민 생활에 부정적 영향을 주었다.

1991년 소비에트 연방의 해체 이전에 소련 북부의 원주민 공동체의 상당수는 행정상으로 공식적인 인정을 받았다. 1980년대 후반 소련 시기의 러시아는 코미인, 사하인, 네네츠인, 한티인, 만시인, 에벤크인, 축치인, 코랴크인 등 특정한 소수민족 집단에 대해 제한된 자치권과 권리를 어느 정도 인정해주었다. 그러나 이 시기에는 모든 정치적, 경제적 원칙이 중앙 정부에 의해서 결정되었고, 순록 목축, 수렵, 사냥, 어업 등은 집단화되어 재편되었다.

소비에트 시기 시베리아 지역과 러시아 북극 지역에서는 광산업이 발달하고 석유 및 가스 탐사가 활발히 이루어졌다. 이와 함께 이 지역에 환경 오염과 자연 파괴가 이루어졌고 토착 원주민의 생계에도 큰 위협을 가했다. 그러나 1980년대 후반 페레스트로이카(perestroika) 정책이 출현했고, 뒤이어 소련 자체가 붕괴하면서, 이른바 제4세계의 다른 민족과 연대하여 그들의 우려와 민족적인 열망을 표출할 새로운 목소리가 나타나기 시작했다.[27] 이러한 역사적 경험은 이 지역의 원주민 고유의 신앙생활에도 영향을 주면서, 시베리아에서 무속인의 수는 점차 감소해갔다.

2) 북아메리카 북부 및 그린란드의 종교

북아메리카 북부 및 그린란드 지역의 종교적 믿음은 대체로 애니미즘(animism)을 기반으로 한다. 이러한 믿음에 따라 동물을 포함한 모든 대상에게 살아 있는 본질이 있다고 여겨진다. 따라서 모든 인간, 동물, 식물, 물체는 영혼(spirit)이 있으며, 서로 상호작용할 수 있다. 세부적인 믿음 체계는 집단마다 달랐다. 가령 어떤 이들은 갓 죽은 동물들을 기리면 그들은 같은 종의 새로운 동물로 다시 태어날 수 있다고 믿었다. 인간의 영혼은 다른 영혼의 간섭을 받기도 하며, 영혼의 상실은 질병이나 죽음을 의미했다. 인간의 환생에 대한 믿음도 있었다. 이러한 믿음으로 죽은 이의 이름은 죽은 이의 영혼을 이어받은 친족의 아이에게 전해지기도 했다.

전통적으로 모든 이들은 영혼 세계와 접촉할 수 있다고 믿었다. 이에 따라 개인적인 부적과 토템을 지니고 다녔고, 꿈을 영혼의 체험으로 인식했으며 노래나 주술적 언어를 고안했다. 일부는 무속인이 되어, 잃어버린 영혼의 끈을 되찾아 병자를 치료하고 미래를 예언하거나 사냥감의 위치를 결정하는 등의 역할을 했다. 이 모든 행위는 공동체 구성원에 의해 강력하게 정신적 지지를 받았다. 또한 무속인은 각 지역 공동체마다 중요하다고 여겨지는 의인화된 존재와 더 많이 접촉할 것으로 기대되었다. 특히 사냥감을 찾을 때 무속인의 역할이 높아졌다. 그린란드 지역에서 무속인은 각종 의식을 이끌면서 공동 주거지에서의 긴 겨울밤을 활기차게 보낼 수 있도록 도왔다.

4. 북극의 예술과 스포츠

북극에서 예술과 스포츠는 최근 상당한 성장을 거듭하고 있다. 레이캬비크에서 새로운 콘서트 홀이 열리고, 그린란드는 아이즈 국제 영화 축제(Eyes International Film festival)를 개최했다. 옐로나이프 댄스팀(Yellowknife Dance Collective)의 새로운 안무가 나타나고 아르한겔스크에서는 예술쇼가 개최되었고 북극 예술이 끊임없이 생산되고 홍보되고 소비되고 있다. 북극 지역의 원주민 예술 작품과 비원주민 예술 작품에서 공통적으로 의식적으로 상호 혼합된 정체성이 나타나는 창작물이 추구되고 있다는 점도 특징적이다. 예술 창작물은 음악, 문학 미술을 넘어서 영화, 댄스, 노래, 시, 로컬 음악이 결합된 복합적인 장르로 나타난다. 일례로 북극 지역에서 성행하는 힙합 장르는 지역 문화의 인식과 자부심을 높이고 세계화의 영향보다는 문화 활성화의 매개체로 기능하고 있다.

문화 요소에서 자주 배제되었던 스포츠 또한 북극 지역에서 빼놓을 수 없는 문화적 관행이자 집단의 정체성을 표현하는 이상적인 수단이다. 북극의 스포츠는 북극의 기후 조건에 적합한 겨울 스포츠가 발달해 있지만, 최근에는 다른 스포츠 또한 널리 성행하고 있다. 알래스카에서 농구가 인기를 얻는가 하면, 아이슬란드와 패로 제도에서 축구에 대한 관심이 증가하는 것을 들 수 있다.

캐나다와 러시아는 북극권 지역에서 국제적으로 성공한 겨울 스포츠 강국이며, 특히 아이스하키와 크로스컨트리 스키에서 괄목할 만한 성과를 보여주고 있다. 북극 동계 대회(Arctic Winter Games(AWG))는 1970년에 옐로나이프에서 열린 첫 번째 대회이다. 유콘, 노스웨스트, 알래스카의 협력으로 설립되어 매 2년마다 북미 도시에서 행사가 열리는데, '문화 인식과 이해'를 핵심 가치로 인정하고 있다.

북극의 스포츠는 스키, 하키와 같은 서구 북부 스포츠만을 의미하지 않는다. 알래스카 페어뱅크스는 1960년대 초부터 매년 세계 에스키모-인디언 올림픽(World Eskimo-Indian Olympics(WEIO))을 개최하는데, 전통적인 스포츠 종목도 있다. 가령 기름진 장대 걷기, 무릎 높이뛰기, 귀 끌기 등 전통적인 기술과 인내력을 요하는 종목이나 댄스 공연, 베스트 드레스 선발대회 등이 포함된다. 사미인이 주최하는 사미인 선수권 대회에는 크로스컨트리 스키, 라소, 사격, 순록 썰매 경주 등이 열린다.

5. 현대 북극과 문화 예술

지난 2019년 6월 핀란드 로바니에미에서 북극의 지속 가능한 예술, 문화 정책을 논의하기 위해 최초의 북극 예술 정상회담(Arctic Arts Summit)이 개최되었다. 이 회의에서는 (1) 북극의 문화 정치와 세계 정치 및 생태 위기, (2) 원주민 및 비원주민 북극 예술과 문화, (3) '핸드메이드'와 북극 재료 문화 (4) 지역 활성화와 개발 (5) 경제 및 지속가능성 등 다양한 주제가 다뤄졌다.[28] 최근 다양한 예술가, 연구자, 정책 입안자들이 북극의 예술과 문화에 대해 주목하기 시작했다. 그러나 최근까지도 지속가능한 발전의 틀 안에서 북극 예술과 문화에 대한 이해는 모호했다. 북극의 예술, 문화를 보존하고 공유하는 과정을 통해 북극에 사는 사람들에게 힘을 실어주고, 문화적 자부심을 높이며, 전 세계 시민에게 북극의 풍부한 문화적 자산을 알릴 수 있다. 이는 궁극적으로 과거, 현재, 미래를 연결하고 북극의 지속가능성에 기여할 것이다.

북극은 문화적으로 풍부하고 다양하지만, 기존의 북극 담론에서는 북극 지역을 북극화하여 북극을 사람이 없는 춥고 눈이 많이 내리는 여행지로 제시하는 경우가 많았다. 다니엘 차티어 연구자에 따르면, 이러한 현상은 서구 예술과 연구에 오랫동안 뿌리를 두고 있는데, 북극은 역사적으로 풍부한 문화적 역사와 생활 전통을 지닌 다민족, 다문화, 다언어적 장소 대신 텅 빈 수평적 풍경인 '상상적 북방'으로 소외되어 왔다.[29] 북극화는 또한 한편으로는 북극의 일부로서 북유럽의 새로운 지리적 이미지를 창출하는 사회 과정으로 정의될 수 있으며, 다른 한편으로는 새로운 사회적, 경제적, 정치적 관계를 형성하는 것으로 정의할 수 있다.[30] 북극은 다민족, 다문화, 다언어적 공간으로, 북극에 있는 토착 문화와 다른 사람들의 생활양식의 혼합은 그 지역의 정체성이라고 볼 수 있다.

미주

1 Larsen, Joan Nymand, and Gail Fondahl, eds. Arctic human development report: Regional processes and global linkages. Nordic Council of Ministers, 2015.

2 Larsen, Joan Nymand, and Gail Fondahl, eds. Arctic human development report: Regional processes and global linkages. Nordic Council of Ministers, 2015.; Hoffecker, J.F., 2004. A Prehistory of the North: Human Settlement of the Higher Latitudes. Rutgers University Press, New Brunswick

3 Hansen, L. and B. Olsen, 2014. Hunters in Transition: An Outline of Early Sami History. Brill, Leiden.

4 https://www.britannica.com/place/Arctic/Traditional-culture

5 https://www.britannica.com/place/Arctic/Traditional-culture

6 https://www.britannica.com/place/Arctic/Traditional-culture

7 https://www.britannica.com/place/Arctic/Traditional-culture

8 https://www.britannica.com/place/Arctic/Traditional-culture

9 양자 직계(Bilateral Descent)는 모계와 부계 양쪽 모두를 동등하게 중요한 가족 혈통으로 인정하는 방식이다. 주로 모계와 부계 가족의 혈통을 동시에 추적한다. 인류학자들에 따르면, 양자 직계 방식은 개인이 넓은 지역에 흩어져 있는 두 가지 가족에 의존할 수 있다는 점에서 극한 환경에 적응하는 데 이점이 있다고 한다.

10 Ezzell, Carol (2001년 6월). "힘 바와 댐." Scientific American. 284(6), pp. 80-90.

11 https://www.britannica.com/place/Arctic/Traditional-culture

12 https://www.britannica.com/place/Arctic/Traditional-culture

13 https://www.britannica.com/place/Arctic/Traditional-culture

14 https://www.britannica.com/place/Arctic/Traditional-culture

15 https://www.britannica.com/place/Arctic/Traditional-culture

16 Krauss, Michael. 1992. The world's languages in crisis. Language 68(1): 4-10.

17 ASI, 2010. Arctic Social Indicators - a follow-up to the Arctic Human Development Report. Larsen, J.N., P. Schweitzer, and G. Fondahl (eds.). TemaNord. Nordic Council of Ministers, Copenhagen

18 https://www.arcticpeoples.com/arctic-languages#feedback

19 Larsen, Joan Nymand, and Gail Fondahl, eds. Arctic human development report: Regional processes and global linkages. Nordic Council of Ministers, 2015.

20 Larsen, Joan Nymand, and Gail Fondahl, eds. Arctic human development report: Regional processes and global linkages. Nordic Council of Ministers, 2015.

21 Larsen, Joan Nymand, and Gail Fondahl, eds. Arctic human development report: Regional processes and global linkages. Nordic Council of Ministers, 2015.

22 https://www.britannica.com/place/Arctic/Traditional-culture

23 https://www.britannica.com/place/Arctic/Traditional-culture

24 https://www.britannica.com/place/Arctic/Traditional-culture

25 실제로는 러시아를 포함하여 네 개의 국가에 사미인이 흩어져 있는데, 러시아의 경우 다른 북유럽 사미인과 다르게 통합에는 참여하지 않는다.

26 https://www.britannica.com/place/Arctic/Traditional-culture

27 https://www.britannica.com/place/Arctic/Traditional-culture

28 Maria Huhmarniemi, Timo Jokela, Arctic Arts with Pride: Discourses on Arctic Arts, Culture and Sustainability, Sustainability 2020, 12, 604; doi:10.3390/su12020604

29 Chartier, D. What is the "Imagined North"; Presses de l'Université du Québec: Quebec, QC, Canada, 2018.

30 Müller, D.K.; Viken, A. Toward a de-essentializing of indigenous tourism? In Tourism and Indigeneity in the Arctic; Viken A., Müller, D.K., Eds.; Channel View: Bristol, UK, 2017; pp. 281-289

제7장

기후변화와 북극의 변화

1. 기후변화가 북극의 환경에 미친 영향

기후변화와 북극

이산화탄소의 농도 증가

지난 80만 년 동안 이산화탄소량은 가변적이었다. 이산화탄소 농도는 100만분의 250ppm에서 180ppm으로 다양했다. 이는 100만 개 중 이산화탄소 분자 수가 180개와 280개 있음을 의미한다. 180ppm을 기록한 기간은 지구 온도가 낮아진 때인 빙하기에 나타났고, 300ppm에서 250ppm을 기록한 기간은 지구 기온이 높은 때인 간빙기에 나타난 수치이다. 이처럼 이산화탄소의 가변성은 기온 변화와 간접적으로 관련되어 있다.[1]

지난 80만 년 동안 지구에는 여섯 번의 빙하기[2]에 나타났다. 인류가 화석 연료를 전혀 태우지 않았다고 가정한 경우 단순한 천문학적인 요인에 의한다면 현재의 이산화탄소 농도는 240ppm 수준이어야 한다. 여기서 천문학적 요인이란 지구와 태양 간의 거리 변화로 인한 햇빛 강도 변화와 지구 자전축 기울기 변화로 인한 햇빛 입사각 변화를 의미한다. 이산화탄소 농도가 240ppm 이하에서만 천문학적인 요인이 빙하기로 갈 수 있는 촉진제 역할을 할 수 있다. 하

[그림 7-1] 온실효과를 단순화한 그림 (출처: 위키피디아)

지만 현재 지구 이산화탄소 농도는 이미 400ppm을 넘어섰다.

천문학적인 요인으로 기온이 변화하면서 발생했던 자연적인 기후변화는 비교적 예측 가능하다. 하지만 인위적인 활동에 의해 이산화탄소 농도가 급증하면서 양의 되먹임효과가 진행될 경우 인간 활동이 지구에 미치는 자극을 더욱 가속화할 수 있다. 이로 인해 지난 275만 년간 유지되어 온 자연적인 기후변화 주기가 변화할 수 있다.[3] 인류는 전례 없는 기후 현상에서 과거의 기록을 통해 대응할 수 없다는 딜레마에 빠지게 되는 것이다.

지난 200~300년간 이산화탄소 농도는 비교적 안정적으로 유지되고 있었는데, 갑작스럽게 대기 중 이산화탄소 함량이 백만분의 410ppm으로 급증하게 된다. 이러한 수준은 과거에 나타난 적이 없다. 이것이 바로 우리가 온실효과라고 부르는 현상이다.[4] 대기 중 이산화탄소는 지구에서 방출되는 역방사선을 다시 지구로 방사하는 일종의 담요 역할을 하게 된다. 지난 100년 동안의 기온 변화를 살펴보면 1880년부터 5년마다 전 지구적 규모로 변화했고 1900년대 초반에는 일부 지역의 온도가 따뜻해지고 있음을 확인할 수 있다. 그러나 1980년과 2010년 사이 30년의 평균을 비교할 때 2016년 이후 지구의 지도에서 북극의 극지방이 붉은색으로 나타난다는 것을 알 수 있다. 이에 관해 과학자들은 북극 지역이 지구 평균보다 2~3배 더 따뜻해졌다고 분석한다.[5]

얼음 알베도 되먹임효과(Ice-albedo feedback)

극지방에서의 극심한 변화는 얼음 알베도 되먹임효과(Ice-albedo feedback)와 관련이 있다. 얼음 알베도 되먹임효과는 양의 되먹임효과이다. 지구는 변화에 대해 자체적으로 제어하고 가속할 수 있는 음과 양의 되먹임이 작용한다. 음의 되먹임은 변화에 대해 제자리로 돌아오게 하지만, 양의 되먹임은 변화되는 방향으로 현상을 더욱 증폭시킨다. 눈과 얼음은 육지나 수면에 비해 더 많은 빛을 반사하고 육지와 물은 더 많은 햇빛을 흡수한다. 여기서 알베도는 반사율을 의미하는데, 눈과 얼음이 녹으면 지표의 알베도, 즉 반사율을 감소시켜 태양에너지를 흡수하면서 기온이 상승하게 된다.[6] 이 현상에 따라, 극지의 빙하 손실로 표면 반사율이 줄어들면, 극지방에서 더 많은 에너지가 흡수될 수 있다. 그리고 지구의 기온은 더 올라간다. 즉 지구온난화의 양의 되먹임이 발생한다. 이러한 증폭은 결국 지구 시스템의 생물학적, 물리적, 사회적 변화로 나타나기 때문에 극지방은 때때로 지구의 '자연 온도계'라고 불리기도 한다.[7]

극지의 얼음이 녹고 해수면이 상승하면서 빙하가 무너지면 잠재적인 지진으로 이어질 수 있다.[8] 이러한 지진은 빙하를 더욱 파괴하고, 결국 얼음의 감소로 극지의 알베도가 감소하도록 야기한다. 특히 극지방에서 육지로 구성되어 있는 그린란드나 남극의 육지가 드러나게 될 경우 더 어두운 땅이 노출되고 이는 더 많은 태양에너지를 흡수하는 결과로 이어진다.[9] 결국 지구온난화로 만년설과 빙하의 해빙의 양이 감소하고 해당 지역이 수면이나 육지로 대체되면 알베도는 감소하게 된다. 이것은 결국 흡수되는 태양에너지의 양을 증가시키고 온난화 현상을 가속화시킨다.[10]

해수면 상승

극지의 빙하가 녹으면 해수면에 영향을 준다. 또한 바다의 온도가 올라갈 경우 해수는 전반적으로 팽창하면서 해수면이 상승하는 결과로 나타난다. 이러한 두 가지 요인으로 지구온난화는 해수의 양을 증가시키고, 이는 다시 빙하를 녹이면서 상보적으로 영향을 준다. 얼음의 녹는 정도에 따라 해수면도 따라 변화한다. 지난 1만 년 동안 해수면은 비교적 안정적이었다. 그러나 IPCC가 발표한 전망에 따르면 21세기가 끝나는 2100년에는 빙하가 녹으면서 해수면이 지난 2천 년간의 평균보다 1m 또는 그 이상으로 높아질 가능성이 높다. 네덜란드와 영국, 덴마크의 여러 지역은 잠기게 된다. 방글라데시와 같이 인구 밀집 지역이 잠기게 될 경우 심각한 영향이 나타난다.

통계에 따르면 전 세계 해수면의 1m 상승은 약 1억~1억 5,000만 명이 해안에서 떨어져 이동해야 한다는 것을 의미한다.[11] 북극 지역의 가장 큰 빙상인 그린란드의 전체 얼음이 녹으면 해수면이 약 6m가 증가한다. 이 모든 빙상이 한꺼번에 녹는 것은 아니지만, 지구온난화의 가속화는 결국 빙상을 녹게 하고 해수면 상승으로 이어진다.

온실가스와 북극 환경

지구의 기후변화와 이로 인한 부정적 효과가 인류의 공동의 관심사임을 인정하면서 인간 활동의 결과로 배출되는 대기 중 온실가스의 부정적 영향을 인정하면서 국제 사회는 기후변화협약을 실행하기 위해 2005년 교토의정서가 발효되었다. 교토의정서에 따라 온실가스를 6개의 기체로 규정했는데, 여기에는 이산화탄소, 메탄, 아산화질소, 수소불화탄소, 과불화탄소, 육불화황이 해당된다. 이들은 다음과 같이 지구온난화를 가속화하는 데 상당한 영향을 주는 물질이다. 이산화탄소가 온실가스에 가장 주축이 되는 이유는 이산화탄소의 지구온난화 기여 정도는 1에 불과하지만, 이산화탄소가 전체 온실가스 배출량에서 차지하는 양이 80%를 상회하기 때문이다. 배출량이 같다면 메탄이나 흑탄소 계열의 기체가 더 영향이 크겠지만, 배출량에서 이산화탄소가 훨씬 많은 양을 차지 하고 있는 것이다.

북극이사회에서는 메탄과 흑탄소와 같은 온실가스를 단기 기후 오염물로 분류하여 이 오염물의 감축을 중심으로 전지구적 기후변화 대책을 논의할 것을 촉구하고 있다. 단기 기후 오염물(short-lived climate pollutants)은 대기 수명이 상대적으로 짧으며 기후변화에 영향을 미치는 기체형 물질이다. 단기 기후 오염물의 대표적인 예는 흑탄소와 메탄이 있다. 흑탄소(black carbon)의 경우 지속 기간은 약 일주일이며, 메탄(methane)의 경우 최대 10년까지 지속한다. 이러한 대기 오염 물질은 생태계뿐만 아니라, 인간의 건강, 농작물 수확량에도 해로운 영향을 미친다.[12] 얼음 알베도 되먹임효과에 의해 북극 지역의 기온이 지구 전체보다 더 빠르게 상승하고 있다. 그러나 이산화탄소 배출 이외에도 단기 기후 오염물 배출이 감소할 경우에도 북극, 나아가 전 지구적 기온 상승을 감소할 수 있다는 연구 결과가 있다.[13] 흑탄소와 메탄의 배출량을 감소시키기 위해서는 이들의 발생원을 알아야 한다. 이들의 자연 발생원을 제외하고 메탄의 경우 주로 석유와 가스, 폐기물, 농업 등 인위적인 부문에서 발생한다. 흑탄소의 경우 가정용 난방과 조리 과정에서 배출되며 교통 부문이 상당 부분을 차지한다.

우리 삶에서 운송과 난방이 상당히 중요하며, 석유 가스 산업은 매우 중요한 자원 분야이다. 그런 점에서 단순히 이러한 물질의 배출을 없애는 극단적인 방책이 아니라, 기술 개발을 통해 완화하는 과정이 필요하다. 현재 기술을 통해 메탄의 경우 전세계적으로 최대 40%의 배출량을 감소시킬 수 있으며, 흑탄소의 경우 최대 70~80%를 감축할 수 있다.[14] 그러나 특정 오염 물질의 감축을 위해 변화를 일으킬 경우, 역설적으로 다른 오염물질이 증가하는 결과로 이어질 수도 있다. 따라서 전 세계적 배출량 감소 효과를 반드시 고려해야 한다. AMAP의 리포트에 따르면 단기 기후 오염물의 전 지구적 배출량이 감소할 경우, 2050년까지 북극의 총 기온 상승 2도 프로젝트에서 절반을 줄일 수 있다고 한다.[15] 북극권 8개국, 즉 북극이사회 회원국은 이러한 온실가스 배출량 감축에 있어 특별한 책임이 부여된다. 북극의 기후는 지구 전체의 기후 시스템을 제어할 수 있을 만큼 중요하기 때문이다. 또한 흑탄소와 같은 일부 단기 기후 오염물은 다른 지역보다도 북극의 기후에 미치는 영향이 더 크다. 따라서 이러한 영향과 배출량 감축을 위해 온실가스와 더불어 단기 기후 오염물에 대한 세계적인 완화 노력이 필수적이다.

그렇다면 북극 내에서 증가하고 있는 석유가스 개발과 북극항로를 통한 운송이 북극의 기후에 미치는 영향과 책임을 논의해야 한다. 특히 북극 내 항해로 이미 상당한 배출이 발생하고 있으며, 2050년까지 매우 높은 성장세가 나타날 것으로 예측된다. 현재 북극이사회가 흑탄소 배출량을 줄이기 위해 몇 가지 정책적 조치를 취하고 있다. 이를 위해서 단기 기후 오염물의 감소가 북극 기후에 대한 순기후 효과와 여러 오염물질과의 관계를 연구해야 한다. 또한 이러한 정책 실현을 위해 어떤 분야와 기술이 선행되어야 하는가를 살펴야 한다. 특히 북극의 기후는 전 지구적 시스템에 상당한 영향을 미친다는 점에서 북극이사회 회원국뿐만 아니라, 세계 다른 지역과의 협력과 온실가스의 배출량 감축을 위한 정책 차원의 노력이 뒷받침되어야 할 것이다.

2. 기후변화와 북극 생태계의 변화

1) 기후변화와 영구동토층

북극 지역을 포함한 고위도 지역은 지구 평균보다 2배에서 6배가량 빠르게 기온이 상승했다. 지난 100년간 기후 변화 기록을 살펴보면, 고위도 지역에서 극심한 온난화가 발생했음을 알 수 있다. 여기에는 두 가지 요인이 크게 작용했다. 첫 번째는 얼음 알베도 되먹임효과이고 두 번째는 대기 순환에 의해 저위도에서 고위도로 열이 이동하는 현상과 관련이 있다. 특히 온난화는 주로 겨울 기간에 발생했고 지역으로는 북극 지역의 상당 부분을 차지하는 영구동토층[16] 지대에서 가장 강력하게 작용했다.[17] 기온의 변화는 강수량, 증발량, 담수량의 변화를 동반했다. 따라서 기후변화는 결국 토양의 성질을 변화시키고 생태계에도 변화를 가져온다. 영구동토층의 온도를 보여주는 지표로 로마노프스키 플롯을 살펴볼 수 있다.[18]

[그림 7-2]
온실효과로 인한 북극 온난화로 영구동토층의 해빙이 급속도로 진행되고 있다. (출처: 위키피디아)

영구동토층은 섭씨 0도라는 어는점 이하로 온도가 유지되면서, 토양을 영구적인 얼음 상태로 유지하면서 온난화의 효과를 감소시키는 역할을 하고 있다. 그러나 지속해서 지구온난화가 발생할 경우 영구동토층의 범위는 점차 감소하고 영구동토층에 의한 온난화의 음의 되먹임효과 또한 줄어들게 된다. IPCC가 제시한 온난화 시나리오에 따르면, 현재 영구동토층의 범위가 약 160만 평방 킬로미터를 차지하는 것을 시작으로 영구동토층의 범위는 2100년까지 40~80% 감소할 것으로 예상된다.[19] 한편으로 이러한 영구동토층의 감소는 단순히 영구동토의 온도 자체뿐만 아니라, 상당한 양의 탄소가 배출된다는 것을 의미한다.[20] 영구동토층 토양에는 1,300에서 1,600 페타그램(10억 톤)의 유기 탄소를 포함한다. 참고로 대기는 600에서 800 페타그램의 탄소를 연간 포함하고 있다. 이를 통해 영구동토층이 상당량의 탄소를 저장하고 있음을 알 수 있다. 만약 탄소 저장고가 열려서 탄소의 배출이 활성화되어 대기와 지표면 생태계로 옮겨진다면 북극뿐만 아니라 전 세계의 기후 시스템에도 영향을 주게 될 것이다.

영구동토층의 탄소 되먹임효과(permafrost carbon feedback)는 크게 네 가지 단계로 구성된다. 인공적인 온실가스와 토지 이용의 변화로 지표면의 온도가 상승하고, 영구동토층이 녹는다. 영구동토층에 갇혀 있던 유기 물질을 분해하는 미생물이 활동하면서 이산화탄소, 메탄 등을 생산한다. 이 두 개의 주요 온실가스가 온난화를 증폭하고 이 모든 과정을 가속화한다. 영구동토층의 탄소 되먹임효과는 영구동토층의 탄소의 양이 상당하기 때문에 기후변화에 있어 가장 크고 가장 가능성이 높은 지표상의 되먹임효과로 간주된다. 그럼에도 불구하고 현재 기후 협상에서 관련 문제가 고려되고 있지 않다.[21] 영구동토층은 지구 생태계에서 탄소균형을 유지하는 데 중요한 역할을 한다. 만약 지구온난화로 인해 영구동토층이 감소하고 유기물의 분해로 탄소의 배출이 증가할 경우 탄소는 담수로 이동하게 된다. 또한 탄소의 배출 증가는 결국 영구동토층에서 자연적인 산불이 발생하는 주요 요인이 될 수 있다.

토양의 변화는 북극의 식물 성장에도 영향을 준다. 현재의 북극과 북극해 주변 식물은 약 111 페타그램의 탄소를 함유한다. 영구동토에 저장되어 있는 유기물질이 분해되어 이산화탄소가 배출될 경우 식물의 성장을 촉진할 수 있게 된다. 다양한 연구 모델에 따르면 온난화로 인해 방출되는 양이 대략 160~650 수준에서 2,200 페타그램까지 예측하지만, 식물에 의해 흡수되는 이산화탄소의 양은 불과 8에서 200 페타그램 수준에 불과하다. 또한 이러한 예측은 현재의 북극의 생태 환경을 기준으로 하는데, 환경 변화에 따라 어떤 종류의 식물군이 갑작스럽게 증가한 탄소를 흡수할 수 있을지 알 수 없다는 사실을 간과해서는 안 된다. 이는 결국 기후변화에 따른 영구동토층의 환경 변화가 내포하는 복잡성의 한 예가 된다.

영구동토층은 흙 속에 얼려진 거대한 얼음덩어리라고 볼 수 있다. 만약 영구동토가 녹으면 열가르스트(thermokarst)라고 알려진 과정에 의해 토양 표면이 붕괴하게 된다. 이러한 갑작스러운 영구동토층 붕괴는 영구동토층 전체 면적의 10~40%에 영향을 미친다. 영구동토의 붕괴는 점진적으로 일부 층이 녹는 것이 아니라 토양 전체를 무너뜨린다. 이러한 현상이 지속될 경우 식물 성장의 토대가 사라지고, 결국 탄소가 식물에 의해 흡수될 수 있는 조건이 마련되기 힘들어진다. 열가르스트, 즉 영구동토 지표의 붕괴는 주로 해안선, 강, 호수 주변에서 발생한다. 이 과정에서 탄소가 수상 및 해양 생태계로 흘러들어가게 된다. 영구동토층 붕괴로 지표가 붕괴될 경우 유기물이 미생물에 의해 분해되어 이산화탄소와 같은 온실가스가 발생한다.[22] 그러나 수상 환경과 같이 산소 함유량이 적은 조건에서는 미생물이 산소를 사용하기 힘들기 때문에 유기물의 이산화탄소로의 분해 속도는 감소한다. 그러므로 온실가스 배출은 비교적 상쇄된다. 그러나 이 과정에서도 이산화탄소보다 강력한 온실가스인 메탄은 생산될 수 있다. 이외의 아산화질소와 같은 비탄소 온실가스도 유발된다.

영구동토층을 연구하는 여러 과학자는 영구동토층 지역에서 얼마나 많은 탄소가 배출되는가에 관한 여러 연구를 수행했으며 다음과 같은 결과로 요약될 수 있다. 첫 번째는 영구동토층 토양에서 방출되는 탄소의 양이 상당한 데 비해서 생태계에 의해 흡수되어 탄소를 상쇄하는 효과는 미미하다는 것이다. 두 번째는 인간 활동에 의한 탄소의 배출량을 감소시킨다면 영구동토층의 탄소 되먹임효과의 3/4은 여전히 회피될 수 있다는 것이다.

2) 기후변화가 북극 생태계에 미친 영향

북반구의 대기 해양의 흐름은 생태계에 상당한 영향을 준다.[23] 온대 지역에서 북극으로 열과 오염물질이 운반되어, 북반구의 대기와 해양에 쌓이기 때문이다. 대부분의 오염물질은 PCB와 DT와 같이 영구적인 유기화학 오염물이며 지방에 용해되므로 동물의 지방 세포와 결합한다. 북극 지역에 서식하는 다양한 동물군은 동물성 플랑크톤부터 고래, 물개, 북극곰에 이르며, 대부분이 신체 내에 상당한 지방을 축적하고 있다. 결국 수질을 통해 유입된 유해물질은 각 동물의 지방층에 축적되고 먹이사슬에 의해 피식자에서 다음 포식자로 전달된다. 동물성 플랑크톤이 독소를 흡수하고, 어류가 플랑크톤을 섭취하고, 이는 물개, 북극곰으로 이어지고 결국 최상위 포식자와 이를 사냥하여 섭취하는 원주민에게 독소가 전달된다. 이러한 독소가 축적될 경우 결국 생태계의 번식과 생존에 영향을 주게 된다.

북극의 빙하의 감소는 북극의 야생 동물에 어떠한 영향을 미칠까? 북극의 야생동물은 빙하의 감소에 영향을 받는다.[24] 빙하 얼음의 가장자리는 매우 생산적인 생태계이다. 이는 배링해의 대륙붕과 같은 얕은 바다가 대표적이다. 바다 밑바닥의 영양분은 얼음 가장자리에 분포하고, 식물성 플랑크톤이 이를 섭취하고 동물성 플랑크톤의 먹이가 된다. 여러 북극 지역 어류종은 동물성 플랑크톤을 섭취하고, 물개의 먹이가 되며, 물개는 북극곰을 먹이로 한다. 그러나 기후변화로 빙하가 감소하고 빙하의 경계선이 북부로 이동하면 바다 밑바닥과 얼음 가장자리가 교차하는 지점이 변화하게 된다.

북극의 기후변화는 북극여우나 순록과 같은 종에게도 영향을 미쳤다. 수목한계선에 따른 북극의 경계가 고위도로 이동하면서 툰드라 지역에 관목의 분포도 변화했다. 그러나 북극과 아북극 지역의 식물 성장에 유리한 고온 지대가 증가했음에도 불구하고, 식물의 주요 취식자인 사향소나 순록의 개체수 증가로 이어지지는 않았다. 여기에는 관목의 증가 이외에 곤충의 증가라는 요인이 작용했기 때문이다. 모기와 날파리 등의 증가는 사향소와 순록에게 오히려 악영향을 미치고 있다.

지구온난화로 인해 북극의 겨울 동안 내리는 우박과 우천이 지상의 툰드라 생태계에 어떠한 영향을 미치는가도 상당히 중요하다. 최근 기후변화로 인해 극지방의 겨울 동안 비가 내리는 빈도가 증가하고 있다.[25] 겨울에 비가 내릴 경우 토양은 얼어붙어 얼음층이 초목을 뒤덮는다. 유럽이 이상 기후 현상으로 냉기류에 휩싸였을 때, 북극의 스발바르에는 비가 내리고 있었다. 스발바르의 툰드라의 초목이 호수처럼 얼어버리고, 초식동물은 식물을 취식하기 힘들어졌다. 초식동물이 먹이를 구하기 어려워지면서 이들 피식자의 개체수가 대규모로 감소하는 결과로 이어졌다.[26] 이러한 현상은 그린란드, 시베리아의 야말 반도나 스발바르에 있는 순록에게도 예외 없이 발생했다.[27] 우천으로 인해 순록이 대규모로 죽게 되면, 북극여우와 늑대와 같은 포식자는 일시적으로는 늘어나지만, 1~2년 이후에는 피식자의 감소로 인해 포식자의 수도 점차 감소한다. 이처럼 기후변화는 북극 지역 생태계에 먹이 사슬의 오염물질의 축적, 해빙의 감소에 따른 생태계의 변화, 극지방의 겨울비에 따른 피식자의 감소 등 다양한

[그림 7-3]
기후변화로 인한 해빙 감소는 많은 북극 동물에 심각한 타격을 입힌다 (출처: 위키피디아)

방식으로 교란을 일으킨다. 그리고 이러한 북극 지역의 생태계는 전 지구적 생태계와 연결되어 있기 때문에 전 지구적 생태계의 변화로 이어질 수 있다.

3. 기후변화의 전 지구적 영향

지금까지 기후변화가 어떻게 북극의 환경에 영향을 미치는가를 살펴보았다. 1980년에 이르러 북반구의 얼음의 범위는 기존 1,000만 평방 킬로미터의 3분의 1인 300만 평방 킬로미터가 줄어들었다. 그리고 이후 매 10년마다 북극의 해빙의 4%가 감소하고 있다. 그리고 여름 동안 해빙이 감소하는 비율은 점차 증가하고 있다. 지난 10년 동안 북극해의 얼음은 지속적으로 축소되었다.[28] 이러한 흐름은 여러 북극권 국가들이 북극해를 새로운 항로로 이용하려는 구상이 실현되는 시기를 앞당기고 있다. 이러한 흐름에 발맞추어 러시아는 원자력 쇄빙선을 건조하여 수 미터의 얼음 가운데에서 수년 동안 항해할 수 있는 쇄빙선을 선보이기도 했다. 특히 북극항로는 북극항로를 통해 항해일수와 연료비와 물류비를 단축시킴으로써 많은 혜택을 얻을 수 있는 한국, 중국, 일본 등 동북아시아 국가의 주요 관심사가 되었다.

2000년대 이래로 북극은 놀라운 속도로 변화하고 있다. 북극은 전례 없는 수준의 해빙 손실이 발생했고, 이는 그린란드의 마지막 빙하가 녹는 기록적인 사례에서도 나타났다. 또한 영구동토층이 감소하는 현상이 나타나고 있다. 북극의 이러한 변화는 전지구적 영향으로 이어진다.[29] 해빙의 손실은 북반구 중위도 주변의 제트기류와 기상 체계의 이상 현상으로 이어지기도 한다. 겨울 동안의 이상 기후 현상은 점차 증가하고 있다. 영국에서는 최근 이른 봄에 눈폭풍이 발생했고, 그린란드의 일부 지역은 기록적인 기온 상승이 나타나기도 했다. 북극에서 해빙이 감소할 경우 제트기류와 그린란드 서부의 래브라도해의 대류 사이의 상호작용이 불균형을 이루면서 대서양 지역의 기류의 순환이 제대로

이어지지 않게 된다. 대서양의 순환이 약화되는 것은 그린란드의 빙하가 녹는 현상과 관련이 있다.[30]

그러나 이러한 현상이 양의 되먹임효과에 의해 기후변화를 가속화하는 결과로 이어질 경우 결국 단기적, 장기적으로 인류는 영향을 받을 수밖에 없다. 이는 몇몇 주요 대도시(megacity)가 궁극적으로 생존하기 힘들다는 것을 의미한다. 가까운 시일 내에 북극해 빙하 손실의 현재 궤적 이내에서 지속된다면, 2030년대 혹은 2040년대에는 북극에 얼음이 얼지 않는 여름이 나타날 수 있다. 이 경우, 새로운 항로 개척을 통해 이득을 얻는 집단도 나타날 수 있다. 하지만 결국 이러한 가속화된 기후변화는 전지구의 지표의 온도를 상승시키고 해수면을 높이며 영구동토층을 감소시키는 결과로 이어질 것이다. 결국 영구동토층은 금세기 이내에 사라질 가능성이 높으며, 대기 중에 많은 탄소를 방출하며 온난화를 10%가량 증폭시키는 역할을 하게 된다.

북극의 빙하의 감소는 전지구적 강수량 변화에도 영향을 준다.[31] 그린란드의 빙하가 녹으면서 대서양의 담수 비율이 증가하고 대서양의 대류 발생을 약화시킬 수 있다. 이 경우 서유럽의 계절성은 이전보다 훨씬 더 뚜렷하게 나타날 것이다. 반면에 열대지방에서는 오히려 지구의 적도가 저위도 남부로 이동하는 결과로 나타날 수 있다. 서아프리카뿐만 아니라 인도에서 몬순을 약화하고 예상할 수 없는 경향이 나타날 것이다. 연구에 따르면 북극의 갑작스러운 기후변화와 열대지방 주변의 갑작스러운 몬순의 급격한 변화 사이에 강한 상관관계가 있다.[32] 즉 기후변화로 인해 지구의 강수 시스템이 균형을 이루지 못하며 예상치 못하는 이상 기후 현상이 발생하는 결과로 이어질 수 있다는 것이다.

기후변화와 북극의 변화는 실로 전지구적 환경을 변화시킬 것이며, 이는 전 인류의 삶에도 점차 영향을 주고 있다. 기후변화가 미칠 전지구적 영향에 대해 모두가 논의하고 대비해야 할 때는 이미 지났다. 그럼에도 불구하고 돌이킬 수 없는 전환 시기(tipping point)를 늦추고 기후변화에 따른 전지구적 영향의 피해를 감소하고 완화할 수 있는 해결 방안에 대한 논의가 이루어져야 할 것이다.

미주

1 https://en.wikipedia.org/wiki/Climate_change
2 빙하기(Ice age)는 지구 기온이 오랜 기간 하강하여 양 극지와 대륙, 만년설층이 확장되는 시기를 의미한다. 빙하학에서는 빙하기라는 용어는 남반구와 북반도에 빙상이 확장한 특정 시기를 의미하며, 그린란드와 남극의 빙상이 존재하는 현재도 지구는 빙하기에 있다고 볼 수 있다. 한편, 과거 수백만 년 전 빙하기는 일반적으로 북아메리카와 유럽 대륙으로 빙상이 확대된 한랭기를 의미한다. 이 시기에도 아시아 지역은 빙상이 발달하지 않았고 한랭 지대가 확장된 수준이었다. 이런 기준에 따라 마지막 빙하기는 약 1만 년 전에 종료되었다고 볼 수 있으며 이를 마지막 빙하기라고 칭한다. 과학자의 상당수는 빙하기가 끝난 것이 아니라 '빙기(glacial)'가 끝난 것이며 현재를 빙기와 빙기 사이의 '간빙기(Interglacial)'라고 인식하고 있다. 한편, 빙기가 찾아오면 해안선이 극단적으로 감소하며 육상의 대부분이 얼음으로 덮인다. 동식물은 격감하며 인류에게도 큰 타격을 주게 된다. 빙기의 환경에서 지상 생활을 시작하면서 직립 보행을 시작했고 현 인류가 되었다는 것이 과학계의 통설이다. (출처: https://en.wikipedia.org/wiki/Ice_age)
3 https://news.joins.com/article/21123912
4 https://www.coursera.org/learn/global-arctic/lecture/6rxU2/global-warming-and-its-effects-on-the-arctic
5 https://www.weforum.org/agenda/2018/05/earth-just-hit-a-terrifying-milestone-for-the-first-time-in-more-than-800-000-years
6 https://en.wikipedia.org/wiki/Ice%E2%80%93albedo_feedback
7 "AR5 Climate Change 2013: The Physical Science Basis — IPCC". Retrieved 2019-06-12.
8 Wu, Patrick; Johnston, Paul (2000). "Can deglaciation trigger earthquakes in N. America?". Geophysical Research Letters. 27 (9): 1323-1326.
9 "AR5 Climate Change 2013: The Physical Science Basis — IPCC".
10 Budyko, M. I. (1969-01-01). "The effect of solar radiation variations on the climate of the Earth". Tellus. 21 (5): 611-619.
11 https://www.coursera.org/learn/global-arctic/lecture/6rxU2/global-warming-and-its-effects-on-the-arctic
12 https://www.space.com/5356-nasa-team-studies-pollutants-effect-arctic-climate-change.html
13 https://www.coursera.org/learn/global-arctic/lecture/6rxU2/global-warming-and-its-effects-on-the-arctic
14 https://www.coursera.org/learn/global-arctic/lecture/6rxU2/global-warming-and-its-effects-on-the-arctic
15 AMAP 2015
16 영구동토(permafrost)는 2년 이상 기간 토양 온도가 물의 어는점인 0도 이하로 유지되는 토양을 일컫는다. 영구동토는 지구상의 수분 중 0.022%를 차지하며, 북반구에 노출된 토양의 24%가 영구동토로 구성된다.
17 http://blogs.ei.columbia.edu/2018/01/11/thawing-permafrost-matters/
18 https://www.the-cryosphere.net/12/123/2018/
19 https://blogs.ei.columbia.edu/2018/01/11/thawing-permafrost-matters/

20 https://news.nationalgeographic.com/2018/02/melting-arctic-permafrost-toxic-mercury-environment/
21 https://www.coursera.org/learn/global-arctic/lecture/6rxU2/global-warming-and-its-effects-on-the-arctic
22 https://climate.nasa.gov/news/2691/far-northern-permafrost-may-unleash-carbon-within-decades/
23 Wookey, P.A., Aerts, R., Bardgett, R.D., Baptist, F., Bråthen, K.A., Cornelissen, J.H.C., . . . Shaver, G.R. (2009) Ecosystem feedbacks and cascade processes: understanding their role in the responses of arctic and alpine ecosystems to environmental change. Global Change Biology, 15, 1153-1172.
24 Laidre, K.L., Stern, H., Kovacs, K.M., Lowry, L., Moore, S.E., Regehr, E.V., . . . Ugarte, F. (2015) Arctic marine mammal population status, sea ice habitat loss, and conservation recommendations for the 21st century. Conservation Biology, 29, 724-737.
25 Descamps, S., Aars, J., Fuglei, E., Kovacs, K.M., Lydersen, C., Pavlova, O., . . . Strom, H. (2017) Climate change impacts on wildlife in a High Arctic archipelago - Svalbard, Norway. Global Change Biology, 23, 490-502.
26 Descamps, S., Aars, J., Fuglei, E., Kovacs, K.M., Lydersen, C., Pavlova, O., . . . Strom, H. (2017) Climate change impacts on wildlife in a High Arctic archipelago - Svalbard, Norway. Global Change Biology, 23, 490-502.
27
28 https://climate.nasa.gov/resources/education/pbs_modules/lesson2Overview/
29 http://www.npolar.no/en/themes/climate/climate-change/global-climate-change/the-climate-in-the-arctic-has-impact-worldwide.html
30 https://theconversation.com/greenland-how-rapid-climate-change-on-worlds-largest-island-will-affect-us-all-82675
31 https://oceanservice.noaa.gov/facts/sea-ice-climate.html
32 https://oceanservice.noaa.gov/facts/sea-ice-climate.html

제II부

러시아의 북극

제8장 러시아의 북극 정복과 개발의 역사
제9장 러시아 북극의 지리, 교통, 주요 도시
제10장 러시아 북극의 산업
제11장 러시아의 북극 원주민
제12장 러시아 북극의 문화예술
제13장 러시아의 북극 전략과 안보 정책
제14장 러시아 북극의 인구사회학

제8장

러시아의 북극 정복과 개발의 역사

1. 러시아인의 북극 및 시베리아 영토 확장

17세기는 러시아 역사에서 대규모 지리적 확장 시대로 알려져 있다. 러시아 정복자가 우랄산맥 동쪽으로 펼쳐진 시베리아의 광활한 토지를 점령하기까지는 60년이 채 걸리지 않았다. 당시 모스크바 공국의 북부와 동부 국경이 설정되었고, 끊임없는 영토 확장이 이어졌다. 그들은 서시베리아와 동시베리아를 지나 북극해와 태평양 연안에 다다랐다.

16세기 중반까지 러시아는 북쪽으로 백해와 바렌츠해, 남쪽으로 체르니고프, 랴잔, 서쪽으로 스몰렌스크에서 국경이 획정되었다. 동쪽은 북부 우랄과 니즈니노브고로드까지 이어졌다. 모스크바 공국은 적극적인 대외정책을 추진했고, 이 과정에서 동쪽으로 공간적 팽창이 활발하게 진행되었다. 당시 모스크바 공국은 해양과의 접점이 필요했는데, 발트해는 스웨덴에 의해, 흑해는 오스만 제국에 의해 막혀있는 형국이었다.

당시 러시아의 동방 팽창에는 다음과 같은 요인이 영향을 미쳤다.[1] 이반 4세의 국내정치 혼란, 리보니아 전쟁과 혼란 시대 등으로 경제적 위기가 있었고 농업과 목축업 발전을 위한 새로운 토지 마련이 시급했다. 또 17세기 중반 이래

상품 시장이 발전하고 도시가 성장하면서 교역량이 크게 증가했다. 국고 수입의 상당수는 모피상품이었는데, 시베리아 모피를 주로 시베리아 현지 주민으로부터 야사크[2]를 통해 공급받았다. 17세기 중반 러시아의 농노제가 법적으로 공인되면서 농민은 토지와 영주에 영구적으로 종속되었다. 이러한 조건을 견디지 못한 농민이 시베리아 변경 지대로 도주하는 사례가 많았으며, 시베리아의 주인 없는 땅이 농민에게는 적지 않은 유인책이 되었다.

아울러 러시아의 리보니아 전쟁 패배와 유럽 지역에서 해양 출구가 부재하다는 특성은 동부 시베리아로 진출하도록 이끌어 대외정치적 이미지를 제고할 수 있는 여건을 마련해 주었다. 당시 서유럽의 신대륙 개발이라는 전세계적 흐름이 당대 러시아에도 영향을 미쳤을 것으로 보인다. 러시아인이 우랄 동쪽의 시베리아와 북부 지대를 편입함에 따라 러시아의 정교회 분리가 가속화되었고, 구교의 성직자와 신도는 정부의 핍박을 피해서 시베리아와 극동 지역으로 이주하기도 했다.

러시아의 동방 팽창은 정부 차원의 정복 과정 이전에 다양한 사회적 계층에 의해 먼저 이루어졌다. 코사크를 포함해 사냥꾼, 모피상, 도주 농민, 무역상, 구교도 등이 있으며, 모험가도 있었다. 혹독한 기후가 대규모 농민 이주를 방해하는 요건이 되었다. 새로운 영토는 전쟁과 해당 지역의 자발적 편입으로 획득되었다. 16세기 중반 카잔칸국, 아스트라한칸국과 대노가이칸국이 편입되었고, 이후 모르드바인, 추바시인, 서바시키르인이 러시아에 귀속되었다. 볼가강 연안 지역이 모스크바 공국으로 편입되었고, 우랄 동부 지역은 과거 금장칸국의 뒤를 이은 시비리칸국의 영토로 남아 있었다. 이에 모스크바 공국은 우랄 동부 지역을 병합하여 실질적인 러시아 영토를 확대하고자 했다.

[그림 8-1] 바실리 수리코프의 그림 예르마크 티모페에비치의 시베리아 정복 (출처: 위키피디아)

이 과정에서 러시아 정부는 중부 지역의 상인이자 세력가였던 스트로가노프 형제를 개입시켰다. 이들은 소금, 주철, 벌목 사업을 수행하고 있었고 모피 거래에도 참여했다. 이 형제는 아타만 예르마크 티모페에비치 알레닌을 볼가 지역 코사크 부대 지휘관으로 임명했다. 그리고 예르마크가 이끄는 코사크 부대가 1581년 시비리칸국을 정복하러 나섰다. 모스크바 공국의 황제의 명령으로 예르마크는 시비리칸국의 수도 카슐리크를 점령했고, 주민에게 야사크를 부과하여 모피를 취득했다. 1581년부터 1585년 사이에 예르마크 부대는 시비키칸국을 무너뜨렸다. 정부의 지지를 받아 요새를 건설하여 영토를 공고히 했는데, 이들 요새가 도시로 성장했다. 튜멘(1686), 토볼스크(1587), 베레조프(1593), 수르구트(1594), 케티요새(1597) 등이 세워졌다. 이와 함께 이들 도시를 잇는 도로와 수로가 발달했다.

16세기 말까지 러시아인은 북극을 거쳐 시베리아 서부에 있는 타즈강에 인접한 만가제야(Mangazeya) 모피 거래지까지 상업 노선을 구축했다. 북드비나강 어귀에서 해안으로 이어지는 길을 따라, 유고스키샤르해협을 거쳐 야말의 서쪽 해안까지 이어졌다. 북쪽의 빙하를 피해서 기선들이 반대편 두 강과 중간 항구를 거쳐 반도를 건너 오비강으로 향했다. 1616년과 1619년에 차르 미하일 로마노프는 두 차례에 걸쳐 외국 침입자를 막고 무역을 통제하기 위해 이 노선을 공식적으로 중단시켰다.

1641년에는 코사크 부대가 오호타강까지 내려갔다. 토착 원주민의 공물로 얻어진 모피는 정복자에게 많은 부를 가져다주었다. 모피 거래를 위해 여름에는 배를 통해, 겨울에는 썰매를 타고 강을 건너서 이동해야 하는 어려움이 있었다. 그럼에도 불구하고 이 기간에 타이미르반도 주변 북동항로 구간을 상업 노선으로 활용하려는 시도가 나타났다.

1940년과 1945년에 타이미르 북동부의 파드데야섬)과 심사만에 있는 고고학적 유적지에서 17세기 당시의 배 일부와 통나무집 터, 당시 주민의 유골, 활과 화살, 의복과 신발 등 유적과 유물을 발견하여 복구했다. 이 중에는 1619년에 사용했던 러시아의 화폐도 있었다. 이는 1640년경 레나강에서 서부로 항해를 시도하다가 해안에서 난파한 러시아 원정대의 잔해로 추정된다.[3] 당시 문헌에는 이 탐험에 대해 자세한 언급을 피했는데, 이는 당시 이 지역 강과 육로에 대한 공식적인 금지를 피해 비밀리에 시도했음을 알 수 있는 대목이다. 당시 초기 북극 항해자들은 그들의 활동을 공개적으로 알리기를 꺼렸다.

1632년에는 코사크 지도자 중 한 명인 표트르 베케토프가 현 야쿠츠크 지역에 해당하는 레나 요새를 건설했고, 뒤이어 베르흐네 레나 동계 거주지, 스레

[그림 8-2] 자바이칼변강주 수도 치타의 레닌 거리에 있는 표트르 베케토프(1600~1661) 기념비. 베케토프는 러시아 극동을 개척한 위대한 인물 가운데 한 명으로 현재 자바이칼변경주 치타와 네르친스크, 사하공화국 야쿠츠크를 세웠다. (출처. 라승도)

드네 레나 동계 거주지, 니즈니 콜리마 동계 거주지 등이 등장했다.[4] 1649년 오호타 요새가 건설됐다. 이곳은 후에 도시로 성장하여 19세기 중반까지 러시아의 유일한 태평양 진출로로 활용되었다. 1639년에 이반 모스크비틴이 이끄는 코사크 부대가 은산(Silver mountain)을 탐사하기 위해 오호츠크해 연안으로 진출했다. 코사크 부대는 극동 지역에 처음으로 정복을 시도했고, 혹독한 기후와 식량 부족 문제를 해결하기 위해 오호타강까지 내려가 오호타 요새를 건설했다. 이로써 극동 지역이 러시아로 합병되기 시작했다.

새로운 지역의 발견은 많은 상인과 사업가의 관심을 불러일으켰다. 특히 모피는 국가 당국에 상당한 이익을 가져다주었다. 여러 사업 목적의 원정대가 탐사를 시도했고, 중요한 정보를 많이 수집했다. 1780년대 많은 러시아 실업가가 러시아 북부 해안 지역과 섬에 회사를 설립했다. 릴스크 출신의 상인인 그리고리 셸리호프는 북아메리카를 소유하고 그곳에 산업 시설을 조직하는 데 중요한 역할을 담당했다. 시인 가브릴 데르쟈빈은 그를 가리켜 러시아의 콜럼버스라고 부르기도 했다. 셸리호프는 러시아인에 의한 알류산열도와 아메리카 대륙 북서부 해안 지대 획득은 모피 산업에 종사하는 실업가에 의해 주도되는 것이 합리적이라고 생각했다. 러시아 제국은 그의 제안에 크게 관심을 갖지 않았으나, 1781년에 동북산업사가 설립되어 아메리카 연안 탐사 원정이 진행되었다. 이를 통해 코댜크섬, 어포그낵섬, 알래스카 등이 러시아인의 소유가 되었다. 셸리호프의 지시에 따라 알래스카가 러시아인 정주지가 되었고, '러시아 소유 영토'라는 글귀가 새겨진 철판이 세워졌다. 1788년에 이에 대한 공으로 셸리호프는 증서와 금메달, 은검을 당국으로부터 수여받았다. 그가 사망한 이후 1799년에 러시아-아메리카 회사가 설립되었고, 19세기 전반부 러시아 경제 및 정치 발전에서도 중요한 역할을 했다.[5] 러시아-아메리카 회사는 원주민과 바다코끼리 상아와 해달 모피를 거래하는 과정을 전담했다. 당시 알래스카 수도 노보아르한겔스크(현 시트카)에서 중국산 옷감, 차, 얼음 등이 거래되었다. 선박 건조와 공장이 가동되었고 석탄 채굴이 이루어졌다.

그러나 여러 구조적인 문제로 러시아-아메리카 회사가 적자에 시달리게 되었고, 크림전쟁 발발로 러시아는 영국, 프랑스, 오스만튀르크를 상대로 전쟁의 소용돌이에 빠져 있었다. 연합국 함선이 해로를 통제하면서 알래스카 관리

[그림 8-3] 알래스카의 러시아정교회 사원 (출처: 위키피디아)

는 더욱 어려워졌고, 적국인 영국이 알래스카를 봉쇄할 수 있다는 우려가 제기되었다. 당시 러시아와 미국의 관계는 양호했으며, 알래스카 매각 구상이 흘러나왔다. 에두아르드 스케클 워싱턴 주재 러시아 공사가 황제의 지시로 윌리엄 수어드 미국 국무부 장관과 협상을 시작했다. 양국 내에서 반대가 심하게 일었지만 결국 1867년 러시아는 미국에 720만 달러에 알래스카를 매각했다. 미국은 이후 50년 동안 이 땅에서 100배가 넘는 수익을 창출하는 결과가 나타났다. 러시아와 미국의 알래스카 거래에 관한 다양한 해석이 현재까지도 이어지고 있다.

2. 유라시아 북동항로 탐사

바이킹족의 쇠퇴에 따라 16세기 초 영국과 네덜란드에 의해 유라시아 지역의 북극 지역이 탐사되었다. 극동 지역과의 무역이 동기로 작용했으며, 많은 무역상이 북극 탐험을 시도했다. 1553년에 영국 휴 윌러비 경의 지휘로 세 척의 배가 북동쪽으로 콜로반도 탐사 도중에 배 두 척의 선원이 전원 사망했다. 한편 다른 배 한 척은 지금의 아르한겔스크에 해당되는 지역에 도달해 육로로 탐사했다. 이후 머스코비 회사가 설립되어, 러시아와의 무역이 발전했고, 북동항로 개척에 대한 관심이 커지는 계기가 되었다. 그러나 이후 여러 탐사 시도가 실패하자, 북동항로에 대한 영국의 관심은 사그라들게 되었다.[6]

한편 1565년 아르한겔스크에 교역소를 설립한 네덜란드인 무역상이자 탐험가였던 올리비에 브루넬의 노력으로 네덜란드도 유라시아 북부 지역 탐사에 관심을 갖게 되었다. 이후 윌렘 바렌츠가 1594년 노바야 제믈랴를 발견하고 북쪽 끝으로 항해했다. 바렌츠가 북쪽 해안을 따라 항해하면서 여러 가지 배 잔해와 무덤 표지를 발견했는데, 이를 통해 많은 러시아인이 이전에 이 지역 탐사 시도를 했음을 알 수 있다. 1596년 얀 코넬리스 리프, 제이콥 반 헴스커크와 바렌츠는 노르웨이 부근에서 그래랜드로 착각한 베어섬과 스발바드를 발견했다. 바렌츠와 헴스커크는 노바야 제믈랴의 북쪽 끝을 탐사했고, 이 과정에서 최초로 북극해에서 겨울을 보냈던 유럽인으로 알려지게 되었다. 바렌츠는 이후 탈출했으나 항해 중에 죽은 것으로 알려진다. 1609년 영국인 헨리 허드슨이 네덜란드 동인도 회사의 지원으로 바렌츠해로 항해했으나, 그보다 더 서쪽으로 이동하여 북아메리카 해안을 탐험하고 허드슨강을 발견해 탐사했다.

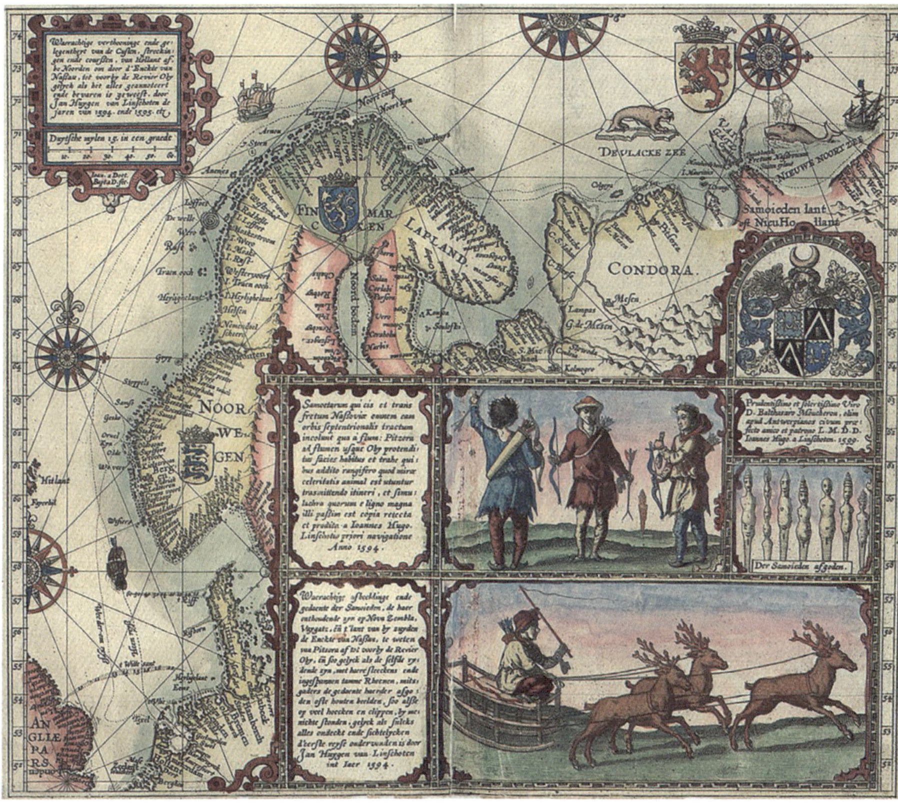

[그림 8-4] 윌렘 바렌츠의 첫 탐험 지도 (출처: 위키피디아)

[그림 8-5] 세묜 데즈뇨프 (출처: 위키피디아)

17세기 중반까지 이미 시베리아 북동쪽에 레나-콜리마 구간이 상당히 규칙적으로 사용되고 있었다. 1645년까지 최초의 무역선이 북극 해안을 따라 콜리마강과 레나강 사이를 항해했다. 1648년 코자크 출신의 세묜 데즈뇨프의 지휘 아래 7척의 선박이 콜리마강 하구에서 동부로 항해하여 아나디르강 유역을 향했다. 이 중 3척은 베링해협 입구에 닿았고, 1척은 난파했다. 데즈뇨프의 선박은 마지막으로 올리케츠키곶에 도착하여 아나디르강으로 향했다. 따라서 데즈뇨프는 베링해협을 항해한 최초의 외지인이었으며, 그의 이름을 따서 베링해협 입구를 데즈뇨프곶으로 부르게 되었다.

1720년대에는 베링해협 지역의 지리를 탐사하기 위해 표트르 대제가 러시아 해군의 덴마크인 장교인 비투스 베링에게 의뢰를 맡긴다. 3년간의 준비 끝에 베링은 1728년 여름 캄차카 동부 해안에서 출항했고, 세인트로렌스섬과 디오메데스를 발견했고, 베링해협을 통과해 북쪽으로 밀려 축치해로 들어갔다. 그러나 그는 알래스카 해안까지 발견하지는 못했고, 자신이 북극해에 있었음을 확신하지는 못했다. 그로부터 4년 후에 축치 지역을 점령하기 위해 이반 표도로프와 미하일 그보즈데프가 이끄는 원정대가 웨일즈의 프린스곶을 발견했고, 노메 지역 부근까지 탐사하면서 알래스카 지역을 본 최초의 외지인이 되었다.[7]

당시 러시아 해군은 극지 탐사 역사상 유례없는 작전을 펼쳤다. 1733~43년 대북방 원정은 베링의 지휘로 이뤄졌다. 총 7개의 원정대로 나뉘어 북극 및 태평양 연안의 서로 다른 구역을 탐사했고, 북극해 얼음에 막혀 혹독한 환경과 싸워야 했다. 세묜 첼류스킨이 이끄는 원정대는 1741년 유라시아 최북단 첼류스킨곶에 도달했다. 원정대는 극도의 고난을 견뎌야 했고, 많은 사람이 괴혈병으로 사망했다. 아르한겔부터 볼쇼이 바라노프곶까지 북극 해안 전체에 걸쳐 조사가 이뤄졌다. 원정대는 허드슨만과 배핀만 서쪽 북극 해안이 전혀 탐사되지 않은 상황에서 꽤 높은 수준의 북극 해안과 캄차카에 대한 지도를 제작했다.[8]

[그림 8-6] 세묜 첼류스킨을 기리는 돌 (출처: 위키피디아)

당시 원정대가 작성한 지도와 항해 일지는 매우 귀중한 자료였으나, 러시아 당국은 북극해의 혹독한 환경 요인으로 북동항로 이용이 실행 불가능하다는 결론을 내렸다. 18세기에 이 항로를 항해하려는 유일한 시도는 무역업자 니키타 샬라우로프에 의해 이뤄졌다. 그는 1762년 콜리마강에서 동쪽으로 베링해협을 항해하려 했으나 실패했고, 1764년 재시도한 후 실종되어 후에 해골이 된 채로 발견되었다.[9]

차운만에서 베링해협에 이르는 이 지역은 1778년 영국의 항해사 제임스 쿡이 베링해협을 통과해 현재의 케이프 슈미트에 이르는 곳까지 다다르면서 탐사가 이루어졌다. 이 성공 소식은 러시아의 예카테리나 2세 여제가 축치반도를 탐험하는 원정대를 조직하도록 자극했다. 러시아 여제는 천문학자였던 조셉 빌링스를 고용하여 1791년 그와 7명의 일행이 결국 세인트로렌스만으로 탐사하도록 지원했다. 1823년에 이르러서야 비로소 페르디난드 페트로비치 브란겔에 의해 축치 북부 해안이 지도화되었다. 비슷한 시기에 표트르 안주가 신시베리아 열도를 조사했고, 열도 북쪽에 위치한 땅을 찾으려는 시도를 여러 번 했다. 이 밖에도 19세기 후반까지 여러 국가의 북동항로 개척 시도는 성공하지는 못했으나 많은 발견에 도움을 주었다.

러시아 최초의 북동항로 횡단은 1910~15년 북극해 탐사대에 의해 이뤄졌다. 타이무르와 베이가치라는 쇄빙선 두 척이 특별히 건조되었다. 1910년 가을에 축치해 정찰이 이루어졌고, 1913년에는 타이미르반도 북쪽에서 군도를 발견했는데 이 군도는 '황제 니콜라이 2세의 땅'으로 명명되었다. 이는 현재의 세베르나야 제믈랴에 해당된다.

소련 시기 첫 북동항로 항해 시도는 1932년에 이루어졌다. 쇄빙선 시비랴코프 호는 세베르나야 제믈랴의 북쪽 끝을 돌고, 틱시와 콜리마강 하구를 탐사한 후 베링해협 도착 직전에 얼음 속에서 프로펠러가 고장나면서 항해를 중단했다. 다음 시즌에 재시도되었지만, 결국 해당 기선은 축치해 부근에서 침몰했다. 북동항로 최초의 무사고 항해는 1934년 쇄빙선 표도르 리트케에 의해 이뤄졌고 서부에서 동부로 탐사가 진행됐다. 원래 캐나다가 건조한 쇄빙선이었던 이 기선은 다음 시즌에 서부에서 동부 방향으로 처음으로 다른 화물선을 호위하는 역할을 해냈다. 이후 수백 척의 선박이 북동항로를 통해 시베리아 주요 강 하구의 환적항으로 이동을 시도했다. 일반적으로 러시아에서 북해로라고 불리는 이 항로는 6월 말부터 11월 말까지 항해 가능하다. 1991년 이래로 국제 운송으로 개방되었고, 1978년 원자력 쇄빙선인 시비르 호가 대서양에서 태평양에 이르는 지역에 걸쳐서 노바야 제믈랴의 북부와 세베르나야 제믈랴, 신시베리아 제도 부근에서 화물선을 호위했다.

3. 러시아의 북극해 탐사

1821년과 1824년 사이 러시아 해군 표도르 리트케는 노바야 제믈랴로 가는 네 번의 항해를 통해 서부 해안을 조사했다. 이를 통해 마토치킨 샤르 해협과 백해 연안의 지도를 제작했다. 1832~35년 표트르 쿠즈미치 파쿠소프는 노바야 제믈랴 동부 해안의 상당 부분을 조사했다. 1880년 영국인 레이 스미스는 프란츠 요제프 제도로 가는 두 번의 항해를 시도했다. 첫 항해는 성공했으나, 두 번째 항해에서 얼음에 의해 침몰했다. 그는 살아남아 해변에서 생활하며 겨울을 났고 이 과정에서 여러 과학적 자료를 수집했다.

1886년, 1893년과 1900~02년 러시아 탐험가 에두아르 폰 톨 남작이 신시베리아 제도를 탐사했는데, 그의 탐사대는 이 지역을 지도화하는 데 크게 이바지했다. 러시아 사람들은 1898년부터 1908년까지 바렌츠해, 1894년부터 1904년까지 카라해, 1910년부터 1915년까지 첼리우스킨곶에 이르기까지 여러 탐사 작업을 수행했다.[10] 러시아 해군은 조코프섬을 발견하고 수백 마일에 달하는 해안선을 조사했고 1910년부터 1915년 사이 수천 마일에 달하는 횡단을 주도했다.

1918년 아문센은 프람에서 모우드강으로 출발했으나, 베링해협에 가까운 곳에서 표류하기 시작하면서 북위도에 진입할 수 있다는 희망을 갖게 되었다. 여러 기간에 걸쳐서 탐험이 진행되었고 유용한 과학적 업적을 세울 수 있었다. 1917년 러시아 혁명 이후에 북해로 개발의 일환으로 탐사 규모와 범위가 확대되었다. 이 시기부터 유성, 얼음 조사, 라디오 시설이 설치되었다. 1932년까지 24개의 탐사소, 1948년에는 약 80개, 1970년대에는 100개 이상의 탐사소가 설립되었다. 쇄빙기와 항공기 플랫폼이 개발되었고, 1929년과 1930년에 쇄빙선 세도프 호가 과학 탐사대를 프란츠 요제프 제도로 항해할 수 있도록 하고 세베르나야 제믈랴로 연결해 주었다. 이 군도는 1930~32년에 게오르기 우샤코프의 지휘 아래 완전하게 지도화되었다.[11] 1932년에 이 항로를 통해 많은 과학적 업적이 달성되었고, 해마다 쇄빙선을 통한 탐사가 이어졌다. 특히 사드코에 의해 1935~36년에 북카라해의 마지막 미개척 지역이 조사되어 우샤코바섬이 발견됐다.

4. 러시아 북극 진출의 의미

러시아는 16세기 말부터 북극과 시베리아, 극동 지역에 관심을 기울이기 시작했다. 비록 시베리아와 극동 지역은 엄밀한 정의에 따르면 북극 지역에 해당하지 않지만, 러시아의 북극 개발은 시베리아와 극동 지역 역사와 맥을 같이한다는 측면에서 시베리아 진출에 대한 러시아의 관점을 살펴보는 것은 중요하다. 여기에는 지하자원과 해양, 육상, 삼림 자원, 태평양 진출 등 여러 요인이 작용했다. 이러한 시베리아와 극동 지역 진출은 단순히 정부 주도만으로 이루어지지 않았으며 실업가, 탐험가, 농민, 학자, 군인, 기업가와 유형수들의 노동력이 작용했다. 이 지역에 대한 러시아의 정책은 사실상 동북 지역 국경 확장과 강화에 맞춰져 있었고, 머나먼 변경 지역의 경제적 개척이라는 과제에 따라 이루어졌다.

19세기 말 서유럽 국가와 미국의 급속한 발전과 대비되어 봉건적인 동아시아 국가는 상대적으로 저발전된 상태로 남아 있었다. 이는 시베리아와 극동 지역에서 자본주의 강국의 식민적 팽창 조건이 되었다.[12] 러시아는 태평양 연안을 개척하고 발전시키는 과정에서 주도적으로 참여했고, 이 지역의 이주민 부족과 경제적 낙후성은 군사적, 경제적 지원을 수반했다. 이 지역에 대한 경제적, 정치적 내부 식민지화에서 국가의 역할이 강화되었는데, 이 과정에서 여러 행정 지역에 부대를 파견하여 관리하는 방식을 동원했다. 또 정부 예산을 통해 시베리아횡단철도 본선을 건설함으로써 행정 지역을 연결하고자 시도했다. 이러한 시베리아와 극동 지역 발전의 가시적 성과에도 불구하고, 결국 경제적 계획에서 농업과 원료 지역으로서, 또는 국내정치적 계획에서는 러시아의 전초기지이자 군기지로서의 역할로 남게 되었다.[13]

미주

1 S. M. 두다료노크, E. A. 리코바 외, 러시아 극동지역의 역사, 진인진, 2013. 50~52쪽.
2 야사크란 러시아인이 시베리아 지역을 점령하여 이곳 원주민에게 부여한 세금으로 주로 모피를 통해 회수했음.
3 https://www.britannica.com/place/Arctic/North-central-and-northeastern-Siberian-groups
4 S. M. 두다료노크, E. A. 리코바 외, 러시아 극동지역의 역사, 진인진, 2013. 56쪽.
5 S. M. 두다료노크, E. A. 리코바 외, 러시아 극동지역의 역사, 진인진, 2013. 74쪽.
6 https://www.britannica.com/place/Arctic/Demography#ref57867
7 https://www.britannica.com/place/Arctic/Demography#ref57867
8 https://www.britannica.com/place/Arctic/Demography#ref57867
9 https://www.britannica.com/place/Arctic/Demography#ref57867
10 https://www.britannica.com/place/Arctic/The-Russian-Arctic
11 https://www.britannica.com/place/Arctic/The-Russian-Arctic
12 S. M. 두다료노크, E. A. 리코바 외, 러시아 극동지역의 역사, 진인진, 2013, 202~203쪽.
13 S. M. 두다료노크, E. A. 리코바 외, 러시아 극동지역의 역사, 진인진, 2013, 203쪽.

제9장

러시아 북극의 지리, 교통, 주요 도시

1. 러시아 북극의 지리

러시아의 북극 영토는 북극해를 따라 24,140km의 해안선과 노르웨이 국경의 바렌츠해로부터 극동 지역의 베링해와 오호츠크해까지 뻗어 있다. 러시아의 해안선은 북극해 해안선의 53%를 차지하며 바렌츠해, 카라해, 랍테프해, 동시베리아 해역을 덮고 있다.[1] 러시아는 북극해 전역에서 많은 군도가 발견되며, 카라해의 노바야 제믈랴, 랍테프해의 세베르나야 제믈랴, 그리고 동시베리아해의 신시베리아 제도를 들 수 있다. 노르웨이의 스발바르 군도의 북동쪽에는 러시아의 프란츠 요제프 랜드가 북극에서 불과 950km 떨어진 곳에 위치해 있다. 러시아에서 북극점과 가장 가까운 영토는 루돌프섬의 케이프 플라이글리(Kape Fligely)이다. 북극점에서 불과 911km 떨어져 있다.

러시아가 인정하는 북극 지역은 총 9개의 연방주체로 구성된다. 러시아 연방이 인정하는 북극 영토에는 무르만스크주, 네네츠자치구, 야말로네네츠자치구, 추콧카자치구 전체 영토가 포함된다. 또한 러시아의 북극 영토는 아르한겔스크주, 카렐리야공화국, 코미공화국, 크라스노야르스크, 사하공화국의 북부 지역, 북극해의 군도와 제도를 아우른다.

[그림 9-1] 예니세이강 (출처: 라승도)

러시아의 북극 영토는 세 개의 주요 강을 중심으로 구분된다. 서쪽의 예니세이강(Yenisey River)은 카라해로 방류되고, 레나강은 랍테프해로 연결되며, 콜리마강은 동시베리아해로 이어진다. 이 강들은 연중 대부분의 기간에 얼어 있다. 강들은 북극 지역에서 지역사회와 도시를 연결하는 주요 수단이 되며, 필수적인 교통로로 기능한다.

러시아의 북극과 아북극 지대의 기온은 남극 이외의 공간에서 가장 낮다고 알려져 있다. 야쿠츠크 지역의 오이먀콘 마을은 정기적으로 영하 50도 이하의 기온을 보였으며, 1924년에는 영하 71.2도라는 기록적인 저온을 기록한 바 있다. 겨울 동안 일평균 저온의 경우 넓은 지대에 걸쳐 -20°C -40°C의 범위까지 다양하다. 여름 한 달 동안 하루 평균 최고 기온은 15~25℃ 사이지만, 특히 러시아의 북극 이남 내륙 지역에서 최고 35℃에 이를 수 있다. 2018년 여름 러시아 북부 해안 지역도 30℃를 넘는 유례없는 폭염이 이어졌다.

러시아의 북극 인구는 약 200만 명으로 전 세계 북극에 살고 있는 인구의 약 절반을 차지한다. 무르만스크시는 러시아의 북극권 도시로 역사적으로 북극 지역의 중심지로 기능했다. 무르만스크시는 북극 지역에서 가장 인구가 많으며, 현재 30만 3,754명이 거주한다.[2] 노릴스크에는 17만 5,365명, 보르쿠타에는 7만 548명이 살고 있다. 그러나 최근 2017년 인구조사에서 무르만스크주의 인구는 점차 감소하는 추세가 나타났다. 2010년 이후 7년간 인구는 4만 명 가까이 줄었다.[3]

2. 러시아 북극의 교통

1) 러시아 북극의 철도

러시아 북극의 교통은 크게 철도와 수로, 항공로로 나뉜다. 대표적인 철도는 세베르나야 철도(vernaya Trail)이며, 북극해 연안의 아르한겔스크와 모스크바를 연결한다. 이 철도는 아르한겔스크, 코미, 볼로다, 코스트로마, 야로슬라블, 이바노보, 블라디미르 지역을 경유하면서 북극 지역과 러시아 주요 도심을 이어주는 중요한 운송로이다. 야로슬라블 철도는 러시아 최초의 철도 중 하나였다. 알렉산드로프–야로슬라블–볼로냐 노선은 1872년에 개통되었다. 기존 모스크바–야로슬라블 광업 노선은 더 이상 야로슬라블에서 운영되지 않고 1959년에 모스크바 철도로 이전되었다.

1894년 볼로냐와 아르한겔스크를 잇는 철도의 건설이 착수되었고, 1897년에 준공되었다. 체레포베츠–볼로냐–뱌트카 노선은 1906년부터 운행되었다. 이 노선은 북부 철도와 페름 철도, 더 나아가 동부 철도를 잇는다. 북극 지역에서 사용되는 철도 노선은 대체로 노후화되었다는 특성이 있으며, 최근에는 유럽 지역과 연결되며 관광객을 유치하는 데에도 기여하고 있다.[4]

2) 러시아 북극의 수로와 항구

러시아 북극 지역에서는 바다, 강을 통한 수로가 상당히 중요하다. 러시아 북극 지역의 주요 항구에는 무르만스크, 아르한겔스크, 라비트낭기, 살레하르트, 두딘카, 이가르카, 딕손, 틱시, 페벡, 사베타, 우엘렌 등이 있다. 최근 북극 개발과 함께 두 개의 수로가 주목받고 있다. 첫 번째는 유라시아 북쪽의 수로인

[그림 9-2] 아르한겔스크의 얼어붙은 북드비나강 (출처: 라승도)

북해 항로로서 서쪽의 노바야 제믈랴(러시아)에서 동쪽의 베링해협까지 이어진다. 1978년부터 79년까지 러시아 정부의 쇄빙선은 1991년 국제 해상교통에 개방된 이 항로의 상당 부분을 연중 항행해 왔다. 두 번째로 떠오르는 노선은 북아메리카의 북쪽 해안 해상을 가로지르는 북서항로로서 캐나다 북극 군도를 지나 베링 해협과 연결된다.

(1) 아르한겔스크항

아르한겔스크항은 북드비나강 하구에 위치한 백해로 이어지는 항구이다. 백해의 드비나만에서 50km 떨어져 있다. 약 35만 명이 항구 주변부의 아르한겔스크시에 거주한다. 아르한겔스크항은 백해, 바렌츠해, 카라해에 위치한 다른 도시를 연결하는 항구이다. 아르한겔스크항은 지리적으로 해협에 대한 제약이 없기 때문에 유럽과 쉽게 연결될 수 있으며, 러시아 북서부 지역의 다른 항만과 달리 철도와 연결된다는 장점이 있다.

아르한겔스크는 북극해에 위치한 대도시 중 하나이며, 구소련 시기에는 해군 기지가 자리 잡고 있었으며, 지금도 러시아의 북해 함대 기지가 있는 곳이다. 러시아 북부 지역에서 유일한 컨테이너 항구이며 200대의 냉동 컨테이너, 2,200대의 위험물 적재 컨테이너를 수용할 수 있다. 연간 20피트 컨테이너 7만 5천 개의 물동량 처리능력을 갖추고 있다는 점에서 굴지의 무역항이자 상업항으로 기능하는 중요한 항구이다.[5] 원목과 목재 가공품, 기계류, 각종 소비재를 수출입 하는 항구로 항구 주변에는 목재 가공 공장, 제지 공장, 조선소 등이 있다. 아르한겔스크항은 연중 항행하는 항구로 2018년 아르한겔스크 항만 화물 거래량은 239만 4,000t을 기록했다.

(2) 무르만스크항

무르만스크항은 바렌츠해의 콜라만 동쪽 해안에 위치한 항구다. 러시아 북서부에서 두 번째로 큰 항구로, 노르웨이와 핀란드 국경에 인접한 도시라 유럽 러시아 지역에서 외부로 나가는 출구 역할을 한다. 무르만스크항은 어업과 해운업이 주력 산업인 무르만스크 도시 경제의 중추 역할을 하고 있다. 150미터 길이의 1만 톤 수준의 선박이 정박할 수 있는 항구로 화물의 상하역이 이뤄지는 부두의 수심이 7.6미터이며 항구와 연결된 수로의 수심은 9.1미터이다.[6] 대부분의 대형 선박이 정박 가능하다는 특성이 있다. 무르만스크항은 지리적으로 내륙 쪽에 위치한다는 한계가 있지만 북극 지역에서 보기 드문 부동항으로서 유리한 점이 많다.

[그림 9-3] 무르만스크항 (출처: 라승도)

1912년 러시아의 지리학자 표트르 리트케가 최초로 무르만스크 지역을 조사한 이래로 1915년에는 콜라반도에 철도 개통이 이루어졌다. 이후 1916년에 도시가 건설되어 제정 러시아 정부가 마지막으로 건설한 도시라는 역사적 의미를 지닌다. 아르한겔스크와 대비해 상당히 젊고 계획된 도시라는 점이 양 도시의 차이점으로 지적된다. 1차 세계 대전이 발발하면서 1915년 페트로자보츠크에서 러시아로 군수 물자를 이동시키기 위해 북극해 지역 무르만스크 해안으로 철도 부설을 하면서 항구 도시로서의 역할이 확대되었다. 2차 세계대전 이후 소련 해군의 잠수함 기지가 있는 군항으로 사용되어, 현재 러시아 북방 함대의 원자력 잠수함이 머무는 기지이기도 하다. 20세기 초 군비 경쟁의 영향으로 건설 경기가 호황을 누렸으나, 인구가 점차 줄어들고 있으며 1989년 47만 명 수준에서 2014년에는 약 30만 명 수준으로 감소했다.

(3) 이가르카항

이가르카의 항구는 예니세이강의 이가르스카야강 기슭에 위치해 있다. 이 항구는 북해로를 통해 목재 및 목재 가공품을 수출하기 위해 건설되었다. 항구는 3~4개월(6월 말부터 11월 초까지)만 항해가 가능하다. 제빙선과 쇄빙선을 이용해 연중 항행이 가능하다. 항구는 최대 길이 150m, 폭 25m, 최대 8m의 선박을 수용할 수 있다.

(4) 니즈네바르톱스크항

니즈네바르톱스크항은 한티만시자치구의 항구로 러시아 북부의 내륙에 위치하며, 해안과 인접하지 않는다. 모든 수로는 오비강을 따라 내륙 수운으로 구성된다. 러시아 중부를 관통하며 아시아에서 가장 큰 강 중 하나인 오비강은 알타이산맥이 수원이며 북극해의 카라해로 흘러간다. 대각선으로 서시베리아를 가로질러 남북으로 흐르는데, 한티만시자치구의 주요 도시를 모두 통과한다. 오비강의 위치는 이 지역의 물리적 환경이지만 인구 분포와 생활 방식에 상당한 영향을 주었다. 니즈네바르톱스크항은 한티만시자치구로 들어오는 첫 번째 항구이며, 1970년대 이후 이 지역에 유전이 개발되면서 본격적으로 석유 가스 수송을 위한 중심 항구로 발달했다.

(5) 두딘카항

두딘카항은 북부 해로에 있는 연방 북극 항구로, 두딘카강의 지류 하구에 있는 예니세이강의 오른쪽 지대에 위치한다. 얼음이 녹아 봄에 홍수가 나면 정박지가 침수되는 특성이 있다. 바다와 강이 연결되며, 2012년에는 국제적인 지위를 얻었다. 이 항구의 건설은 1935년에 건설 중인 노릴스크 광산 및 야금 공장을 공급하기 위해 시작되었다. 1936년에 항구의 철도 선로, 보관 창고, 교각 등이 건설되면서 본격적으로 항구로 기능할 수 있는 여건이 마련되었다. 1978년 이후 쇄빙선을 통해 두딘카항이 연중 내내 활용 가능하게 되었다.

(6) 딕손항

딕손항은 예니세이만 입구에 있는 카라 해안에 위치한 러시아 북극해항이다. 크라스노야르스크주에 해당되며, 노릴스크 광산 및 야금 공장을 건설하기 위해 1935년에 건설이 시작되었다. 1936년에 항만 구조물이 건설되었고, 5만 톤이 넘는 화물을 수동으로 하역한 사례가 있다. 이 항구는 딕손시, 군사 시설, 북극 탐험대, 더불어 북동 항로의 중간 거점으로 기능한다. 딕손항은 1995년까지 국영기업에 의해 운영되다가, 이후 러시아 교통부의 '해운교통부'에 예속되었다.

(7) 사베타항

사베타항은 오브만의 야말반도의 동부 해안에 새로 건설된 새로운 항구이다. 야말 LNG 프로젝트는 노바테크가 여러 외국 파트너와 함께 개발하고 있으나, 사베타항은 노바테크와 러시아 연방 정부의 공동 프로젝트이다. 야말 LNG 공장은 연간 총 1,650만 톤의 액화 가스를 공급하며, 북해 항로를 따라 유럽과 아시아 시장으로 운송될 수 있다. 사베타항은 일 년에 3개월 동안 극야 상태이며, 섭씨 영하 50도의 기온과 최대 9개월 동안 해안선 얼음으로 덮여 있다는 극한의 환경으로 둘러싸여 있으나, 러시아 북극의 방대한 천연가스 자원

[그림 9-4] 틱시 전경 (출처: 위키피디아)

을 적극적으로 활용하여 LNG 시장에서 국가의 위치를 강화할 수 있는 기회를 제공하면서 북극 지역의 새로운 물류 거점으로 주목받는다. 사베타항의 건설은 2021년까지 완료될 예정이다.

(8) 틱시항

틱시항은 랍테프 해안의 틱시만과 부오르하야만에 위치한 러시아 북극해 항구다. 사하공화국(야쿠티야) 불룬스키의 지역에 위치하며 식자재, 건설자재, 연료, 장비 등은 틱시항을 통해 수입된다. 화물은 카탕가, 올레네크, 야나, 인디기르카, 콜리마 강둑의 정착지로 선박을 통해 운송되며 시베리아의 목재를 수출하는 데 중요한 역할을 한다. 틱시항과 야카나강, 레나강을 따라 야쿠츠크까지 우스트쿠트 마을 사이에 화물과 여객선이 이동한다.

3. 러시아 북극의 주요 도시

러시아 북극의 주요 도시로는 아르한겔스크, 무르만스크, 야쿠츠크, 노비우렌고이, 살레하르트, 수르구트, 한티만시스크, 크라스노야르스크, 노릴스크 등이 있다.

[표 3] 러시아 북극지역의 주요 도시

주요 도시	인구수 (2020년 기준) (단위: 명)
아르한겔스크(Arkhangelsk)(행정수도)	346,979
무르만스크(Murmansk)(행정수도)	287,847
야쿠츠크(Yakutsk)(행정수도)	322,987
노비우렌고이(Novy Urengoy)	118,033
살레하르트(Salekhard) (행정수도)	50,976
수르구트(Surgut)	380,632
한티만시스크(Khanty–Mansiysk) (행정수도)	80,151
크라스노야르스크(Krasnoyarsk) (행정수도)	1,093,771
노릴스크(Norilsk)	181,830

1) 아르한겔스크

아르한겔스크는 러시아 북부에 있는 도시로, 북드비나강 하구에 있는 도시이다. 아르한겔스크라는 지명은 '대천사의 도시'를 의미한다. 러시아 아르한겔스크주의 도시이자 행정 중심지이며, 백해로부터 30마일(50km) 떨어져 있다. 대천사 미카일을 기리는 요새화된 수도원으로 1584년에 설립되어, 영국을 포함한 유럽 국가와 무역을 통해 성장한 러시아 제국의 첫 항구 도시이다. 17세기에 절정에 이르렀으나, 표트르 대제 시기 페테르부르크(1703)와의 연결을 위해 관세 부담금이 증가하면서 점차 쇠퇴했다. 아르한겔스크는 이후 1898년 모스크바와 연결되는 철도를 건설하면서 재부상했다. 아르한겔스크는 현재 러시아에서 가장 큰 목재 수출 항구로, 목재 관련 품목이 도시 총생산량의 40% 이상을 차지한다. 목재 펠릿, 펄프 제조, 제지 제조를 포함한 대규모의 목재 가공 산업이 발달해 있다. 주요 산업은 목재 가공을 포함해 어업, 미생물 산업, 기계공학, 조선, 선박 수리 등이다. 총인구는 346,979명(2020년 기준)이다.

2) 무르만스크

무르만스크는 러시아 북서부에 있는 도시로 무르만스크 지역의 행정 중심 도시이다. 무르만스크에 거주하는 인구는 287,847명(2020년 기준)이다. 무르만스크는 북극권 너머에 위치한 세계에서 가장 큰 도시이자, 러시아에서 가장 큰 항구 도시로 꼽힌다. 무르만스크는 바렌츠해의 콜라만(Kola Bay)의 동부 해안에 위치해 있다.

1915년 제1차 세계대전의 군사 물자 보급항으로 건설되어 역사가 비교적 짧은데, 1918년 볼셰비키에 대항한 영국, 프랑스, 미국 원정군의 기지로 기능하

[그림 9-5] 아르한겔스크 야경 (출처: 위키피디아)

[그림 9-6] 무르만스크 전경 (출처: 라승도)

기도 했다. 제2차 세계 대전에서 무르만스크는 북극해를 통해 미군에 전쟁 물자를 수송하는 영미 호송대의 주요 항구 역할을 했다. 이 도시는 어업이 발달하여, 무르만스크의 어획량은 유럽에서 가장 큰 규모를 차지한다. 무르만스크항은 빙하가 없어서 대서양과 세계 해로로 접근이 용이하다는 특성이 있다. 북서부의 주요 항구 도시인 상트페테르부르크와 철도로 연결되어 있다. 무르만스크의 주요 산업은 어업, 조선업이며, 해양 어업 및 해양학 연구소가 있다.

1991년 소비에트 연방의 붕괴 이후, 무르만스크의 경제가 쇠퇴기를 겪었는데 이는 주요 산업이 시장 경제 조건 하에서 수익성이 없었고 대부분의 어선이 노르웨이와 다른 외국 회사들과 계약했기 때문이었다. 많은 이가 도시를 떠났고, 1990년대에는 도시의 인구가 4분의 1 이상 줄어들기도 했다. 21세기 초부터 유럽과의 물류 운송이 활발히 이루어지면서 북극권 지역의 가장 큰 도시로 부상하고 있다.

3) 야쿠츠크

야쿠츠크는 러시아 사하 공화국(야쿠티야)의 수도이다. 야쿠티야는 '야쿠트인의 땅'을 의미하며, 수도 야쿠츠크는 북극권에서 남쪽으로 약 450km(280마일) 떨어진 곳에 위치해 있으며 인구 322,987명(2020년 기준)이 살고 있다. 사하 공화국은 1992년 러시아연방 내 21개 공화국 중 하나로 자치권을 인정받았다. 평균기온이 −8.8℃(16.2℃)인 야쿠츠크는 겨울철 기온이 더 낮지만 노릴스크에 이어 세계에서 두 번째로 추운 대도시로 꼽힌다. 야쿠츠크는 연속 영구 동토층 지대에 위치한 가장 큰 도시이기도 하다. 야쿠츠크에는 레나강의 주요 항구가 있다.

1632년 러시아인이 처음 레나강 중류 지역에 당도했고, 1638년 예니세이 지역의 베케토프 부대가 현 야쿠츠크로부터 70km 떨어진 강변에 요새를 설립했다. 렌스크라고 불렸던 요새는 북부 및 태평양 방면으로 원정을 떠나는 러시아인의 출발지로 기능했다. 1642~1643년 요새가 레나강 서쪽 강변으로 옮겨졌고, 이 시기 이후부터 야쿠츠크가 러시아 북동부 지역의 행정, 경제, 문화의 중심지로 부상했다. 19세기부터 반체제 인사들이 추방되어 거주했으며, 이후 야쿠츠크가 규모가 커지고 경공업, 신식 주택, 포장도로가 건설되면서 도시로서 기능하게 되었다. 도시는 1880년대에 금과 여러 광물이 발견되면서 성장하기 시작했다.

사하 공화국에는 4만 개 이상의 광산이 있으며, 지하 매장 유용 광물은 실제로 100종 이상이나, 현재 개발되는 것은 금, 은, 주석, 안티몬, 석탄, 천연가스 등으로 17종 정도이다. 다이아몬드 생산은 세계 생산의 50%를 차지하며 희토류 매장도 상당하다고 알려져 있다. 사하 공화국에는 러시아인, 야쿠트인과 더

[그림 9-7] 야쿠츠크 시내 (출처: 라승도)

불어 에벤키인, 에벤인, 유카기르인, 축치인 등 다양한 소수민족 원주민이 거주하며 야쿠츠크를 중심으로 공화국 정부 차원에서 여러 다양한 다문화를 부흥시키기 위해 노력을 기울이고 있다.[7]

4) 노비우렌고이

노비우렌고이는 모스크바에서 북동쪽으로 2,350km, 북극권에서 남쪽으로 60km 떨어진 서부 시베리아에 위치해 있다. 노비우렌고이는 노비우렌고이 동쪽 75km에 위치한 우렌고이 마을의 이름을 딴 우렌고이 가스전의 명칭에서 유래했다. '우렌고이'는 네네츠어로 '깊다, 울창하다'는 뜻이다. 이 지역은 기온이 영하 50도까지 내려가는 등 겨울이 9개월에 이르는 혹독한 대륙성 기후가 특징인 곳이다. 도시 대부분 지역이 영구동토층 지대에 위치한다. 노비우렌고이는 종종 러시아 가스 생산의 수도로 불린다.[8] 노비우렌고이는 현재 러시아 전체 천연가스 생산량의 74%를 생산하고 있다.

오늘날 노비우렌고이에는 118,033명(2020년 기준)이 살고 있으며, 주로 가스 산업 관련 노동자가 거주하여 비교적 젊으며, 높은 가스 수입에 힘입어 도시 자체의 경제 수준이 높은 편에 속한다.

5) 살레하르트

살레하르트는 야말로네네츠자치구의 중심지이자 행정수도로 인구는 약 50,976명(2020년 기준)으로 비교적 적은 인구가 살고 있다. 북위 66도 32분, 동경 66도 38분에 위치하여 세계에서 유일하게 북극권 한계선에 위치한 도시로 오비강의 하구 근처에 위치한다. 야말로네네츠 자치구에서 노비우렌고이(11만 3천 명), 노야브리스크(10만 7천 명) 다음으로 인구가 많은 도시이다. 강가에 위치한 항구 도시로, 세계 최대 천연가스 산지인 야말로네네츠 자치구가 성장하면서 이 지역의 교통의 중심지로 기능하고 있다.

6) 수르구트 (Surgut)

수르구트는 한티만시자치구에서 가장 큰 도시로 인구는 약 30만 명(2020년 기준)이 거주한다. 인구 및 경제에 있어서 한티만시자치구 내에서 행정중심지인 한티만시스크시보다 상대적으로 규모가 큰 편이다. 2011년에는 러시아에서 가장 경제력이 높은 도시로 상트페테르부르크시를 앞지르는 3위를 차지한 바 있다. 수르구트시는 러시아에서 가장 빠르게 성장하는 도시 20개 중 하나로 꼽힌다. 2019년에는 수르구트시가 모스크바, 유즈노사할린스크, 살레하르트에 이어서 1인당 임금이 가장 높은 도시(구매력 기준) 4위에 이름을 올렸다.[9] 이 도시에는 수르구트네프테가즈(Surgutneftegaz), 튜멘에네르고(Tyumenenergo),

[그림 9-8] 살레하르트 시내 (출처: 라승도)

가즈프롬(Gazprom), 가즈프롬 페레라보트카(Gazprom pererabotka), 가즈프롬 트란스가즈 수르구트(Gazprom transgaz Surgut) 등 주요 석유화학 기업이 활발히 활동하고 있다.

7) 한티만시스크

한티만시스크시는 러시아 한티만시자치구의 행정 수도이자, 해당 연방주체와 이름이 동일하다. 서시베리아 평원의 두 강 이르티시강과 오비강이 합류하는 지점에 위치한다. 인구는 1990년대 이후 대체로 증가했으며, 2020년에는 인구 10만 명을 넘었다. 러시아인이 약 70%를 차지하며 타타르인과 한티인, 우크라이나인이 각각 5%, 4%, 3%를 차지한다. 도시의 주요 산업은 식품 가공업, 수산물 가공업, 육류 유제품 생산 등 제조업이며, 다양한 중소기업이 활동하고 있다. 특히 이 지역에서 비교적 편리한 교통을 바탕으로 무역업, 금융업과 서비스업도 상당히 발달해 있다.

8) 크라스노야스크

크라스노야르스크는 크라스노야르스크변강주의 행정중심 도시이다. 예니세이강 유역에 있는 크라스노야르스크시는 인구 1,093,771명 (2020년)으로 시베리아에서 3번째로 큰 도시이다. 또한, 시베리아연방관구의 대표부가 자리 잡고 있으며, 시베리아횡단철도가 지나간다.

1920년 동시베리아 군사지구의 중심지로 기능했으며 소련 시대에는 시베리아에서 가장 큰 도시였다. 1928년 비행장이 처음 건설되었고 1934년에 크라스노야르스크변강주의 행정중심지가 되었다. 크라스노야르스크는 알루미늄 정련과 조선업이 발달하였고 시 인근에 1971년에 완성된 거대한 크라스노야르스크 수력 발전소가 있다. 2006년 러시아 연방 대학 중 처음으로 시베리아연방대학이 설립되었으며 2012년 4월, 러시아에서 14번째로 인구수가 100만 명이 넘었다. 2019년 3월, 29번째 겨울 유니버시아드(Winter Universiade)와 같은 해 12월 피겨스케이팅 챔피언십이 개최되었다.

[그림 9-9] 크라스노야르스크 시내 예니세이강을 가로지르는 코무날니대교 (출처: 라승도)

9) 노릴스크

노릴스크는 크라스노야르스크변강주의 북쪽에 위치해 있는 도시로 타이미르반도 남부에 걸쳐 있다. 동쪽으로 약 90km를 가면 예니세이강이 있고, 크라스노야르스크시와는 1,500km 떨어져 있다. 이곳은 세계적인 공업 도시이지만 세계에서 오염이 심한 도시 중 하나로 꼽힌다. 러시아 연방 정부 법령에 따라 노릴스크시는 외국인 방문을 규제한다.[10] 노릴스크시의 인구는 크라스노야르스크 변강에서 두 번째로 인구가 많은 도시이다. 2009년 기준 세계에서 유일하게 최북단에 자리 잡고 있는 20만 명이 넘는 도시였으나, 인구수 감소로 현재는 181,830명(2020년)으로 집계된다. 하지만 인구가 10만 명이 넘는 세계 최북단 5개 도시 중 하나이다. 노릴스크시 콤비나트(combinat)사는 세계 팔라듐의 35%, 백금 25%, 니켈의 20%, 로듐의 20%, 코발트의 10%를 생산하고 있으며,

[그림 9-10] 노릴스크 시내 (출처: 위키피디아)

이는 러시아연방에서 생산되는 니켈의 96%, 코발트의 95%, 동의 55%를 차지한다.

미주

1 https://www.thearcticinstitute.org/countries/russia/
2 https://www.thearcticinstitute.org/countries/russia/
3 https://www.thearcticinstitute.org/countries/russia/
4 https://www.france24.com/en/20190605-russia-opens-first-arctic-train-service
5 https://m.post.naver.com/viewer/postView.nhn?volumeNo=17306476&memberNo=36826345
6 https://m.post.naver.com/viewer/postView.nhn?volumeNo=17404862&memberNo=36826345
7 강덕수 외, 러시아, 도시로 읽다. 한국외국어대학교지식출판원, 2019, 534-535쪽.
8 https://study.urfu.ru/Aid/Publication/8922/1/index.files/English/Russia.files/novy_urengoy.htm
9 https://ria.ru/20191007/1559493967.html
10 №470, 1992.07.04

제10장

러시아 북극의 산업

1. 러시아 북극 자원 개발 산업

1) 러시아 북극 자원 개발 산업

기후변화는 석유, 가스 등 탄화수소 개발에 중요한 영향을 미쳤다. 특히 북극 지역은 지구 지표의 약 두 배 가까이 기온이 상승하면서, 해빙 수준, 적설량이 감소하고, 영구동토층의 해빙과 해수면 상승이 동반되었다. 한편, 그동안 북극은 광범위한 미개발 석유 및 가스 지역으로 남아있었는데, 러시아의 북극 지역의 경우 35조 7천억 세제곱미터가 넘는 천연가스와 2.3억 미터 톤 이상의 석유 및 콘덴세이트가 매장되어 있다고 추정되며 특히 야말반도와 기단반도에 집중되어 있다는 특징이 있다.[1] 북극 지역의 특수한 환경에 기인하여 성공적인 탄화수소 개발 산업은 단순한 자원 매장량의 많고 적음을 떠나서 물리적 인프라, 정치 구조 및 환경적 요인이 반드시 고려되어야 한다.

러시아가 북극 지역에서 자원 개발을 시작한 때는 소련 시기로 거슬러 올라간다. 1980년대 초 소련은 북극의 대륙붕을 적극적으로 개발하기 시작했다. 페초라만과 카라해에서 많은 석유 및 가스 매장지가 발견되었고 특히 페초라는 티만-페초라(Timan-Pechora)와 서부 시베리아 석유 및 가스 개발의 중심 지역이 되었다. 1991년 이후 북극의 지질탐사작업은 대부분 종료되면서 러시아 대륙붕의 석유 및 가스 매장지는 미개척 상태로 남게 되었다. 이에 따라 바렌츠해의 20%와 카라해의 15%만이 탐사된 반면, 동시베리아, 랍테프, 축치해는 탐사가 전혀 이루어지지 않았다. 러시아 북극 대륙붕에서 총 25개의 매장지가 발견되었는데, 모두 바렌츠해와 카라해(오브만과 타즈강 하구 포함)에 위치해 있다. 4억 3천만 톤 이상의 석유와 8조 5천억 세제곱미터의 천연가스가 상업용으로 활용 가능하다고 추정된다.[2]

러시아 북극 대륙붕에서 2000년대 이전 최초로 유일하게 수행되었던 석유 가스 개발 프로젝트는 1989년 페초라해에서 발견된 프리라즐롬노예(Prirazlomnoye) 유전 개발이었다. 매장량이 7천 2백만 톤으로 추산되며, 가스프롬 네프트가 개발 허가를 보유하고 있다. 2011년 8월, 프리라즐롬노예 연안에 저온에 강한 하역장이 개발되면서, 연간 650만 톤의 수송 능력을 보여주었다. 해당 분야의 산업 개발은 2013년 12월에 시작되었는데, 2014년에 이 하역장은 약 220만 배럴의 석유를 로테르담 항에 전달할 정도로 발전되었다. 이 매장지에서 생산되는 석유는 북극 석유(ARCO, Acric Oil)라고 불린다.[3]

가스프롬(Gazprom)은 페초라해에서 돌긴스코예 유전과 같은 또 다른 프로젝트를 착수하기 위한 준비를 계속하고 있다. 네 개의 탐사정이 개발되어, 매장량은 2억 톤 (17억 배럴)을 초과하는 것으로 추정된다. 생산은 2020년에 시작되어 2026년까지 연간 480만 톤의 석유가 생산될 것으로 예상된다. 1988년에 발견된 시토크만 매장지도 주목할 만한데, 3조 9천억 세제곱미터의 가스 매장량과 5,610만 톤의 가스콘덴세이트가 매장되어 있을 것으로 추산된다. 가즈프롬은 바렌츠해에 7개, 페초라해에 3개, 카라해에 13개, 오바만에 8개, 동시베리아 해에 1개의 허가된 유전을 소유하고 있다.

또 다른 러시아 회사인 로스네프트(Rosneft)는 바렌츠해 6개, 페초라해 8개, 카라해 4개, 랍테프해 4개, 동 시베리아해 1개, 축치해 3개 매장지를 보유한다. 기존의 면허 의무를 이행하기 위해서 엑손모빌(Exxon Mobil), 스타토일(Statoil) 및 에니(Eni)와 2011년과 2012년에 전략적 협력 계약을 체결했으며, 그중에서도 북극 대륙붕에 있는 탄화수소 침전물의 공동 지질 탐사 및 개발을 공동 계획했다. 2014년 8월, 로스네프트-엑손 모빌 합작 벤처 기업인 카르모르네프테가스(Karmorneftegaz)가 카라해의 동부 프리노보제멜스키(Prinovozemelsky) 지역에서 실시한 탐사 시추 작업으로 1억 3천만 톤의 석유와 5,000억 세제곱미터의 천연가스를 시추할 수 있는 매장지를 발견했다. 로스네프트는 2014년 노르웨이 회사인 노스아틀란틱틸링(North Atlantic Tilling)과 장기 계약을 체결하여 자사의 북극 대륙붕 프로젝트를 포함한 개발 프로젝트에 6개의 연안 시추 장치를 사용하기로 했다.[4]

한편, 우크라이나 사태로 야기된 러시아와 서방과의 정치적 긴장은 2014년 하반기에 미국, 유럽연합, 노르웨이 등 여러 정부의 대러 제재로 이어졌다. 이러한 제재는 이미 엑손 모바일을 포함한 많은 외국 석유회사들이 러시아 북극 개발 사업에 대한 참여를 중단하게 했다. 북극 대륙붕에서 추진되는 여러 프로젝트를 성공적으로 수행하기 위해서는 서방의 기술력과 장비, 서비스가 반드시 필요한데, 이 점은 러시아에 상당한 도전적 요소가 되었다. 북극에 국제적 긴장이 고조되고, 대러 경제 제재가 지속적으로 이어오면서, 러시아는 중국과 같은 아시아 국가와의 협력으로 방향을 선회해야 했다.

2) 러시아 정부의 북극 개발 전략

러시아 정부는 2013년 '2020년까지 러시아 북극 지역 개발 및 국가안보 전략' 공표를 시작으로 체계적으로 북극 정책을 수립·시행하고 있다. 러시아 정부는 북극 지역의 자원개발 촉진을 위해 지질탐사와 매장지 개발을 주도하고 있으며, 관련 인프라 건설 사업을 추진하고 있다. 러시아 에너지부는 2035년에는 북극해 대륙붕에서 석유 생산량이 2010년대에 비해 3배 증가하고 2050년에는 전체 러시아 석유 생산량에서 북극 대륙붕이 차지하는 비율이 30%까지 증대한다는 계획을 밝혔다. 러시아 푸틴 대통령이 2013년 공표한 북극개발 전략은 북극 지역에 관한 국가적 이해를 바탕으로 영토주권을 보호하기 위해 마련되었다. 러시아 정부의 '2020년까지 러시아 북극 지역 개발 및 국가안보 전략'은 총 2단계로 나누어 시행된다. 1단계는 2015년까지 해당되며, 관련한 법적, 정치적, 경제적 차원의 종합적 북극 지역 개발을 통해 국가안보를 강화하는 조치를 마련한다. 2단계는 2020년까지 북극항로 개방과 시설 구축을 마무리하고, 북극해의 대륙붕 경계 인접 국가로부터 법적 기반을 마련하는 것이다. 이와 함께 북극 지역 연안의 환경과 생태계를 보호하고 사고 예방 시스템과 환경오염 모니터링 시스템을 구축하는 등 북극 지역의 자원개발이 가진 한계를 극복하려는 노력을 기울여왔다.

러시아는 2020년 10월 '2035년까지 북극 지역 개발 전략'을 발표하면서 북극을 주요 개발 우선순위로 보고 85.1조 세제곱미터 이상의 천연가스와 173억 톤의 원유 및 응축수가 포함된 러시아 북극 연안 지역의 탄화수소 매장지 개발이 포함했다. 특히 러시아는 LNG 생산량을 2018년 860만 톤에서 2024년 4,300만 톤, 2030년 6,400만 톤, 2035년 9,100만 톤으로 늘린다는 계획을 공

개하면서 기존의 파이프라인 중심의 가스 수출에서 LNG 시장으로의 시장 확대를 예고했다.[5]

3) 석유 가스 개발 주요 기업 및 프로젝트

로스네프트(Rosneft)는 모스크바에 본사를 둔 러시아 국영 에너지 회사이다. 로스네프트는 엑손모빌(ExxonMobil), 에니(ENI), 스타토일(Statoil) 등 서방의 주요 석유 기업, 중국의 CNPC, 일본의 INPEX 등과 합작 투자를 통해 북극 지역의 바렌츠해, 랍테프해, 카라해를 중심으로 유전 탐사 및 개발 프로젝트를 추진하고 있다. 로스네프트는 북극 지역의 육지 광구 개발과 관련 기술, 경험은 충분하나 북극 해상에서의 자원 탐사, 개발에 관한 기술과 경험은 부족한 편이다. 엑손모빌과의 제휴 협정 체결을 통해 카라해, 축치해 등에서 공동 탐사를 수행한 바 있으나 2014년 미국의 대러 제재로 모든 시추 작업은 잠정 중단되었다. 이외에도 에니와 스타토일과의 협력 지속을 위해 노력하고 있으며 중국 CNPC와 바렌츠해, 페초라해 유전 개발 사업에 참여하고 있다.

가스프롬(Gazprom)은 상트페테르부르크에 본사를 두고 있는 반(半) 국영 다국적 에너지 기업이다. 가스프롬은 2019년 기준 매출액이 1,200억 달러를 초과하는 세계에서 가장 큰 상장 천연가스 회사이자, 매출액 기준 러시아 최대 기업이다. 가스프롬은 2015년까지는 북극 자원 개발에 대한 직접적 투자가 저조한 편이었다. 북극 개발의 중요성이 대두되면서, 국영 가스 기업인 가스프롬과 가스프롬네프트는 향후 2024년까지 프리라즐롬노예(Prirazlomnoye) 매장지를 포함한 총 12개의 북극해 대륙붕 매장지(크루젠시텐스코예(Kruzenshternskoye), 시토크마놉스코예(Shtokmanovskoye), 돌긴스코예(Dolginskoye), 하라사베이스코예

[표 4] 로스네프트의 북극 프로젝트 추진 계획
(자료: 에너지경제연구원, 세계 에너지 시장 인사이트 제16-7호, 22쪽)

파트너 기업	라이선스	초기 탐사	초기 시추	탐사비용 ($bn)	개발비용 ($bn)	생산개시 시점
Exxon−Mobil	East Prinovozomelskiy1 (카라해)	지질탐사 2012~2016	2014		200−300	2026
	East Prinovozomelskiy2 (카라해)	지질탐사 2012~2016	2016			2028
	East Prinovozomelskiy3 (카라해)	지질탐사 2012~2016	2018			2030
	카라해, 랍테프해, 축치해 라이선스 등	항공 중력 및 자기탐사 2014년 개시	2025	3.2		
ENI	Fedynsky(바렌츠해)	2017년 2D, 2018년 3D	2020		57	2032
	Central Barentsevsky (바렌츠해)	2016년 2D, 2018년 3D	2021	2.0		2033
Statoil	Perseevsky(바렌츠해)	2014년 2D	2020			2032
	Magadan1(오호츠크해)		2016	2.5−3.0	100	2028
	Lisyansky(오호츠크해)		2017			2029
	Lisyansky(오호츠크해)		2020			2032
CNPC	Zapadno Prinovozevelsky					
	Yuzhno Russky					
	Medinsko−Varandeysky					
INPEX	Magadan2(오호츠크해)	지질탐사 2017/18	2023−25			2035−40
	Magadan3(오호츠크해)	지질탐사 2017/18	2023−25			2035−40

(Kharasaveiskoye), 옵스코예(Obskoye) 등)의 지질탐사를 통해 매장량을 130% 증가시킬 계획을 밝혔다. 시토그만 가스전 개발 사업은 2006~2012년 동안 가스프롬, 스타토일, 토탈로 구성된 합작기업에 의해 탐사·시추작업이 추진되었으나, 북미 셰일가스 혁명으로 인한 수출시장 확보 실패로 2013년에 사업추진이 잠정 중단된 바 있다. 가스프롬네프트(Gazprom Neft)는 러시아 에너지기업 중 제재와 상관없이 북극 지역 자원개발에 가장 적극적인 기업으로, 2015년에 야말반도 육·해상 매장지에서의 석유 생산사업에 큰 성과를 거뒀다고 평가받는다.

한편, 민간 가스 기업인 노바테크(Novatek)는 야말반도 내 육상 가스전을 개발하여 연간 1,650만 톤의 LNG를 생산하는 야말-LNG 사업을 추진하고 있다. 야말-LNG 사업은 총투자금액 270억 달러로 추산되며, 연간 1,650만 톤 규모의 액화플랜트 건설과 사베타(Sabetta) 지역 내 항구 및 공항 건설을 포함한 수송 인프라 구축이 포함한다. 본 사업은 러시아 노바테크(Novatek) 60%, 프랑스 토탈(Total) 20%, 중국 CNPC 20%의 지분을 구성한다. 이어서 노바테크는 제2의 야말(Yamal) 프로젝트로 알려져 있는 아크틱 LNG2 사업(Arctic- LNG2)이 2022년을 목표로 연간 1,980만 톤의 천연가스를 생산할 계획임을 밝혔다. 이에 따라 야말 LNG보다 연간 생산량은 약 330만 톤 많으며 생산능력은 더욱 증대될 것으로 보고 있다.

4) 광물 개발 산업

러시아 북극에서 가장 많이 매장되어 있는 광물은 니켈, 구리, 석탄, 금, 우라늄, 텅스텐, 다이아몬드이다. 알래스카에도 우라늄, 구리, 니켈, 철, 천연가스, 석유 등의 매장량이 상당하지만 접근성 및 높은 개발 비용 문제로 사실상 많은 탐사 개발이 이뤄지지는 않았다. 광산은 특히 러시아 북부에서 많이 개발되고 있는데, 시베리아에서는 금, 은, 니켈, 몰리브덴, 아연 등 금속이 많이 매장되어 있으며 석탄, 다이아몬드 또한 매장되어 있다. 사하공화국은 전 세계 다이아몬드의 25%를 생산한다. 콜라반도에는 구리, 철, 주석, 백금, 팔라듐 아파타이트, 코발트, 티타늄, 희토류 금속, 세라믹 원료 등도 발견되고 있다. 최대 니켈 채굴지는 노릴스크에 위치해 있다.

2. 북극항로

1) 러시아의 북극항로 개발

18세기 초 러시아는 시베리아의 북극 해안선을 탐사하여 지도를 제작하기 위해 대규모 탐험대를 파견했다. 이 탐험에 자금을 대는 데 1724년 모스크바 당국의 국가 예산의 6분의 1을 소진했다.[6] 대북부 확장(Great Northern Expansion)으로 알려진 캄차카 탐험에는 수천 명에 달하는 탐험가, 과학자, 모험가가 참여했고 이는 역사상 가장 규모가 큰 과학 탐험으로 손꼽힌다. 지난 300년간 러시아는 꾸준히 북극해를 탐사했으나, 북극해의 광활하고 혹독한 환경에 번번이 백기를 들어야 했다. 기후변화와 기술의 발전은 러시아의 북극해 항로 이용의 실현 가능성을 높여주었다. 러시아 상트페테르부르크부터 블라디보스토크로의 이동 동선은 북극해 항로를 이용할 경우 14,280km이다. 이는 수에즈 운하를 통한 거리인 23,200km의 60% 수준이며, 희망봉을 따라 이동하는 경우 29,400km의 절반 수준이다. 북극해 항로는 유럽에서 동아시아까지의 운송 시간과 거리를 상당히 줄여주고, 러시아의 영향력을 증대시킬 수 있다는 점에서 러시아의 새로운 전략 거점으로 부상하고 있다. 러시아는 북극해 항로의 법적, 기술적, 사회경제적 여건을 마련하면서 본격적인 개발에 박차를 가하고 있다.

러시아의 블라디미르 푸틴 대통령은 2019년 러시아 상트페테르부르크에서 열린 제5차 국제 북극 포럼에서 화석 연료 활동 네트워크를 지속적으로 구축하고 확장한다는 계획을 공표했다. 이에 따라 향후 10년 반 동안 러시아의 북극 개발 전략은 러시아의 북극 지역에서 화석 연료 채굴을 확대하고 채굴된 탄화수소를 시장에 유통시키기 위해 북극해 항로를 개발하는 데 초점을 맞출 것으로 예상된다.[7] 러시아는 아시아와 유럽에 북극에서 채굴된 탄화수소 연료를 공급하기 위해 10,000km 이상의 파이프라인과 함께 북극해 항로(NSR) 개발을 적극적으로 추진하고 있다.[8] 이 과정에서 지구 온난화의 가속화로 얼음이 얼지 않는 기간이 늘어나고 비교적 부서지기 쉬운 빙하가 형성되면서 러시아의 북극 전략의 실현 가능성은 커지고 있다. 러시아 정부는 2035년까지 13개의 중형 선형 쇄빙선을 운용할 계획이며, 그중 9개는 핵 추진선이다.[9]

러시아는 지난 2019년 12월 '2020−2035 북극해 항로 인프라 개발을 위한 포괄적인 계획'을 발표했다.[10] 이에 따라 러시아는 2030년까지 북극해 항로를 통해 9,000만 톤의 물동량을 수송하는 계획을 밝혔다. 러시아의 북극해 항로 개발은 다음과 같은 주요 요인과 관련이 있다. 항만 인프라 및 터미널, 수색 및 구조, 항행 및 수로 지원, 쇄빙 능력 개발, 화물 운송 및 국제 운송 선적의 증가, 철도 네트워크 개발 및 연결, 안전 및 통신 네트워크 개발, 인프라 지원 비용, 인력 훈련 및 기술 개발, 북극 해운 조선, 생태 안전 등이다.

러시아는 페벡항과 사베타항을 2021년까지 건설 완료하고 딕슨항과 틱시항의 재건을 2022년까지 마무리하여 항만 인프라를 구축하며 이와 함께 수색과 구조 센터를 설립하고자 한다. 또한 2022년부터 2024년까지 신규 쇄빙선을 신설하고 2027년, 2030년, 2032년 차례로 신규 클래스의 쇄빙선을 도입하려는 계획을 하고 있다. 한편, 러시아의 북극해 항로는 단순히 수에즈 운하와 같은 국제 항로 이용과 구별되는 점이 있다. 지난 2019년 6월 러시아는 국제법에 반하여 북극해 항로에서의 해상 작전을 규제하며, 러시아 규정을 준수하지 않는 선박에 대해 무력을 사용한다는 법을 발표한 바 있다. 또한 러시아 영해 밖에서도 북극해 항로 전체 항로에 대한 엄격한 항법 규칙을 시행한다고 발표했다. 이처럼 러시아는 국제 규범 및 법률에 앞서 북극해 항로에서의 러시아의 통제권을 강화하고, 국제 항로의 기능보다는 자국의 탄화수소 자원 수송을 위한 목적으로 활용하려는 의도를 강력히 표명하고 있다.

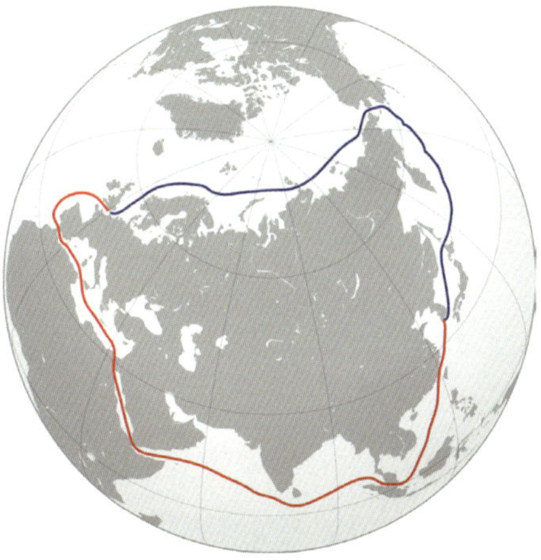

[그림 10-1] 남방항로와 북방항로 비교
(출처: 위키피디아)

북해항로의 주요 화물은 러시아 프로젝트에서 나오는 LNG이며, 나머지 15% 정도는 석유이다. 위의 개발 전략 초안에 따르면 LNG 생산량은 2024년 4,670만 톤, 2030년 7,350만 톤, 2035년은 1억 2,000만 톤이다. 2035년까지 북극항로의 노선 환적 점유율은 6%가 넘지 않을 것으로 예상하고 있다. 이는 같은 기간 동안 환적 물량이 49만 톤에서 1,000만 톤으로 증가하는 수치이지만 수에즈 운하를 통과하는 환적물량보다 천 배 적은 것이다. 현재 북해 항로에 개발된 수심이 깊은 항구는 사베타항과 무르만스크항 두 곳뿐이라 위의 북극 개발 전략을 수행하기 위해 아르한겔스크의 항구도 개발할 예정이다.

2) 북극항로의 실현 가능성

기후변화로 북극해 얼음이 녹으면서 북극항로 경유 화물 운송에 대한 전 세계적 관심이 증가하고 있다. 그동안 다양한 크기의 내빙선박에 의한 실험적인 북극항로 운항이 시도되었고 10만 톤이 넘는 아프라막스(Aframax)급 선박이 운행할 수 있음이 확인되었다.[11] 아시아와 유럽 간 컨테이너 정기 운송에 있어서 북극해 항로가 기존 수에즈 항로의 대안으로 떠오르고 있으나, 여전히 북극항로를 통한 정기운송의 가능성과 비용은 미지수이며 국가, 기관별로 다양한 분석이 이루어지고 있는 실정이다. 북극항로 상으로 수송된 화물은 대부분 벌크(bulk)화물로 러시아산 탄화수소 자원(석유·가스·석탄)이 주류를 이루었다.

북극 기후 영향 평가(ACIA) 프로그램에 따르면, 북반구의 영구동토층 면적은 2030년까지 10~18%, 2050년까지 15~25%, 기후 변화로 인해 2080년까지 25~50% 감소할 것이다.[12] 이는 정상 동결지역은 해빙이 시작되어 영구동토층 지역에 건설된 탄화수소 기반시설과 관련된 사고의 위험이 증가함을 의미한다. 러시아 북극 지역의 여러 파이프라인은 전체 또는 부분 영구동토층 지대에 건설되어 있어 토양 확장과 침체에 취약한 편이다. 여기서 북극 파이프라인의 안정성과 지역 자원을 세계 및 주로 서구 시장에 연결하는 러시아의 능력은 미래의 영구동토층 조건에 의해 크게 영향을 받을 것이다.[13] 계절에 따라 달라지는 해빙 상태는 러시아의 북극해 개발의 가장 중요한 요인이 된다. 국영 기업 로사톰(Rosatom)은 북극해 항로(NSR) 수출량에 대한 러시아의 목표치를 달성하기 위해 쇄빙선을 개발할 예정이지만, 현재 조건과 해빙 변동성은 항해 가능 기간 제한, 쇄빙 비용, 보험 비용 및 북극해 연안 운항과 관련된 기타 경제 요인 때문에 많은 해운회사의 투자를 수익성이 떨어지게 한다.[14] 또한, 해안 지역의 해수면 상승은 침식과 홍수 피해, 기반 시설과 주요 항구들을 위협할 위험을 나타낸다. 아시아 시장으로 LNG 공급을 주목적으로 하는 러시아의 북극해 항로 개발은 해상 터미널, 핵 쇄빙선 및 북극해 항구를 포함한 기반 시설과 북극의 예상할 수 없는 극한의 환경에 적응할 수 있는 기술력에 달려 있다. 또한 다양한 요인에 대응할 수 있는 각국의 협력과 합의 과정이 향후 북극해 항로 이용에서 가장 중요한 요건이 될 것이다.

3. 어업 및 관광 산업, 순록 목축업

1) 어업

러시아 어업은 지속적으로 증가하고 있다. 러시아에서 양식업과 어류가공업은 여전히 개발이 필요한 실정이다. 러시아에서 양식업은 전체 어류 생산량의 4%에 불과한 반면 주변국인 노르웨이에서는 전체 어류 생산량의 50% 이상을 차지하고 있다. 러시아는 현재 어류 수출을 늘리고 수입 비중을 줄이려고 노력하고 있다. 생선 수입은 2016년에 5,116,000미터톤으로 감소했다. 러시아가 생선과 해산물을 공급해온 국가들의 구성은 지난 3년 동안 상당히 변화했다. 현재 러시아의 주요 수입국으로는 페로 제도, 중국, 칠레, 벨라루스, 아이슬란드 등이 있다. 특히 중국으로부터 어류 수입이 높은 것은 러시아에서 생선을 수입하여 가공하여 재수출하는 전략에 따른 것이다.

러시아는 '2030년까지 어업 개발 전략'을 공표하면서, 극동 지역 4개 군집 지역인 연해주(블라디보스토크), 캄차카주(페트로파블롭스크캄차츠키), 사할린(유즈노사할린스크), 쿠릴리(쿠릴리스크)를 중심으로 어업 발전에 힘쓰고 있다. 특히 연해주 지역에는 생선 저장, 가공, 포장 시설을 갖춘 대형 유통 클러스터를 건설하여 이 지역에서 포획된 알래스카산 명태를 동북아시아 시장으로 직접 수출하고자 한다.

2) 관광 산업

최근 몇 년 사이 러시아 북극 지역 관광에 대한 관심이 증가했다. 이전에는 외국인 여행객들의 방문이 많았다면, 러시아 내국인 관광객 수도 점차 늘어나고 있다. 러시아는 북극의 가장 넓은 부분을 차지하고 있어, 북극 관광업 발전에 큰 잠재력을 가지고 있다. 러시아의 북극은 툰드라와 툰드라 숲 지대가 펼쳐져 있어 여러 종류의 동식물들이 살고 있으며 해빙, 산, 호수와 강 등 휴양지로서의 모든 조건을 다 갖추고 있다. 그 외에도 11개의 소수민족과 소통하고 역사 유물 및 기념물 볼 수 있는 기회가 있는 곳이다.

러시아 북극 지역은 관광객들을 위해 바다 유람선, 보트, 스키, 사냥, 낚시, 래프팅, 하이킹 등 여러 종류의 관광상품을 진행 및 개발하고 있다. 그중 가장 인기 있는 관광코스는 북극점 지역으로, 관광객들은 핵 쇄빙선을 타고 세계 최북단의 북극에서 바비큐를 구워 먹고 북극해에서 수영할 수 있는 프로그램이 진행 중이다. 그 이외에도 헬리콥터나 유람선으로 프란츠-요제프 랜드를 방문할 수 있다.

다른 유명 관광코스로는 북극에서 가장 큰 항구 도시인 무르만스크를 방문할 수 있는데, 이곳에는 두 개의 산맥(로보제로 마시프(Lovozero Massif)[15], 히비니 마시프(Khibiny Massif)[16])이 존재해 하이킹이나 스키를 탈 수 있고 산악자전거와 개썰매 등을 이용 할 수 있다. 또한, 콜라반도 투어가 있어 고대 돌 미로에 그려져 있는 암벽화를 따라 해안을 거닐 수 있고 백해 연안의 러시아 역사 유적도 둘러볼 수 있다. 무르만스크 옆에 위치한 아르한겔스크에서는 솔로베츠키 제도(Solovetsky Islands[17]) 바다 투어나 카약, 아르한겔스크 강 래프팅 및 스노모빌이 인기 있다. 2009년부터 입장이 가능해진 '러시아 북극 국립공원(Russian Arctic National Park)'과 30개 이상의 천연기념물들이 있어 앞으로 생태관광도 계속 발전할 전망이다. 우랄산맥 북쪽에 위치한 코미공화국에는 '유기드 바 국립공원(Yugyd Va National Park)'[18]이 있으며 이곳에는 180종의 새와 20종이 넘는 어류, 날다람쥐, 흰토끼, 수달, 늑대, 무스 등이 서식하고 있어 떠오르는 관광 코스이다.

타이미르반도에는 4개의 자연 보호구역이 지정되어 있어 바다코끼리, 북극곰과 야생 순록 떼를 볼 수 있다. 타이미르 호수를 방문하면 강 유역에서 낚시나 래프팅을 하며 그 지역의 토착 원주민의 생활을 알 수 있다. 또한, 사하공화국에는 레나 석주, 야쿠츠크 얼음 왕국, 오미야콘 마을, 매머드 박물관 등을 견학하고, 극한 탐험이나 원주민 현지 체험, 래프팅, 얼음낚시 등의 체험을 할 수 있다. 이외에도 관광객들은 2009년에 설립된 러시아 북극 국립공원도 방문할 수 있다.

[그림 10-2] 유기드 바 국립공원 (자료: 위키피디아)

3) 순록 목축업

러시아의 순록 사육은 북극의 추운 기후 때문에 농업을 할 수 없는 지역 주민들에게 생계를 이어가게 해준다. 북극 주민들에게 순록 사육은 민족 보존 산업이며 전통적인 생활 방식을 이끌도록 해 단순한 동물 이상이다. 또한, 순록 목동은 툰드라 숲의 수호자로 여겨지는데, 이는 순록이 한 장소에 2~3일을 지낼 경우 그 지역의 식량 자원이 파괴되기 때문에 지속적으로 장거리 이동을 시켜 비옥한 목초지를 보존하기 때문이다. 북극 주민들은 순록 산업 중 가장 가치 있는 것으로 순록 고기를 꼽는다. 순록은 이끼를 먹으며 서식하는데 이때 순록이 먹는 이끼는 천연 항생제로 불린다. 고대에도 순록이 먹는 이끼로 북부 사람들은 상처에 도포해 감염을 예방하고 치료를 가속화했다. 또한, 북부 주민들은 마늘이나 레몬을 찾을 수 없어 괴혈병이나 면역질환으로 고통받았는데, 순록 고기를 섭취함으로써 질병을 예방했다. 순록 고기에는 콜레스테롤이 없으며 인체에서 방사성 핵종을 적극적으로 제거하는 물질인 셀레늄이 많이 있고 저자극성이라 이유식으로도 이용할 수 있다.

러시아 동쪽에서 가장 수요가 많은 것은 순록의 뿔이다. 이는 중국과 한국의 많은 의약품이 사슴뿔이나 그 추출물을 사용하여 면역 조절을 하기 때문이다. 최근에는 이러한 녹용의 효능을 아시아뿐만 아니라 미국과 유럽 국가들도 인정하며 녹용 시장에 진입했다.

옛날부터 북부 지역 사람들은 신발, 옷, 신생아용 요람, 심지어 구명조끼까지도 순록 가죽으로 만들었다. 순록 가죽으로 만든 신발은 북극 지역 외의 도시 거주자들에게도 인기가 많다. 이렇게 가죽으로 만든 제품들은 영하 40도를 웃도는 날씨 속에서 사람들이 견디며 살아갈 수 있게 해준다. 모피 부츠의 경우 평균 약 15,000–20,000루블이면 구입할 수 있다. 보통 부랴티야 공화국과 몽골에서 많이 판매된다.

미주

1 Ministry of Natural Resources and Ecology of the Russian Federation (2018) State Report on the state and use of mineral raw materials of the Russian Federation in 2016 and 2017. https://bit.ly/37zaeht. Accessed on March 1 2019

2 https://russiancouncil.ru/en/arcticoil

3 https://russiancouncil.ru/en/arcticoil

4 https://russiancouncil.ru/en/arcticoil

5 https://tass.com/politics/1216647

6 https://www.arabnews.com/node/1641501

7 'Soveshhanie po voprosam razvitija Arktiki [Arctic development meeting]' (2015) Pravitel'stvo Rossii [Russian Government] 18 December. http://government.ru/news/35056/. Accessed on 1 July 2019

8 Stephenson S and Agnew J (2015) 'The work of networks: Embedding firms, transport and the state in the Russian Arctic oil and gas sector.' Environment and Planning A, 48(3), 558-576.

9 Putin V (2019) 'Plenary session of the 5th International Arctic Forum.' 9 April, ExpoForum Exhibition and Convention Center, St. Petersburg. http://en.kremlin.ru/events/president/news/60250

10 https://thebarentsobserver.com/en/arctic/2019/12/moscow-adopts-15-year-grand-plan-northern-sea-route

11 https://kims.or.kr/issubrief/kims-periscope/peri151/

12 Pavlenko V I and Glukhareva E K (2010) 'Environmental changes and the economic growth in regions of the Russian Arctic.' Studies on Russian Economic Development, 21(2): 158-164.

13 https://www.thearcticinstitute.org/mapping-russia-arctic-hydrocarbon-development-scheme/

14 https://www.thearcticinstitute.org/mapping-russia-arctic-hydrocarbon-development-scheme/

15 콜라 반도 중심에 위치한 산맥으로 가장 높은 곳은 해발 1,120m이다.

16 콜라 반도에서 가장 큰 산맥으로 가장 높은 곳은 해발 1,200.6m이다

17 아르한겔스크주에 속해있으며 백해의 서쪽 지역인 오네가만에 위치해 있음.

18 코미공화국에 속해있는 국립공원으로 유럽에서 가장 큰 공원이며, 2013년 베린기야 국립공원(Beringia national park)가 만들어지기 전까지 러시아에서 가장 큰 공원이었음.

제11장

러시아의 북극 원주민

1. 러시아의 북극 원주민 개념 및 법적 지위

러시아에서 소수민족 원주민(Indigenous Small-numbered Peoples)은 5만 명 이하의 민족으로 고유 영토에서 전통적인 생활방식과 경제 활동을 고수하며 스스로를 구별된 민족 공동체로 인식하는 사람들로 정의된다.

2006년 기준으로 40개 소수민족 원주민이 러시아에서 공식적으로 인정받고 있다. 세계은행과 유엔 워킹 그룹 기준으로 원주민(Indigenous Peoples)을 고유 영토와 지역 내 천연자원에 대한 권리를 가지며 고유한 문화 공동체로서 자기 결정권과 자기 식별권(Self-determination and Self-identification)을 가진다. 소수 원주민은 공식 언어와 구별되는 언어를 보유하고, 전통적인 사회·정치 구성체를 가지며 전통 양식을 유지하는 집단이다. 러시아는 특별히 '소수민족'이라는 민족의 규모에 제한을 두고 있다.

러시아에서 공식적으로 공개한 2010년 인구 구성 조사는 원주민 거주지가 외진 지역임을 감안할 때 실제 인구보다 적게 반영했을 가능성이 높다. 이 조사에 나타난 원주민 수는 전체 인구의 0.2% 이하인 약 26만 명으로 추산된다는 점에서 인구 구성 비율로는 굉장히 적다. 그럼에도 불구하고 러시아 제도와 국가 법률은 '북극 소수민족 원주민(Indigenous Minority Peoples of the North)'의 권리를 우선한다고 명시하고 있다. 하지만 이러한 법률은 실제로 구체적인 동의에 입각하여 적용되기 힘들 뿐만 아니라 국제노동기구(ILO) 협약 169항을 비준하지도 않았으며 유엔 원주인 권리 선언(UNDRIP)도 승인하지 않았다.

러시아연방은 러시아 북극 원주민을 국가의 특별 보호가 요구되는 특수한 사회 집단으로 인정하고 있다. 원주민의 권리는 1993년 헌법에 명시되었는데, 헌법 제69조는 "일반적으로 수용되는 원칙과 국제법과 러시아연방의 국제 협약 기준"에 따른다고 밝혔다. 헌법 제72조에서 원주민의 권리는 연방-지방 관할권에 속한다고 밝혔다. [표 5]와 같이 원주민에 직간접적으로 영향을 미치는 여러 법률과 규범이 1990년대 이후 제정되었고 북부 원주민 권리는 이전보다 신장되었다.

2. 러시아 북극 원주민의 역사

북극과 아북극 지대의 유라시아에 인류가 정착하기 시작한 시기는 구석기 시대까지 거슬러 올라간다. 당시 북부 시베리아의 많은 지역은 순록, 매머드와 양털 코뿔소 등 대형 동물군이 살기 적합한 건조한 스텝-툰드라로 덮여 있었다. 초기 정착민은 이러한 풍부한 자원에서 사냥을 통해 살아남았고, 인류는 시베리아 북동쪽 끝까지 이동하여 1만 3천 년 전 북아메리카로 건너갔다.[1] 시베리아를 사이에 두고 유라시아와 아메리카 대륙으로 인류가 이동했다. 약 11,700년 전 간빙기 시기에는 자연스러운 지구온난화가 발생하면서 타이가 숲

[표 5] 러시아 북극 원주민에 관한 법률

유형	제정 시기	내용	특징
대통령령	1992	북부 원주민의 거주 및 경제 활동 공간 보호 긴급 조치에 관한 대통령령	
헌법*	1993	제69조: 원주민의 권리는 일반적으로 수용되는 원칙과 국제법과 러시아 연방의 국제 협약 기준에 따름 제72조: 원주민의 권리는 연방-지방 관할권에 속함	토지 및 소득세 면제, 천연 자원에 대한 우선권(실제 적용되지 않음), 군대 대체 복무, 연금 조기 수령에 관한 내용 포함(Wessendorf 2005).
	1995	야생동식물 보호에 관한 법률	
연방법	1996	국가 문화 자율성에 관한 연방법	
연방법	1996	러시아연방 북부 사회·경제적 발전에 대한 국가 규제 기초 연방법	
연방법	1999	러시아연방 원주민 소수민족의 권리 보호에 대한 법안 제4조: 당국이 원주민 삶의 방식 보호 및 지속 가능성 보존 제8조: 원주민에 광범위한 참여권 부여 제14조: 원주민 권리의 사법적 보호	원주민의 법적 지위를 규정하며 이들의 권리에 대한 사법적 보호를 제공하고 환경, 경제 및 자치 정부, 전통문화, 경제 활동, 언어를 보존해야 한다고 명시함 * '의무(obligation)'대신에 '권리(right)'의 사용을 통해 지역 당국의 해당 법에 대한 비준에 대한 가능성이 열려 있음(Dallmann, 2004) * 학자들은 해당 법에서 자치 정부가 영토와 자원에 대한 실질적인 권리와 무관하게 영토에 국한된 공공 자치 정부로 서술되어 있다는 점에서 비판적인 입장을 보임(Novikova 2002)
연방법	2000	북부 원주민 소수민족의 지역사회 조직을 위한 일반 원칙에 대한 법안	지역사회(obshchinas)의 법적 토대 및 시행에 관한 국가 보장.
연방법	2001	러시아연방 북부, 시베리아, 극동 원주민 소수민족의 전통 토지 사용 지역에 관한 법안	이 법안의 본래 의도는 소위 전통 자연 이용 구역(TTP, Territories of Traditional Nature Use)에 관한 규정을 제정하는 것임 * 이 법에 따라 원주민은 토지를 무상으로 사용할 수 있지만, 구체적인 소유권 개념은 포함되어 있지 않음(Fondahl and Poelzer 2003)
연방법	2004	원주민 권리에 관한 연방법 No.122-FZ	원주민에 대한 국가 보호를 약화시키고 연방 정부와 지방 정부에 따른 의무 사항을 없앰(Todyshev 2005)

* 러시아연방 헌법(The Constitution of the Russian Federation)은 러시아에서 가장 높은 연방법으로 연방 및 지방 차원에서 채택된 다른 법보다 우선한다. 국제 관습법과 러시아 연방이 체결한 협약에 의해 인정되는 원주민의 권리는 러시아연방 전역의 토지에 관한 최고법이다.

지대가 확대되었다. 북동부 해안을 중심으로 따뜻한 해류가 발생해 해양 포유류도 증가했다.

이 시기 가축을 동반한 농업 경제는 주로 서남아시아와 중앙아시아로 확대되었다. 말의 가축화가 이어졌고, 기원전 1천년 전에 중앙아시아 스텝 지대에서 말을 중심으로 유목 문화가 발달했다. 시베리아의 타이가 지대에서 북부로 갈수록 이들 유목민은 말 대신 순록을 가축화하여 생활했다. 이는 현재 사모예드어와 퉁구스어를 사용하는 원주민의 조상으로 추정된다. 북부로 이동하면서 수렵과 어업 생활이 주된 생활방식으로 자리 잡았다. 에벤크인과 에벤인, 유카기르인은 시베리아 북부 지역에서 주로 수렵과 어업 생활에 의존한다. 툰드라 네네츠과 축치 지역에 이르기까지 순록 방목은 북부 타이가 지대에 광범위하게 나타나는 특성이다.

우랄산맥 서쪽에서 유럽의 정착민과 원주민 사이 접촉은 1,000년 전으로 거슬러 올라간다. 중세 시기 덴마크, 스웨덴, 러시아 왕국은 사미인이 사는 지역을 침략하여 모피를 비롯한 다양한 자원을 착취했다. 약 16세기부터 각 왕국은 사미인이 사는 라플란드 지역을 장악하기 위해 경쟁했고 식민지화 과정이 뒤따랐다. 일부 사미인은 세 개의 다른 왕국 대표에게 세금을 지불해야 했다. 동쪽으로는 러시아 상선이 9세기까지 백해 연안을 식민지로 삼았고, 11세기에는 오비강 어귀에 이르렀다. 1580년부터 1640년까지 러시아 코사크와 모피상은 우랄산맥 동쪽으로 시베리아 전 지역을 가로질러 원주민이 살던 영토를 식민지화했다. 원주민의 격렬한 저항이 있었지만, 시베리아 전역에 영토가 넓은 데다가 다른 이민자가 없었기 때문에도 어떤 외부 위협과의 경쟁 없이 러시아가 통제권을 차지할 수 있었다.

17세기 중반 러시아 제국의 식민지가 되기 이전에 러시아 북부 지역의 다양한 민족은 순록 방목과 목축을 통한 유목 생활을 영위했다. 정부 당국은 토착 원주민의 토지를 약탈하고 그들에게 모피 공물을 요구했으며 임의로 합병하여 유목 활동을 막았다. 그럼에도 불구하고 이 지역은 도시화가 진행되지 않았으며 원주민이 자급자족 방식을 유지했다는 측면에서 기존 유목 생활에 크게 변화를 일으키는 정도는 아니었다.

북부 러시아 원주민의 생활방식에 극심한 변화를 준 시기는 소비에트 시기였다. 이 시기 러시아의 북부 지역은 핀란드 국경의 타이가부터 베링해의 툰드라까지 소비에트 산업화에 의해 대규모 계획경제 정책의 광범위한 영향을 받았다. 집단화 정책은 유목 생활을 영위했던 소수민족이 농업-산업 집단 농장을 구축하도록 했으며 소비에트 기치하에서 특정 지역에 서로 다른 소수민족이 함께 정착하고 교육받았다. 소비에트 시기의 무분별한 집단화, 이주, 교육 정책은 이 지역의 원주민 공동체의 생활방식과 문화 보존에 심각한 타격을 입혔으며 정체성에 변화를 주었다. 이러한 역사적 배경은 북극권 원주민 대다수가 당국에 의해 착취를 당해왔다는 사실을 인정하더라도 러시아를 제외한 북극 원주민의 상황과 구별하여 러시아 북극 원주민 역사에서 부각되는 특징이라고 볼 수 있다.

소련 정부는 소비에트 '다민족 국가' 안에서 평등을 누리는 모든 민족이 평화적인 협의와 조화를 통해 연합했다고 역설해왔다. 한때 억압받고 권리도 없었던 시베리아와 북부 원주민들이 평탄한 생활을 누리게 된 것이 볼셰비키 혁명을 통해 가능했다는 것을 강조했다. 러시아 북극 원주민의 상황은 당시 자본주의 국가들, 북미 소수 원주민의 삶과 비교하는 소련과 서구의 저작물에서 이상적인 모습으로 빈번히 묘사됐다.

사실 소련 시기 북미 원주민들이 땅과 전통적인 직업에 대한 권리를 주장해 왔던 것과 달리 소비에트 북부 원주민들은 그런 표출의 기회를 전혀 가질 수 없었으며 정보, 집회, 출판 등의 자유가 주어지지 않았다. 소비에트 민족주의 정책은 결코 성대한 성공이 아니었으며 과거의 선전 정책이라는 장밋빛 안개 속에 가려져 있던 러시아 북부 원주민의 진정한 삶이 실제로 드러나게 된 시기는 1987년 미하일 고르바초프 소련 공산당 서기장이 추진한 '글라스노스트' 정책에서 나온 언론의 자유화 이후였다.

북미에서 원주민의 토지 반환과 손해 배상에 관한 권리가 주장되었다는 사실은 소비에트 사회에서 게재나 공표가 불가했으며, 1960년대 알래스카 원주민 협회가 석유 개발 계획 시행을 중지하는 데 성공했던 사례 또한 소비에트 원주민 사회에 결코 알려질 수 없었다. 1980년대 후반에 이르러서야 비소로 러시아 북부 원주민의 열악한 생활 여건을 밝히고 그들의 권익을 대변할 가능성이 열렸다. 이런 면에서 볼 때 소련은 자본주의 국가들에 비해 약 30년 늦게 원주민 보호 조치가 취해질 수밖에 없었다. 그 결과 원주민들의 전통 생활방식과 자연환경은 집단농장화, 산업화되었고 젊은이들은 강제 교육에 맡겨지면서 고유의 언어와 기술이 전수될 수 있는 기회가 박탈됐고 민족 문화는 상당한 위기에 처했다. 결과적으로 1980년대 말에야 북미 지역과 유사한 형태로 시베리아와 북부 원주민 지역에서 원주민 권리 보호 운동이 발생했다.

20세기 북극과 아북극 유라시아의 인류 정착지는 극심한 변화를 겪었다. 이 지역에서 어업, 임업, 광업, 석유와 천연가스 시추가 이뤄졌고 군사 시설도 구축되었었다. 또한, 이러한 산업 개발을 위해 교통, 통신, 행정 인프라가 구축되었고 대규모 강제 이주가 일어났다. 비록 소련 해체 이후 많은 이민자가 본래 지역으로 돌아갔지만, 여전히 많은 이주민과 그의 후손이 시베리아에 남아 살게 되었다. 이들은 주로 도시 인구를 형성했고, 산업 중심지 주변 신도시에 거주했다. 반면 많은 원주민은 주로 자연 공간에서 계속해서 살아왔다.

3. 러시아 북극 원주민의 구분

1) 페노스칸디아 및 북서부 시베리아 지역 원주민

(1) 사미인

사미인은 사모예드계 북부 페노스칸디아에 사는 원주민으로 주로 핀란드, 러시아 카렐리아와 콜라 반도 숲, 스칸디나비아 산맥을 따라 흩어져 살아왔다. 이들은 사냥과 수렵, 낚시를 주된 생활방식으로 하며, 순록을 사육했다. 이러한 생활방식은 19세기 말까지 이어졌지만, 핀란드와 스칸디나비아의 농업 정

[그림 11-1] 라플란드 지역의 사미인(1900~1920년대) (출처: 위키피디아)

착지 확대로 사미인 고유의 활동 방식은 점차 축소되었다. 이들은 2010년 조사 기준으로 러시아에 따라 약 1,700명이 살고 있다고 알려져 있으며 주로 무르만스크주에 거주한다. 콜라반도의 로보제로 마을이 이들 거주 중심지로 알려져 있있다. 사미 전통문화는 열악한 자연환경과 혹독한 기후에 최적으로 적응한 결과로 순록과 밀접한 연관을 맺고 있다. 몇천 마리의 순록을 한 번에 무리 지어 사육하는 코미-이즈메츠인과 달리, 사미인은 50마리 이내의 순록을 사육하는 것이 특징이다. 사미인은 야생순록을 숭배하는 관습이 있으며, 순록으로 변하는 인간인 먄다세(Myandashe)를 조상으로 삼고 있다.

(2) 코미인

러시아연방의 민족 공화국 중에서 코미공화국은 북서 지방 끝자락에 자리 잡고 있다. 코미공화국은 러시아 북서부 타이가와 툰드라 지대에 걸쳐 있으며 이 지역 숲은 1995년 유네스코 세계자연유산에 선정되기도 했다. 코미인은 우랄어족 핀위그르 그룹에서 페름 소그룹에 속한다. 코미인은 이 지역 일대에서 사냥을 하고 순록을 키우며 살아왔으며, 코미-지랸인과 코미-페르먀크인으로 나뉜다. 코미-지랸인은 현재 코미공화국의 주요 민족이라고 할 수 있는데, 과거 코미인은 '지랸인'으로 더 많이 알려졌다. 이들은 아르한겔스크 지역과 무르만스크, 시베리아 옴스크, 튜멘에 이르는 광범위한 지역에 거주하고 있다. 한편, 코미-페르먀크인은 주로 페름주에 거주한다. 또 코미-이즈메츠인은 이젬스키 지역에 거주하는데, 주로 반유목 형태로 순록을 사육하며 살아간다는 특징이 있다. 이즈메츠인은 17세기 이웃 민족인 네네츠인에게 순록사육업을 받아들여 현재까지 이어오고 있다.[2] 숲과 함께 살아가는 코미인은 동물, 새, 나

[그림 11-2] 러시아 코미인 (출처: 위키피디아)

무 등 곳곳에 영혼이 있다고 믿으며, 이러한 나무 숭배 의식은 그들의 의식주 생활과 밀접하게 연관을 맺으며 이어져 오고 있다.

(3) 네네츠인

네네츠인은 시베리아 북서부의 원주민 집단 중에서 가장 큰 규모이며, 서쪽 백해부터 동쪽 예니세이강에 이르는 타이가와 툰드라 지역에 걸쳐 거주해왔다. 네네츠인은 크게 툰드라 네네츠인과 산림 네네츠인으로 나뉘며, 이는 순록 사육과 거주지에 따른 구분이다. 툰드라 네네츠인은 툰드라와 타이가 경계선 사이에 무리를 지어 이동하는 순록의 서식 범위에 맞추어 생활해왔으며, 사냥과 낚시를 통해 경제 활동을 영위했다. 산림 네네츠인은 약 1,500명에 불과한 것으로 추정되며 사냥과 낚시가 주요 경제 활동이며 푸르강과 타스강 연안과

[그림 11-3] 1913년 네네츠인 (출처: 위키피디아)

[그림 11-4] 그림으로 표현된 네네츠인과 순록

한티-만시자치구에 살고 있다. '네네츠'라는 명칭은 그들의 언어로 '사람'을 지칭하며, 민족 구분에서 사모예드인에 속한다.

16세기 이후 러시아의 내적 식민지화로 인해 네네츠인도 러시아화 대상이 되었으며 러시아의 근대화 과정에서 전통적 생활방식이 많이 사라졌다. 소련 체제에서 1920년대 소수민족 통제가 강화되고, 1930년대 집단화 정책으로 순록 방목이 집단농장에서 이뤄지면서 많은 네네츠어 사용이 단절되는 결과가 나타났다. 1970년대 이후 네네츠자치구에 유전 개발이 시작되면서, 순록 유목을 포함한 전통 생활에도 상당한 영향을 미쳤다. 야말로네네츠자치구는 현재 러시아에서 가스 채굴량 1위, 석유 채굴량 2위를 차지하는 곳으로 지난 50년간 가장 많은 경제 개발이 이루어진 공간 중 하나이다. 이러한 경제 개발의 가속화는 한편으로 많은 네네츠인 전통문화와 생활방식에 극심한 변화를 야기하며 새로운 도전이 되고 있다. 네네츠인과 유사한 민족으로 예니세이강 동쪽에 있는 타이미르 반도의 원주민인 은가나산(Nganasan)인과 타즈강, 투루칸강 유역과 예니세이강 하류 유역에 거주하는 에네츠(Enets)인도 있다. 은가나산인은 20세기까지 야생 순록을 사냥하는 생활방식을 잘 보존했는데, 주로 수송과 이동을 목적으로 순록을 기른 것으로 알려져 있다. 에네츠인은 전통적으로 야생 순록 사냥, 순록 사육, 낚시를 결합한 경제 활동으로 생활해왔다.

(4) 한티인

한티인은 오비강과 그 지류 주변 저지대 늪과 숲 지역에 걸쳐 살고 있다. 핀위그르계 민족 중 하나로, '한티'는 해당 언어로 '사람', '공동체'라는 뜻이다. 한티인은 원시적인 사냥과 어업에 종사했던 북부 시베리아 민족과 남부 시베리

[그림 11-5] 19세기 오비강의 한티인 (출처: 위키피디아)
[그림 11-6] 순록 썰매와 한티 아이 (출처: 위키피디아)

아 스텝 지역, 카자흐스탄 유목민이 북부로 이동하여 서로 교류했던 과정과 관련이 있다. 한티인은 거주지와 생활양식, 문화, 언어에 따라 북부, 동부, 남부 한티인으로 나뉜다. 북부 한티인은 사미인에게서 순록사육 방식을 이어받았고 주로 봄, 여름에 천 마리 이상의 대규모 순록 무리를 이끌고 북부 툰드라로 이동한다. 일부 전통적인 타이가 숲 순록사육 방식을 따르는 한티인은 순록을 이동수단으로만 사용한다.

동부 한티인은 셀쿠프인과 교류했고, 남부 한티인은 러시아인과 타타르인의 영향을 많이 받았다. 한티인 사회는 오랫동안 씨족 동맹 형태가 이어져 왔으며 17~18세기에는 대가족 형태를 바탕으로 살아왔다. 다른 많은 토착 원주민 집단과 마찬가지로 곰과 관련한 의례가 있으며, 곰을 신성시하여 곰 사냥 과정과 이후에 여러 의식을 치르는 문화가 있다. 한티인은 반유목 생활을 하며 한티인의 가옥은 모여 있지 않고 서로 떨어져 분산되어 있다는 특징이 있다. 이들의 주된 식재료는 생선이며 숲에서 채집한 각종 산 열매를 활용하며 차가버섯 차도 즐겨 마신다.

(5) 만시인

한티인과 함께 한티-만시자치구를 구성하는 만시인은 핀위그르계 민족으로 '만시'는 '인간'이라는 뜻이다. 소비에트 시기까지는 만시인보다는 오비강 근처 보굴카강에서 유래한 '보굴인'으로 불려왔다. 만시인은 겨울에는 한곳에 머물고, 나머지 계절에 사냥이나 어업을 위한 공간으로 이동하는 반정주 생활을 통해 살아간다. 19세기 이후 만시인은 러시아 주거 양식의 영향을 받아서 전형적인 러시아식 통나무 가옥에서 살기 시작했다. 19세기 말 로즈바강 유역에서

[그림 11-7] 1960년대 만시인 (출처: 위키피디아)

는 만시인의 전통 이동천막과 움막이 결합된 주거 양식이 나타나기도 했다. 만시인의 토속신앙은 사람에게 여러 개의 영혼이 있다는 믿는 것이 특징인데, 사람이 죽으면 환생한다는 믿음도 갖고 있다. 만시인에게도 곰 숭배, 샤먼 등 한티인의 신앙과 유사한 특성이 많이 나타난다. 만시인의 전통적인 경제 활동은 사냥과 낚시이며, 특히 생선이 주된 식재료이다. 생선의 모든 부위를 활용해 요리와 생활 전반에 활용한다는 특징이 있다. 이들은 자작나무 즙, 블루베리, 산딸기 등 각종 산 열매와 견과를 채취하여 즐겨 먹는다.

2) 시베리아 중북부 지역 원주민

사하인

예니세이강 동부에서 가장 많은 수의 민족은 사하인이다. 사하인은 민족 공화국을 이루고 레나강을 중심으로 넓은 지역에 거주하고 있다. 사하공화국에서 사하인은 전체의 81%를 차지하며 2010년 인구조사에 따르면 약 46만 명으로 추정된다. 러시아는 소수민족 원주민 정의에 따라 인구 5만 명 이하의 원주민만을 인정하고 있어서 사하인은 원주민으로 분류되지 않는다. 사하인의 정확한 기원은 분명하지 않지만, 이들은 13,14세기 몽골 지역의 부랴트인에 의해 밀리면서 북진한 것으로 전해진다. 남부 지역의 사하인은 러시아 정착민과 접

[그림 11-8] 2017년 전통 복장을 한 사하인 가족 (출처: 위키피디아)

촉하면서 정착하여 소와 말 사육에 기반한 농업 경제를 이루었고, 북부 사하인은 이웃 민족과 함께 사냥, 낚시, 순록 사냥을 통한 경제 활동을 영위했다. 코미인과 마찬가지도 이들 역시 이 지역의 교역을 이끌었다.

3) 시베리아 만주퉁구스계 원주민: 에벤크인과 에벤인, 돌간인

예니세이강에서 동쪽으로 오호츠크해에 이르기까지 타이가 숲이 이어지는데, 이 지역의 토착 원주민 민족으로 에벤크인과 에벤인이 있다. 에벤크인과 에벤인은 알타이어족 민족 중 만주퉁구스계에 속한다. 에벤크인은 에벤인보다 수가 많으며, 시베리아 전체 면적의 약 4분의 1에 걸치는 광활한 지역에 넓게 흩어져 살고 있다. 바이칼 지역 일대와 아무르강 상류 유역의 남부 에벤크인은 주로 말과 소를 방목하며 산다. 일부는 오호츠크 해안 근처에서 바다 포유류를 사냥하는 생활을 영위한다. 주로 숲에 거주하는 에벤크인은 전통적으로 순록을 방목하고 사냥하는 경제 활동을 이어왔다.

에벤크인과 유사한 생활 방식과 거주지를 나타내는 민족으로 에벤인과 돌간인을 꼽을 수 있다. 에벤인은 에벤크인과 마찬가지로 만주퉁구스계 민족이지만, 돌간인은 야쿠트인과 같은 튀르크계 민족이라는 점에서 차이가 있다. 에벤인은 레나강에서 오호츠크해에 이르는 넓은 지역에 에벤크인과 함께 살고 있다. 에벤인은 에벤크와 일부 문화적 세부 사항이 다를 뿐, 주로 에벤크인과 유사하다는 특성이 있다. 일부 에벤인은 사하인의 영향을 많이 받았거나 동부 코랴크의 영향을 많이 받았다. 돌간인은 타이미르반도 남쪽 타이가와 툰드라에서 거주하며, 은가산인으로부터 순록 사냥과 방목 관행을 전수받았고, 언어는 사하어와 유사하다. 에벤크인, 에벤인, 돌간인은 모두 곰을 숭배하는 문화를 공유하는데, 이들의 곰 숭배 의례는 상당히 복잡한 절차와 형태를 띤다. 이 밖에 강과 숲 등 다양한 자연물에 정령이 있다는 믿음을 공유하고 있다. 이들의 주된 식재료는 생선이며, 순록고기와 말고기를 섭취하기도 한다.

4) 팔레오시베리아인: 축치인, 코랴크인, 이텔멘인, 유카기르인

시베리아 동북부 변강 지역에는 축치인, 코랴크인, 이텔멘인, 유카기르인 등이 살고 있다. 이들은 민족적으로 팔레오시베리아인(Paleo-Siberian), 즉 고아시아어족 추콧카-캄차카 그룹에 속한다. 축치인은 축치반도와 아나디르고원 툰드라 및 해안에 거주하며, 코랴크인은 캄차카반도로 이어지는 코랴크고원에 살고 있다. 축치인은 민족적으로 동질적이라는 특성이 있지만, 코랴크인은 민

[그림 11-9] 축치인 가족. Louis Choris 그림 (1816) (출처: 위키피디아)

족적 동질성보다는 해당 지역 원주민을 총칭하는 용어라고 할 수 있다. 이들 민족은 순록 무리를 이끌며 유목 생활을 영위하며, 내륙 지역과 해안 정주 그룹으로 구분된다. 내륙 지역 민족은 순록을 유목하며, 스스로를 '순록을 많이 가진 사람'이라는 뜻의 '차우추'라고 불렀다. 해안 정주 그룹은 '바다 사람'이라는 뜻의 '안칼른'으로 자칭했다. 이들은 해양 포유류를 사냥하거나 어업에 종사하며 수송에 순록 대신에 썰매개를 활용했다. 내륙과 해양 지역 원주민 집단은 정기적인 교역 관계로 긴밀하게 연결되어 있다.

이텔멘인은 캄차카 지역의 원주민 민족이다. 이들은 전통적으로 해양 및 연안 자원을 거의 이용하지 않으며, 주로 야생 식물 자원에 의존했다. 러시아인은 18세기에 캄차카 지역에 정착하기 시작했는데, 원주민 생활양식의 많은 부분을 흡수 통합하여 캄차달(Kamchadal)이라 불리는 혼합된 민족 집단을 형성했다. 19세기 말 이후 대부분의 이텔멘인은 농업, 소와 말 목축 등 러시아인 정착민과 구별되지 않는 생활방식을 영위하며 살고 있다.

유카기르인은 만주퉁구스계 민족으로 추정된다. '유카기르'라는 명칭은 사하인으로부터 이 용어를 차용한 러시아 정착민에 의해 적용되었다. 유카기르인은 주로 사냥과 어업에 종사하며 시베리아 북동부 넓은 지역에 거주했다. 일부는 에벤크인으로부터 순록 목축 생활방식을 전수받아, 순록을 방목하며 살았다. 그러나 유카기르인은 19세기에 수가 급감하여 현재 유지되고 있는 집단은 콜리마 유카기르인과 툰드라 유카기르인뿐이다. 전자는 콜리마강과 알라제야강 사이 숲 지대에 거주하며, 후자는 콜리마강 상류에서 살고 있다.

베링해 연안과 뤵겔섬에는 축치 정착촌과 함께 자리 잡고 있는 시베리아 유픽(에스키모)인 공동체도 살고 있다. 이들은 해안 축치인과 마찬가지로 주로 바다 포유류인 바다코끼리, 물개, 고래 등을 사냥하며 생활해왔다. 우난간으로 자칭하는 몇백 명 규모의 알레우트인은 캄차카 연안의 코만도르(Komandor) 제도 중 하나인 베링섬에 살고 있다. 이 섬의 알레우트인은 과거 19세기 초반 알래스카에서 모피 자원 교역에 관여하기도 했으나, 현재에는 러시아인, 코미인, 유픽 계통의 다른 정착민과 섞여서 이 지역에 거주하게 되었다.

4. 오늘날 러시아 원주민이 처한 문제

러시아 원주민은 매우 다양하지만, 공통 문제를 많이 공유하고 있다. 러시아는 국제노동기구의 협약 169조를 비준하지 않았다. 원주민은 러시아 헌법 69조에 따라 보호받고 있지만, 보호법 및 규정의 이행은 북극 내 천연자원 이용에 관한 정부의 결정에 의해 집행되지 않거나 해결되기 어려운 경우가 많다. 현재 지역과 자원 추출 프로젝트 사이에는 약 70개의 잠재적 분쟁 사례가 있다.[3] 예를 들어, 니켈 채굴 기업과 순록 목초지 및 원주민의 신성한 공간에서 프로젝트를 진행하면서 기업과 원주민 간 대립이 발생했다. 2011년 11월에는 원주민 문제에 관한 유일한 연방 법률 기구인 원주민 소수민족에 관한 문제 및 북부 지역 문제 연방위원회(Federation Council of Northern Affairs and Affairs on Indigenous Smal-numbered Peoples)가 몇 개의 지역 전문 정부 기구와 함께 해산되었다.[4] 러시아는 2012년 7월 외국인 자금 지원을 수용하고 원주민 권리 등 '정치적' 활동에 참여하는 비영리단체를 '외국인 대리인'으로 지정하는 법을 통과시켜 많은 원주민 단체에 법적 의무 위반에 대한 오명을 씌웠다. 정부는 2012년 11월 러시아북극원주민협회(RAIPON)의 활동을 중단시키기도 했다. 1990년 설립된 RAIPON은 러시아에서 42개 원주민 그룹을 대표하며, 북극이사회의 주요 상시 참여 기구이다.

2001년 러시아 정부는 원주민들이 생계를 위해 의존하고 있는 땅에 대한 토지 이용 권리를 보장하기 위한 '전통 자연 이용 영토에 관한 법률(law on On the Territories of Traditional Nature Use)'을 채택했다. 그러나 법이 발효된 이후로는 단 한 개의 TTNU도 성립되지 않았다. 많은 토착 원주민 단체도 어업권 제한으로 인해 어려움을 겪고 있다. 2008년 연방법 개정안에 따라 원주민을 위한 어장 접근에 대한 우선 조항이 폐기되고 원주민은 개인적인 필요에 의해서만 어장을 이용할 수 있다. 유목 원주민에게 수입을 가져다줄 수 있는 여건이 축소되었으며, 특히 유목 어업인이 면허를 취득하는 것은 어렵다는 점에서 많은 제약이 따르게 되었다.

이러한 법적 보호 축소는 원주민이 처한 실업과 빈곤 문제를 더 악화시킬 수 있다. 원주민은 깨끗한 식수 부족, 식재료 부족 등으로 고통받고 있다. 이러한 문제들은 결핵, 바이러스성 간염, 장내 감염, 상부 호흡기 감염, 알코올 중독과 같은 수많은 건강 문제로 이어질 수 있다. 이러한 문제로 인해, 원주민들의 기대수명은 남성의 경우 50세, 여성의 경우 60세로 상당히 낮다. 이는 일반적인 러시아 인구 기대수명에서 남성은 64세, 여성은 70세를 고려할 때 상당히 낮은 수치이다.

기후변화와 지역 개발 문제 또한 러시아 원주민 집단에 심각한 위협이 되고 있다. 북극 해빙은 해안 지역 공동체와 산업시설에 위협을 가하고 있는데, 영구동토층이 녹아 지반 약화와 인프라 침식 문제가 발생했다. 한편 러시아 원주민 역시 그들의 전통문화에서 많은 위협에 직면해 있다. 예를 들어, 오늘날 시베리아 원주민 중 약 30년 전 70%가 유목이나 반유목 생활을 하고 있는 것에 비해 현재 10%만이 유목이나 반유목 생활을 하고 있다.[5] 2002년 이후 러시아 원주민 집단 중 24개 민족의 인구수가 감소했다. 이는 주로 러시아 인구와의 동화뿐만 아니라 원주민과 자기 정체성이 저하된 데 기인한다.[6] 러시아 인구의 90%가 북부와 시베리아, 극동 지역으로 지난 2세기 동안 이주해 왔고 러시아 언어와 문화를 강제적으로 교육시키는 패턴은 소규모 토착 원주민 문화를 많이 잠식했다. 러시아어 공립학교와 기숙학교, 러시아 신문, 텔레비전, 라디오 같은 대중매체의 확산은 토착 원주민언어를 위협하고 있으며 현재 러시아에는 148개의 멸종위기 언어가 있다.

러시아 북극 원주민은 법적, 환경적, 문화적으로 여러 위협에 직면해 있다. 그럼에도 불구하고 풍부한 문화적 유산과 자연과의 조화 능력, 오랜 세월 조상으로부터 내려온 지혜와 회복력, 극한 환경에 대한 적응력은 스스로를 지켜내는 힘이 되고 있다.

미주

1 https://www.britannica.com/place/Arctic/Demography#ref57867
2 김혜진, 러시아의 민족 1 북서부&볼가-우랄편, 2015, 45쪽.
3 https://www.culturalsurvival.org/news/who-are-indigenous-peoples-russia
4 https://www.culturalsurvival.org/news/who-are-indigenous-peoples-russia
5 https://www.culturalsurvival.org/news/who-are-indigenous-peoples-russia
6 https://www.culturalsurvival.org/news/who-are-indigenous-peoples-russia

제12장

러시아 북극의 문화예술

1. 러시아 북극 지역의 관광 명소

1) 박물관과 미술관

(1) 아르한겔스크 북극탐험 예술박물관

아르한겔스크에 있는 북극탐험 예술박물관은 2008년에 문을 열었다. 이곳은 수백 개의 북쪽 풍경을 그린 화가 알렉산드르 보리소프의 이름을 따서 지어졌다. 박물관은 그의 작품을 세계에서 가장 많이 소장하고 있다. 이 외에도 네네츠인의 문화와 러시아 북방 발전 역사를 알 수 있는 전시관이 마련되어 있다.

북극 미술 발전 박물관은 1897년에 지어진 무역관에서 유래되었다. 1994년 아르한겔스크시 당국은 이 무역관을 아르한겔스크 미술관으로 재건하여 3년 후 구내 복원이 시작되었고, 2002년 알렉산드르 보리소프의 작품을 전시하는 제1회 '빙하 위의 화가'가 이곳에서 개막되었다. 2008년 박물관은 북극 예술 개발 박물관으로 개명되었다. 이 박물관에는 보리소프의 이름이 새겨져 있는데, 그는 19세기 후반의 뛰어난 풍경화가인 이반 시시킨의 제자였다.

1894년 보리소프는 세르게이 위테 재무장관과 함께 러시아 북부 여행에 나섰다. 여행 중에 그는 많은 풍경 스케치를 그렸고 북방의 자연에서 영감을 받아

[그림 12-1] 아르한겔스크 북극탐험 예술박물관 (출처: 라승도)

[그림 12-2] 알렉산드르 보리소프의 그림 (출처: 라승도)

3년 후 극지 예술 탐험에 나섰다. 이 탐사는 14개월 동안 지속되는데, 이때 화가는 150개 이상의 스케치와 그림으로 남겼다. 보리소프의 작품 400여 점이 북극 미술 발전 박물관에 소장되어 있다. 박물관에는 그의 제자인 네네츠 화가 일리아 빌카의 그림도 전시되어 있다. 박물관 상설 전시장은 5개 홀을 차지하고 있다. 각 홀에는 19, 20세기 북극 발전사와 관련된 전시가 이어진다. 여기에는 오래된 지도와 여행기, 사진과 그림, 항해 도구, 편지, 일기, 탐험 참가자들의 개인 소지품 등이 포함된다. 네네츠인 고유 장식과 응용 미술도 이곳을 다채롭게 해준다.

(2) 아르한겔스크 북부해양박물관

북부해양박물관은 아르한겔스크의 역사적 중심부에 있다. 본 박물관은 러시아 최초의 국제 항만인 아르한겔스크가 국내 공공·민간 선박의 요람이자 북극 자원의 연구·개발·실용 중심지라는 근본적 역할에 역점을 두고 있다. 박물관 전시회는 통상적으로 '항행선단의 시대'(11–19세기 중반)와 '금속 선체를 가진 선박의 시대' (19세기 후반 – 20세기 후반) 두 가지 주제로 나뉜다. 여기에서는 정통 역사 기념물(아카이브 문서, 희귀본 도서, 지도 등)과 함께 선박과 선박 모델, 선박 장비 모델, 다양한 선박 장치 및 기구 등의 자료를 전시한다.

(3) 오토 슈미트 북극 개발 박물관

이 박물관은 1970년대에 설립되었다. 학생들과 교사들은 유명한 북극 탐험가 오토 슈미트에 관한 수집품과 북극 탐험 역사를 조사했다. 오늘날 2,000개 이상의 박물관 전시품은 오토 슈미트, 이반 파파닌, 블라디미르 보로닌, 19세기 후반의 책들, 연구자들의 편지들로 구성된다. 북극사 박물관에는 15개의 전시관이 있다. 이 박물관은 40년 이상 과학 활동에서 선두주자였으며 모든 연구는 학생들에 의해 이루어진다. 여기서 그들은 북극과 러시아 북부의 발전사를 연구한다.

(4) 야말로네네츠자치구 지역 박물관

이 박물관은 1906년 오브도르스키 지역의 종교 지도자였던 이반 셰마노프스키에 의해 세워졌으며, 토볼스크 북부의 '인류학(비민족 러시아인)을 위한 소장 박물관'으로 알려져 있다. 1996년 야말로네네츠자치구 박물관은 설립자인 셰마놉스키의 이름을 따서 명명되었다. 전통 보존, 역사 문화유산의 연구 및 보존, 그리고 대중화를 위한 혁신적인 접근 방식을 결합했다는 점에서 특징적이

[그림 12-3] 야말로네네츠자치구 지역박물관 (출처 - 라승도)

다. 박물관은 6만 개 이상의 고생물학, 고고학, 역사학, 민족지학 전시물, 현대 회화 및 응용 미술품, 서 시베리아 북부의 광물과 동물 수집품을 전시한다.

(5) 러시아 남북극 박물관

러시아 남북극박물관은 상트페테르부르크에 있다. 이 박물관은 1930년 11월에 소비에트 남북극연구소의 일부로 설립되었지만, 6년 후에야 일반에 공개되었다. 남북극박물관은 1820년대 에이브람 멜니코프의 신고전주의 교회에 자리 잡고 있으며 세계 최대 극지 탐험 박물관이다.

이 박물관은 약 7만 점의 전시물을 소장하고 있다. 여기에는 공예품, 사진(약 34,000점), 예술 작품이 포함된다. 가장 주목할 만한 컬렉션은 17세기 상반

[그림 12-4] 페테르부르크 남북극박물관 (출처: 라승도)

기 포모르인 고고학 수집품이며, 북부 민족의 장식 및 응용 예술 전시물도 다수 보관되어 있다. 박물관 상설 전시장은 '북극의 자연', '북극항로 탐사와 개발 역사', '남극 대륙'으로 나뉘며, 총 2만 개의 전시물이 있다.

(6) 야쿠츠크 세계 매머드 박물관

이 박물관은 매머드와 같은 거대 동물군의 생물학적 연구와 발굴 조사를 통한 서식지 연구, 과학 지식 함양을 위해 과학 및 문화 중심 연구 기관으로 1991년 설립되었다. 이곳은 야쿠트인 고생물학자 표트르 라자레프에 의해 사하공화국 과학 아카데미의 일부로 개관했다. 매머드 박물관이 개관하기 이전에는 러시아 북동부 지역에서 발견된 동물 화석이 모스크바, 상트페테르부르크, 노

[그림 12-5] 야쿠츠크 매머드 박물관 (출처: 라승도)

보시비르스크의 연구 기관으로 옮겨졌으나, 박물관 설립 이후 박물관 소속 과학자들의 포괄적인 연구를 통해 러시아 북동부 지역의 매머드 등 동물 화석을 보관, 연구, 전시할 수 있게 되었다.

매머드는 고유한 고생물학적 물질이 보존되어 있어 인류 보편적으로 귀중한 유산이라는 의미가 있다. 세계적으로 알려진 매머드 무덤의 75%와 보존된 연조직을 가진 매머드 동물군이 사하공화국 지역에서 발견된 만큼 지역을 넘어서 세계적 가치가 있어 세계 유수 전문가들이 연구에 참여하고 있다. 매머드 박물관의 골 조직 수집물은 약 1,450개에 이르며, 대표적인 고생물 수집물로는 베르호얀스크 말의 불완전 사체(2009년 발견, 절대 나이 4450년 추정), 바타가이 마을 부근에서 발견된 들소 송아지 사체(2009년 발견, 절대 나이 8200년 추정), 부오르카냐 반도의 엘크 송아지 사체(2010년 발견, 절대 나이 9000년 추정), 우스트-야나 지역의 포식자 사체(2011년 발견, 절대나이 12,450년 추정) 등이 있다.

2) 역사적 명소

(1) 셸리엡스키 통나무 교회

전 세계 삼림의 4분의 1이 러시아 영토에 있다. 삼림이 풍부한 러시아 북부지대는 전통적으로 목재 건축이 발달했다. 러시아 전역에 걸쳐 목재 건축물로 구성된 수천 개의 마을이 있다. 이 마을의 많은 집과 교회는 러시아 전통 스타일의 통나무로 지어졌다. 특히 러시아의 전통적인 통나무 건축 양식은 러시아 북극 이남의 카렐리야공화국과 아르한겔스크주, 콜라반도에서 쉽게 볼 수 있다. 러시아에서 가장 오래된 통나무 교회는 15세기에 지어진 교회인 셸리엡스키 교회로 많은 사람이 이곳을 찾고 있다.

(2) 솔롭키 수도원

솔롭키 수도원은 러시아 북부 솔롭키 제도에 있는 요새화된 수도원이다. 1926~39년 소련 감옥과 노동수용소로 개조되기 전까지 러시아 북부에서 가장 큰 수도원 중 하나였던 수도원은 소련 시절에 몇 가지 주요 변화를 거쳤다. 수도원은 높이 8~11m와 두께 4~6m의 거대한 성벽으로 둘러싸여 있다. 라티폰(1584~94년)이라는 건축가가 7개의 관문과 8개의 탑으로 구성된 성벽을 건축했다. 길이가 5m에 이르는 거대한 바위로 주로 만들어졌다. 수도원 내부에는 지붕과 아치형 통로와 연결된 주요 건물들이 있다. 우스펜스키 대성당(1552~57년)과 프레오브라젠스키 대성당(1556~64년)이 특히 유명하다.

[그림 12-6] 솔롭키 수도원 전경 (출처: 라승도)

3) 자연 명소

(1) 러시아 북극 국립공원

러시아 북극 국립공원은 2009년 6월에 설립됐다. 2016년에 대규모로 확장되어, 노바야 제믈랴(세버니섬)부터 프란츠 요제프 제도에 걸친 북극해의 넓고 광활한 지역을 포괄한다. 2009년 국립공원 총면적은 육지 6,320km²와 북극해 7,940km²를 포함하여 14,260km²였다. 2016년 확장 이후, 전체 약 74,000km² 중에서 육지 면적은 16,000km²에 달한다. 해역은 58,000km²가 국립공원에 추가되었다. 이 지역은 북극곰과 대왕고래 서식지이며, 북반구에서 가장 큰 새 군락 중 하나와 바다코끼리와 바다표범 떼 서식지로 꼽힌다. 국립공원 지역은 자연 서식지 보존과 더불어 16세기부터 광대한 북극 영토 발견과 식민지화와

[그림 12-7] 러시아 북극 국립공원 (자료: 위키피디아)

관련된 문화유산을 보존하는 데 중요하다고 평가받는다.

러시아 정부는 1994년 4월 23일 프란츠 요제프 제도 보존 지역을 처음 도입했고, 2000년대에 노바야 제믈랴 북부와 프란츠 요제프 제도를 포함한 국립공원 계획이 시작되었다. 2009년 6월 15일 러시아 북극 국립공원이 설립되었을 때, 프란츠 요제프 제도와 빅토리아섬은 제외되었다. 블라디미르 푸틴 당시 총리는 국립공원이 지역 관광산업을 발전시키는 데 도움을 줄 수 있기를 바란다고 말했다. 2011년까지 국립공원은 프란츠 요제프 제도도 포함하도록 확장되어 역내 관광을 잘 수용하기 위한 조치를 취했다. 러시아는 소비에트 시대에 축적된 10만 톤 이상의 쓰레기를 제거하기 위해 2012년부터 3년에 걸쳐 15억 루블을 투입한 정화 프로젝트를 시작했다. 여기에는 25만 배럴의 석유제품, 100만 배럴의 노후화된 배럴통과 노후 차량, 레이더 설비, 항공기 등이 있었다. 이 공원은 러시아 내 해양 포유동물 보호구역 중 가장 잘 보존된 곳으로 평가되고 있다.

(2) 레나 석주 자연공원

레나 석주는 사하공화국 레나강을 따라 형성된 자연 암석 지대이다. 석주 높이는 150~300m이며, 캄브리아 시대 일부 유역에서 형성되었다. 페트로프스코예 마을과 티트아리 마을 사이에 가장 높은 형태의 기둥이 있다. 레나 석주 자연공원은 2012년 유네스코 세계자연유산으로 지정되었다. 사하공화국 수도 야쿠츠크시에서 남쪽으로 180km에 있다. 기둥은 석회암, 말석, 돌로마이트, 캠브리안 초중반 시대 석회암층으로 이루어진다. 레나 석주 자연공원은 최근 사하공화국의 주요 관광지로 자리매김하며 러시아 북극 지역의 대표적인 랜드마크로 부상하고 있다.

2. 러시아 북극 지역 축제

1) 우스아흐

우스아흐는 사하공화국의 대표적인 축제이다. 사하공화국 주민은 고대 전통에 따라 1년에 두 번, 러시아인들과 함께 겨울, 그리고 여름에 새해를 기념하는데, 우스아흐는 여름에 맞이하는 새해를 기념하는 행사이다. 사하공화국의 겨울 온도가 영화 60도에 이르며 평균 기온이 영하 30도 이하라는 점을 감안할 때, 6월 중순 3개월에 불과한 여름을 맞이하는 것이 얼마나 의미가 있을지 상

[그림 12-8] 오수오하이 춤 추는 모습 (출처: 위키피디아)

상할 수 있다. 우스아흐란 사하어로 '부유함'을 뜻하며 태양 숭배 의식이 내포되어 있으며 다산 신앙과 연결된다. 우스아흐 축제는 이전에 연중 해가 가장 긴 날인 6월 22일 하지에 열린다. 그러나 1941년 이후 우스아흐 날짜가 2차 세계대전 당시 바르바로사 작전의 시작일과 겹치면서 6월 10일부터 25일까지 기념하기 시작했다. 전통 '살라마'로 나무를 장식하고 기둥을 묶는 풍습이 있으며, 가장 나이가 많은 남자가 흰옷을 입고 축제를 연다. 그는 크므스를 땅에 뿌리고 불을 먹이는 것으로 의식을 시작한다. 그는 조상들에게 모여 있는 모든 백성을 축복해 달라고 부탁한다. 그 후 사람들은 노래하고 춤추고, 전통 게임을 하고, 전통 음식을 먹고, 크므스를 마신다. 전통 의식은 거의 잊힌 침체기도 있었지만, 21세기에 들어와서 우스아흐를 비롯한 사하 전통문화가 새로운 부흥을 맞이했다. 우스아흐 축제는 매년 수십만 명이 참여하면서 최대 축제로 기네스북에 기록된 바 있다.

2) 순록 사냥꾼의 날

이 축제는 해당 지역의 모든 마을에서 서로 다른 날짜에 열린다. 가장 흥미로운 것은 야르 세일, 파나엡스크, 아크스카르 마을이다. 거의 모든 유목민이 모여 순록 경주, 네네츠 레슬링, 네네츠 줄다리기, 라소잉 대회, 썰매 점프 등 전통 스포츠에 참여한다.

3) 8월 9일 세계 원주민의 날 기념 축제

세계 유목민의 날인 8월 9일은 많은 유목민 단체가 여름 축제를 연다. 겨울에는 정착지 근처에서 유목하기 때문에 축제는 항상 마을에서 열리고 비유목민들이 참석한다. 그러나 8월 9일 축제는 가장 가까운 정착지에서 수백 킬로미터 떨어진 툰드라에 있는 유목민 캠프에서 열린다. 순록 경주, 레슬링, 그리고 다른 전통적인 스포츠도 열린다.

제13장

러시아의 북극 전략과 안보 정책

1. 러시아 북극 전략의 배경과 이론

러시아의 북극 전략을 이해하려면 러시아의 북극 정책 목표와 과제를 분석해야 한다. 특히 러시아의 북극 정책이 갈등과 협력 중 어디에 더 초점을 맞추는지, 국제관계학 이론에서 북극 지역에서 러시아의 행동을 어떻게 설명할 수 있는가를 중심으로 살펴볼 수 있다.

북극의 정치적, 경제적, 전략적 중요성이 주목받으면서, 정책 입안자, 언론인, 학자의 관심이 증가하고 있다. 북극 지역에 대해 학계와 언론은 천연자원 채굴과 새로운 지정학적 '그레이트 게임'의 공간으로 심각한 충돌이 일어날 것으로 전망하기도 한다.[1] 북극 문제에서 국제적 관심을 불러일으킨 사건은 2007년 러시아 극지 원정이었을 것이다.[2] 이를 계기로 러시아의 팽창주의 흐름이 가시화되었고, 서방 국가는 러시아의 위협에 대응하여 북극 군사력을 강화했다. 이후 북극해 주변 국가, 러시아와 캐나다, 미국과 노르웨이는 자국 영토의 주권과 국가 안보를 우선시하는 북극 전략을 수립했다.[3]

지리적으로 북극해 해안선의 절반은 러시아 영토에 속한다. 러시아 국내총생산의 20% 수준이 러시아의 북극 지역에서 생성된다. 이러한 특성은 러시아의 북극 지역 개발과 투자가 증가하는 요인이 된다. 러시아 북극 지역에는 약 200만 명의 인구가 거주하며, 주로 에너지 부문에 종사한다. 한편, 군부대와 인프라 증축은 러시아의 북극 정책에서 상당히 주목할 만한 측면이다.

북극 지역에서 러시아의 행위에 대해 현실주의 담론에서는 러시아가 북극에서 국익을 달성하기 위한 일방적인 행동을 수반하며, 군사적 공격성을 강조한다.[4] 이 경우 민족주의, 팽창주의, 대립의 측면을 강조한다. 반면, 신자유주의적 제도주의에 입각한 담론에서는 러시아의 북극 정책을 실용적, 경제적 인센티브에 의해 추진된다고 해석한다.[5] 특히 러시아가 지역 및 국제기관 내에서 북극 문제에 대해 국제적으로 협력하는 경향을 보인다고 특징짓는다.

1) 현실주의에 따른 러시아와 북극 이해

현실주의는 국제정치에서 경쟁력과 대립을 강조한다. 현실주의 담론을 통한 러시아와 북극에 대한 설명은 기본적으로 러시아를 수정주의 국가로 본다. 러시아는 강력한 권력을 추구하며 에너지와 권력, 국가 위신을 위해 북극 지역 절반에 해당하는 영토에 대한 주권을 강조한다.[6] 학자들은 러시아의 국가 지위를 공고히 하려는 욕구가 러시아의 북극 지역 내 군사력 증강을 추진하는 일차적 요인이라고 본다. 이에 따르면 러시아는 소련 해체에 따른 유럽에서의 역사적 패권 상실에 대한 보상으로 북극을 바라본다.[7] 냉전 시기 북극은 군사화의 가장 높은 우선순위 지역이었고, 1970년대 이후 소련은 북극에서의 핵잠수함을 통한 방위 수준을 높였다. 이후 미국과 소련이 북극해를 가로지르는 대륙간 탄도미사일을 개발하면서, 북극은 레이더가 설치되고 냉전의 새로운 전선이 되었다.[8] 여러 학자는 러시아의 국가 지위 회복이 러시아 외교정책의 주된 목표이며, 북극도 예외가 아니라고 설명한다.

한편, 러시아의 광활한 지리적 특성은 다른 북극 지역 국가로부터 침략을 우려하는 데 영향을 미친다. 결국 이 점이 러시아가 북극을 취약하고 불안이 내재된 공간으로 인식하도록 이끄는 주요인이 되고 있다.[9] 또 일부 학자는 러시아의 북극 경제 야망은 소련의 위대했던 시기를 환기시키기 위한 국가적 열망과 연관이 있다고 설명한다.[10] 두긴은 공개적으로 북극의 제국주의적 정책을 옹호하기도 한다. 이러한 주장은 결국 러시아의 팽창주의적 행보, 특히 지난 2007년 러시아의 북극 원정을 설명하는 근거가 되기도 한다. 현실주의적 관점에서 러시아의 북극 정책은 대외적으로 러시아의 권위를 회복하고, 국내에서 애국심을 고양시키기 위한 것이다. 따라서 북극권에서의 군사력 증대는 러시아가 군사적 능력을 과시하고, 경제력을 회복하기 위한 목적과 관련이 있다고 본다.

2) 신자유주의, 제도주의에 따른 러시아와 북극 이해

자유주의는 국제정치에서 협력과 외교적 측면을 강조한다. 러시아의 북극 정책을 바라보는 신자유주의적 관점에서는 러시아가 국제법과 국제 거버넌스의 틀 안에서 활동하고 있다고 설명한다. 특히 최근에 대두되고 있는 입장으로, 러시아를 수정주의 세력으로 보지 않으며, 오히려 다른 국가와 협력하기를 바라는 현상유지국으로 여긴다. 많은 러시아 학자와 일부 서방 학자는 러시아의 실용적인 경제적 인센티브를 강조하며, 러시아가 북극 지역에서의 군사적 대립을 지향하지 않는다고 주장한다.[11] 이에 따르면 러시아의 군사 현대화 프로그램은 인정하지만, 재정 및 물류상의 제약에 따른 것으로 주로 노후화된 부대를 신축하고 수색과 구조 서비스를 개선하는 데 초점을 맞춘다고 설명한다.

[그림 13-1]
러시아 등 북극해를 끼고 있는 주요 국가들은 역내 안보에도 상당한 관심을 기울이고 있다
(출처: 위키피디아)

이러한 주장에서 러시아의 북극 전략은 주변국인 노르웨이의 경제 개발 전략과 유사한 측면이 많으며, 북극 국가의 미확정 영토와 방대한 자원으로 인해 갈등이 있기 어렵다고 본다. 오히려 공통의 과제를 해결하고 공동의 효익을 위해 경제적 협업이 요구된다고 설명한다.

한편, 현실주의과 제도주의 관점 사이에서 양자택일하여 러시아의 북극 정책을 이해할 경우, 러시아 북극 전략의 다차원적 가능성을 고려할 수 없다는 한계가 나타난다. 러시아 정책의 경우, 대외정책과 교통물류, 에너지 관련 정책은 북극 문제에서 협력을 강구하는 것으로 나타나지만, 안보, 국방 정책은 국가 안보를 강화하는 측면에 관심을 둔다고 해석된다. 이처럼 대립되는 관점을 통해 학계와 언론계에서 러시아의 북극 전략을 두고 논의가 여전히 이어지고 있다.

2. 러시아의 북극 군사·안보 정책

1) 러시아 북극 정책 기본

최근 몇 년간 러시아는 북극에서 군사 훈련을 늘리고, 군사 기지를 신축하고, 쇄빙선을 건설하거나 첨단 레이더 기지를 설치하는 등 북극 지역에서 군사력을 증강하고 있다. 이로 인해 일부 언론에서는 북극 지역을 신냉전의 공간으로 간주하기도 한다.[12] 하지만 이런 특성과 대조적으로 러시아가 북극 지역에서 협력을 증진하는 행보가 나타나기도 한다. 러시아의 북극 정책은 러시아의 다양한 공식 문서에 의해 공표되어 복잡하다. 또 2000년대 초반 이후 지속적인 개정이 있었다.

우선, 2000년 블라디미르 푸틴 대통령은 '러시아연방의 북극에 대한 국가 정책 기본'을 승인했다.[13] 이 문서를 통해 북극 내 모든 활동에서 '최대한의 국방 및 안보 이익'을 추구한다고 선언했다. 이 초기 기본 문건은 주로 군사 문제에 초점을 맞추어 다루어졌다.[14]

2008년 9월 '2020년까지 러시아연방의 북극에 대한 국가 정책 기본'이 승인되면서, 북극에서 러시아 정부의 목표와 국가 이익을 실현하기 위한 계획을 제시했다. 북극을 평화 협력의 지역으로 유지하고 이와 동시에 국가 안보 보장, 북방의 국경 보호를 위한 군사력 증강과 현대화의 필요성을 강조했다. 그러나 해당 문서는 2001년 정책과 비교하여 군사적 충돌보다는 안보 협력에 초점을 맞추었고 북극의 군사 정책이 안보를 확립한 평화 유지에 있음을 보여준다.[15]

2013년 2월 블라디미르 푸틴 대통령이 '2020년까지 러시아 북극 지역 발전 전략 및 국가 안보 규정'에 관한 문서를 승인하면서,[16] 러시아의 공식 북극 전략이 새롭게 확장되었다. 이는 러시아의 목표를 더 포괄적으로 설명했으며, 2008년 전략에서 우선순위와 실행 방법, 군사 및 안보의 방향성을 재설정했음을 보여주었다. 이에 따라 해군과 공군 등 군대가 북극에 주둔하며, 러시아의 쇄빙선을 개발하고 항공 서비스, 공항 네트워크를 현대화하고, 현대 정보 통신 인프라를 구축하는 등에 관한 계획이 포함되었다.

2) 러시아 북극 외교 정책

2013년 공개된 '2020년까지 러시아 북극 지역 발전 전략 및 국가 안보 규정'은 전체 북극 지역보다는 러시아 북극 중에서 논란의 여지가 없는 북극 영토 및 배타적 경제수역에 집중하기 때문에 러시아의 북극 군사 프로그램을 완전히 포괄한다고 볼 수 없다. 러시아의 외교 정책과 다른 북극 관련국과의 관계에 대한 더 큰 원칙은 러시아연방의 외교 정책 개념에서 찾을 수 있는데, 이를 보여주는 최신판은 2016년 11월에 푸틴 대통령에 의해 승인되었다. 이 정책에 따라 러시아가 국제정치의 핵심 주체로 재등장하고 러시아 대외정책이 "영향력 있는 중심 국가로서 러시아의 위치를 공고히 하는 것"을 목표로 삼고 있다. 이처럼 러시아의 북극 전략은 북극에서 러시아의 정책을 통해 강력한 권위를 회복하는 것에 기반을 두고 있음을 시사한다.[17]

3) 러시아 북극 안보 정책

2009년 5월 공표한 '2020년까지 러시아 군사 안보 전략'은 안보 위협을 정의하고 해당 위협으로부터 러시아를 보호하기 위한 조치를 제안함으로써 러시아 안보 정책을 포괄했다. 경제 발전과 에너지 안보 전략에서 안보 정책은 상당히 중요한 위치를 차지하며, 러시아가 북극을 전략적 자원 기지로 지속해서 간주하고 있음을 알 수 있다. 북극을 활용한 군사력 형성을 제안하고 있으며, 인간과 환경 안보를 포함하여 전통적인 안보 개념을 어떻게 확장하는지를 이해할 수 있다. 따라서 북극 내 안보 활동은 전통적인 군사적 위협 및 환경 피해와 같은 비전통적인 위험에서 러시아를 보호하는 것을 의미한다. 또 국제법 내에서 다자간 채널을 통해 협력하려는 러시아의 입장이 강조되고 있다. 2015년 12월 승인한 러시아 군사 안보 전략에서 특히 '북극에서 동등하고 상호 이익이 되는 국제 협력의 발전'이 우선시되고 있음을 확인할 수 있다.

4) 러시아 북극 군사 활동

러시아는 북극에서 안보 구축을 위해 여러 조치를 실시했다. 러시아는 북극 전역에 군사력을 증강, 확장하고 군사 시설 현대화를 지속적으로 시행했다. 러시아는 2007년 북극 탐험 이후 다양한 안보 원칙에 명시된 목표를 달성하기 위해 북극에 해군, 육군, 공군 등을 포괄적으로 주둔시키고자 한다. 특히 2007년 8월에는 냉전 종식 이후 처음으로 러시아가 전략 폭격기와 북극해 북방함대 순찰을 재개했다. 북방함대는 러시아 해군력에서 상당히 중요한 자산이라는 점에서 쇄빙선과 잠수함을 보유한 4척의 러시아 북방함대 건조는 상당한 의미가 있다. 러시아는 노르웨이, 덴마크 영토 부근에서 해군 순찰을 확대하고 함대 잠수함의 작전 반경을 늘렸고 잠수함을 통한 빙하 내부 훈련을 실시했다.[18] 북극에서 추가 군사 활동에는 미사일방어시스템에 대한 광범위한 투자를 포함한다. 러시아군은 방공망을 개발하고, 북극의 일부 섬에 군사기지를 건설했다. 러시아 북극 전역에서 러시아 지상 병력 및 서비스 부대가 대부분의 공군, 해군

[그림 13-2]
러시아 등 북극해를 끼고 있는 주요 국가들은 역내 안보에도 상당한 관심을 기울이고 있다 (출처: 위키피디아)

병력을 보충하고 있다는 점도 주목할 만하다. 소련 시기에 비해 북극에서 러시아군 주둔 규모는 훨씬 작지만, 북극의 군사 현대화를 통해 자국의 넓은 영토를 보호함과 동시에 언젠가 발생할 수 있는 북극에서의 분쟁에 대비하고 있음을 확인할 수 있다.

5) 러시아 안보 협력

군사 훈련과 군사 시설 건설이 러시아가 다른 북극 국가들과 전쟁을 준비하고 있다는 것을 의미하지는 않는다. 대신 러시아의 새로운 안보 활동주의는 새로운 공격 능력을 개발하기보다는 능력을 유지하려는 열망으로 해석되어야 한다. 러시아의 많은 군사 관련 활동은 본질적으로 실용적이고 협조적이다. 러시아는 수색과 구조 센터, 레이더 감시 체계, 합동 군사 훈련을 통해 안보 부문 협력을 도모했다. 러시아군은 러시아 석유 매장량, 해상 운송에 대한 통제, 감시를 강화하기 위해 러시아 북극 전역에 장거리 레이더 체계, 드론 기지를 개발했다. 특히 이러한 통신 체계는 혹독한 기후 환경, 불안정한 통신망이 특징적인 북극 지역에서 국내의 안정적인 자원 추출과 경제 개발에서 상당히 중요하다. 북극이사회는 수색과 구조 센터 운영, 석유 오염 방지 및 대응에 관한 국제 협력을 의무화함으로써 법적 구속력 있는 협정을 공표한 바 있다.[19] 또 2015년 북극해경경비대포럼에서 합의한 바에 따라 북극 8개국의 해안 경비대가 북해에서 비상 대응 작전을 공동 수행할 수 있게 되었다.[20]

한편, 러시아는 북대서양조약기구 회원국과 다수의 합동 군사 훈련을 실시했다. 예를 들어, 러시아와 노르웨이는 바렌츠해에서 여러 번 해상 훈련을 시행했고, 2010년과 2013년 사이에 연례 합동 군사 훈련을, 2015년부터 공동 바렌츠 연례 훈련을 실시했다. 이 밖에도 2003년과 2013년 사이에 프랑스, 영국, 미국과 함께 FRUKUS 훈련을 실시하기도 했다. 2014년 우크라이나 사태 이후 러시아와 북대서양조약기구 회원국 간의 이러한 다자간 군사 훈련은 보류되었다. 그러나 여전히 공동 해안 경비대 훈련, 수색 및 구조 작전, 유출 사고 대응 훈련 등은 협력하고 있다.[21]

러시아 국방부의 공식 정책과 성명은 국가 안보의 중요성을 강조하고 있으며, 북극 지역에서 러시아의 군사 활동에서 다수의 사례가 이를 뒷받침한다. 반면 러시아 외교 정책과 안보 정책에서는 타국가와의 협력 관계를 구축해야 한다고 주장하고 있다. 러시아는 민간과 안보 차원에서 동시에 협력하고, 국방군을 현대화하고, 전통적, 비전통적인 잠재적 위협으로부터 넓은 영토를 보호하고자 한다. 결과적으로, 러시아의 북극 보안 문제에는 갈등과 협력의 요소가 모두 관찰된다.

6) 2035년까지 러시아의 북극 전략 기본

푸틴 대통령은 지난 2020년 3월 '2035년까지 러시아연방 북극 정책 기본'을 새롭게 발표했다.[22] 러시아 국익에 관한 2020년 북극 정책 기본과 2035년 북극 정책 기본 사이에는 여러 유사점이 있는데, 두 정책 모두 북극을 러시아 경제 성장의 주요 자원 기지로 지목하고 있다는 점이다. 러시아 국내총생산의 10%, 러시아 전체 수출액의 20%가 현재 북극 지역에서 생산되고 있다는 점을 감안하면 놀라운 일은 아닐 것이다. 이 문서에서 북극해 항로 개발의 중요성이 강조되었으나, LNG 가격이 폭락하고 아시아 경제가 둔화됨에 따라 해당 항로의 실행 가능성과 수익성은 여전히 의문이 되고 있는 실정이다. 한편, 북극 지역 거

[그림 13-3]
'북극: 대화의 영토' 국제 포럼은 러시아의 국제 북극 협력 시도를 가장 잘 보여준다
(출처: 위키커먼스)

주민의 번영과 복지 증진에 관한 내용이 북극 개발 전략과 사회·경제적 개발 프로그램에 초점이 되었다. 이전의 정책보다 구체적으로 북극 지역의 인프라와 사회 환경을 개선하려는 정부의 의지가 드러난다.

2035년까지 북극 정책 기본에서는 북극에서 '주권과 영토의 완전성 보장'이라는 개념이 최고의 국익으로 제시되었고, 이는 러시아의 북극에 대한 지속적인 안보화를 의미하지만 실질적인 정책상의 변화를 의미하지는 않는다고 볼 수 있다. 이 문서는 군사 및 안보 차원에서 이전 정책의 연속성을 보여준다. 주변국은 현재 진행 중인 러시아의 군사력 증강에 우려하는 반면, 2035년까지 북극 정책 기본은 타국의 군사력 증대, 북극에서 증가하는 분쟁 잠재력을 러시아 자국의 도전적인 요소로 이해하고 있음을 알 수 있다. 러시아는 북대서양조약

기구의 북극 역내 활동 증가가 중대한 위협이 되고 있다고 거듭 주장했다.

2035년까지 북극 정책 기본에 따르면 북극을 '평화 공간'으로 보존하는 것은 러시아의 중요한 국익이라고 밝히고 있다. 이 문서에서 러시아는 대륙붕의 영토 구분, 수색 및 구조, 기술적 재앙에 대한 대비를 포함한 여러 문제에 대한 다른 국가와의 협력을 지속적으로 지원할 것임을 나타냈다. 러시아는 양자 차원, 혹은 다자간 협력 관계 강화를 목표로 함과 동시에 북극 파이브, 바렌츠 유로-북극 협력, 북극이사회를 구별한다는 점이 특징적이다. 또 해당 문서에서 북극이사회를 협력 조정을 위한 북극 지역 핵심 기관으로 자리매김하도록 지원하는 것을 강조한다. 러시아는 북극 및 비북극 국가와의 상호 이익이 되는 경제협력 촉진을 북극 협력의 목표로 인식하여 중국뿐만 아니라 비북극 국가와의 협력을 도모하려 한다는 것을 이해할 수 있다.[23]

한편, 군사 안보 부문에서 러시아의 새로운 전략은 북극 지역에서 러시아 군대의 전투 능력을 향상하고 인프라 및 시설을 현대화하여 통합 지휘통제통신컴퓨터정보감시(integrated Command, Control, Communications, Computers, Intelligence, Surveillance and Reconnaissance (C4ISR)) 체계를 마련하는 것이다. 북극에서 러시아의 '주권과 영토 건전성'을 보장하는 것은 이전 북극 정책에서 러시아의 국익으로 지목된 자원 개발보다 우선한다. 또 북극 및 극동 지역에서의 사회·경제적 인프라 건설 및 복지 정책을 통해 북극 지역에서 일자리를 창출하고 북극 지역의 낙후된 환경을 개선하려는 의지를 내비쳤다. 러시아는 북극 내 주요 국가 안보 위협으로 인구 감소, 북극 지역의 사회, 교통, 통신 네트워크의 부적절한 개발, 지질학적 자원 탐사의 낮은 비율을 꼽았다.[24]

모스크바의 전략적 계획에는 북극 주권 침해에 대응할 수 있는 군사력 강화의 윤곽과 이 능력을 자국의 국익을 수호하기 위해 사용하겠다는 확연한 약속이 명시되어 있다. 그러나 이러한 군사력 증강이 반드시 러시아의 북극 인접국들이 갈등을 예상해야 한다는 것을 의미하지는 않는다. 결국, 러시아 북극 지대는 러시아 경제를 위한 미래의 자원 기반이고, 분쟁은 러시아의 관련 기업에도 불리할 수밖에 없기 때문이다.

미주

1 Berkman PA and O Young (2009) Governance and Environmental Change in the Arctic Ocean, Science Magazine, 324 (5925)

2 2007년 7월 아르투르 칠링가로프(Artur Chilinganov)가 이끄는 러시아 과학자팀이 북극 해저에 러시아 국기를 꽂은 사건.

3 https://www.thearcticinstitute.org/russias-arctic-military-and-security-part-two/

4 Borgerson S (2008) Arctic Meltdown: The Economic and Security Implications of Global Warming, Foreign Affairs, 87 (2): 63-77. Cohen A (2010) From Russian Competition to Natural Resources Access: Recasting U.S. Arctic Policy, The Heritage Foundation Backgrounder, (2421).

5 Alexandrov O (2009) Labyrinths of Arctic Policy, Russia in Global Affairs, 7 (3): 110-118. Lasserre F, J Le Roy & R Garon (2012) Is There an Arms Race in the Arctic?, Journal of Military and Strategic Studies, 14 (3&4).

6 Tayloe SC (2015) Projecting Power in the Arctic: the Russian Scramble for Energy, Power, and Prestige in the High North, Pepperdine Policy Review, 8, (4).

7 Baldwin D (2012) Power and International Relations in Handbook of International Relations, second edition, London: SAGE Publications

8 Bowermaster J (1993) The Last Front of the Cold War, The Atlantic, November, http://www.theatlantic.com/past/docs/politics/foreign/front.htm

9 https://www.thearcticinstitute.org/russias-arctic-military-and-security-part-two/

10 Bowermaster J (1993) The Last Front of the Cold War, The Atlantic, November, http://www.theatlantic.com/past/docs/politics/foreign/front.htm

11 Konyshev V and A Sergunin (2014) Is Russia a revisionist military power in the Arctic?, Defense & Security Analysis, 30 (4): 323-335.

12 Ahmari S (2015) Putin Opens an Arctic Front in the New Cold War, Wall Street Journal, June 11, https://www.wsj.com/articles/putin-opens-an-arctic-front-in-the-new-cold-war-1434063406

13 President of the Russian Federation (2001) Osnovy gosudarstvennoy politiki Rossiyskoy Federatsii v Arktike [Basics of the Russian Federation State Policy in the Arctic] Government of the Russian Federation, http://www.sci.aha.ru/econ/A111c.htm

14 https://www.thearcticinstitute.org/russias-arctic-military-and-security-part-two/

15 https://www.thearcticinstitute.org/russias-arctic-military-and-security-part-two/

16 https://www.thearcticinstitute.org/russias-arctic-military-and-security-part-two/

17 https://www.thearcticinstitute.org/russias-arctic-military-and-security-part-two/

18 https://www.thearcticinstitute.org/russias-arctic-military-and-security-part-two/

19 Arctic Council (2020) International Cooperation, https://www.arctic-council.org/en/explore/work/cooperation/, Accessed on 28 February 2020.

20 Grant A (2017) US, other nations gather to work on Arctic issues, Boston Globe, 24 March, https://www.bostonglobe.com/metro/2017/03/24/joins-with-russia-and-other-nations-coast-guard-agreement-for-arctic/mVoiUgz5w5Jqwtvos1tDPI/story.html,

21 Kristensen KS (2016) Russian Policy in the Arctic after the Ukraine Crisis, Centre for Military Studies at the University of Copenhagen.

22 https://sipri.org/commentary/essay/2020/russias-new-arctic-policy-document-signals-continuity-rather-change

23 https://www.thearcticinstitute.org/russias-arctic-military-and-security-part-two/

24 https://www.ndc.nato.int/research/research.php?icode=641#_edn8

제14장

러시아 북극의 인구사회학

1. 러시아의 북극 인구 변화

전 세계 인구는 2000년과 2010년 사이에 13% 증가했고 2011년 10월에는 70억 명에 이를 정도로 빠른 성장을 지속했다. 기술의 진보와 전 세계적 인구 증가는 기후 변화와 지구 온난화의 원인이 되었으며, 북극은 세계의 다른 지역보다 더 큰 영향을 받았다. 세계 인구는 계속해서 증가할 것으로 예상되며, 세기 중반에는 93억 명, 세기말에는 100억 명이 넘을 것으로 전망된다.

북극 인간 개발 보고서(Arctic Human Development Report, AHDR)는 러시아를 포함하는 북극권 지역의 인구 변화, 경제 상황, 자원 개발 현황, 거주민의 보건 및 삶의 질 실태를 조사했다. 우선 인구 변화에 있어서 북극권 국가 전체의 인구 변화 실태를 검토했는데, 러시아 북극 지역은 다른 북극권 국가보다 현격히 인구 감소가 나타났다. 전 세계적 인구 증가 추세에도 불구하고 러시아 북극 지역은 2000년대 이래로 세계 평균과 상반되게 감소하는 결과가 나타났다. 주로 현재 절반 이하의 북극 인구 분포를 차지하는 러시아의 북극 인구수가 급감하는 것과 관련이 있다. 러시아의 북극 인구는 약 200만 명으로 전 세계 북극에 살고 있는 인구의 약 절반이다.

알래스카, 아이슬란드, 캐나다의 북극은 전 세계의 다른 지역보다 발달했고, 페로 제도에도 인구 증가가 나타났다. 그린란드와 노르웨이 북극의 인구는 거의 같은 수준을 유지했다. 미국과 캐나다의 북극 지역의 인구는 전체적으로 다른 타지역보다 빠르게 인구 증가 추세가 나타났다. 북극에서 가장 빠르게 성장하는 지역은 캐나다 누나부트로, 2000년 이후 거의 20% 증가했다. 대조적으로, 노르웨이, 스웨덴, 핀란드 그리고 러시아의 북극 지역은 각각의 나라들보다 인구 성장이 더 느리거나 더 빨리 감소했다.[1] 가장 큰 하락세를 보인 북극 지역은 소련 해체 이후 급격히 경제 활동이 감소한 러시아였다. 2000년대에 보르쿠타와 이가르카, 야쿠티야 북부와 추콧카는 모두 20% 이상의 인구 감소를 보였다. 대조적으로, 야말로네네츠자치구는 노동 인구가 유입하면서 10%의 인구증가를 보였다. 러시아 북극의 모든 지역은 자연적 증가와 함께 지속적인 외부 이민자가 유입했다. 야말로네네츠자치구의 경우와 같이, 석유 및 가스 개발로 인해 젊은 연령대의 노동자가 유입했고, 타지역보다 높은 출생률을 보여주는 토착 원주민의 증가 또한 다른 요인으로 꼽힌다.

2. 러시아 북극의 삶의 질

1) 출산율과 기대수명

러시아 북극 지역의 심각한 인구 감소 문제는 자연적인 인구 변화로는 설명하기 힘들며, 높은 유아 사망률, 낮은 출산율, 낮은 기대 수명, 영양실조, 높은 살인율 및 자살률, 낮은 삶의 질 문제와 연관된다고 볼 수 있다. 연구에 따르면 러시아의 시장 경제 체제로의 전환은 과도기적 사회 분위기에 따라 사망률의 급격한 증가와 기대 수명의 감소를 야기했다. 특히 북극 지역에 많은 원주민이 거주한다는 점을 고려할 때, 러시아 내부에 축적된 원주민 문제와 결부되며 러시아 북극 원주민의 사회경제적 문제를 대변한다고 볼 수 있다. 네네츠자치구, 추콧카자치구, 야말로네네츠자치구, 무르만스크주의 출산율은 전 세계 평균에 못 미치는 수준의 여성 1인당 1.157명으로 나타났다. 이러한 낮은 출산율은 북극 지역의 인구 감소 현상의 주요 요인이며, 러시아 북극 사회의 지속가능성을 저해하는 요인으로 작용한다.[2]

러시아 북극 지역의 평균 기대 수명은 지역별로 차이가 있으나, 야말로네네츠자치구를 제외하고 대부분 세계 평균 기대 수명보다 낮은 수준이다. 추콧카자치구는 러시아 평균 기대 수명인 68.7세보다 낮은 58세로 상당히 낮은 수준이며, 이 지역의 인구 3분의 1이 원주민임을 고려할 때 원주민의 낮은 기대 수명이 요인이 된다는 것을 확인할 수 있다. 이러한 낮은 기대 수명은 원주민의 높은 전염병 및 질병 감염율과도 연관이 있다. 아울러 알코올 중독에 따른 문제와 잔류성 유기 오염 물질과 중금속 오염에 따른 건강 문제 또한 간과할 수 없다.

1991년 소련 해체 이후 사회적, 경제적 혼란이 러시아의 북극 지역의 기대수명 급감의 주요인이다. 사망 요인으로 심혈관 질환과 사고, 자살, 살인이 높은 비율을 차지하는데, 이는 사회, 경제적인 외부 환경의 변화와 연관이 있다. 러시아 북극 지역에서는 지역 경제가 급속하게 위축했으며, 소련 해체 이후 이주민이 유출되었으며 결과적으로 기대 수명이 급격히 하락했다.

2) 러시아 북극 지역 성 비율의 변화

다른 북극권 국가의 상황과 유사하게, 러시아 북극의 남성 성비는 국가 전체 평균보다 높다. 여성 100명당 86명의 남성 비율이 러시아 전체 평균이라면 러시아 북극 지역에서는 96명 수준이다. 그러나 러시아 북극 지역이 다른 북극 지역과 눈에 띄게 다른 두 가지 차이점이 있다. 첫째 다른 북극 지역에서 남성 성비가 지난 수십 년간 안정적이거나 약간 증가했으나, 러시아 북극에서는 1990년대 초 러시아의 경제 전환이 시작된 이후 남성 성비가 급격히 감소했다. 무르만스크에서 남성과 여성의 비율은 1990년 102명에서 2010년 94명으로, 네네츠에서 96명에서 94명으로, 야말 네네츠에서 109명에서 98명으로, 타이미르에서 100명에서 93명으로, 추콧카에서 110명에서 105명으로 떨어졌다. 둘째, 북극의 다른 지역은 성별 비율 수준과 변화가 자연적인 수준이었던 반면, 러시아 북극 지역은 비자연적인 요인에 의해 발생했다. 남성 성비가 가장 많이 감소한 곳은 북극과 시베리아 주변 지역이다. 1990년과 2010년 사이에 러시아 북부에 속한 광범위한 지역에서, 남성의 경우 926,000명, 여성의 경우 827,000명이 러시아 북부 지역 외부로 이주했으며 약 99,000명의 차이가 나타났다. 동기간 남성의 자연감소 수는 69,000명인 반면, 여성은 자연증가 수가 209,000명을 기록하면서 여성이 남성에 비해 278,000명 많이 증가했다. 러시아 북부 지역에서의 성비 변화의 4분의 3은 자연적인 요인, 그중에서도 심혈관 질환 및 외부 요인(살인, 자살, 사고 등)에 따른 사망률이 러시아 전체 지역 주에서 북극 지역이 가장 높다는 사실과 관련이 있다. 지난 20년 동안 러시아의 경제 전환과 사회적 격변은 러시아 북부와 북극 지역에서 훨씬 더 큰 영향을 미쳤다.[3]

3) 러시아 북극 지역 평균 연령

러시아 북극 지역은 인구 평균 연령(35.1세)이 러시아 전체 평균(39.0세)보다 낮다는 점에서 상대적으로 젊은 지역에 속한다. 러시아 북극 지역의 아동(0–15세) 비율은 18.1%로 러시아의 다른 지역 15%보다 높은 편이다. 청소년(15–24세)의 비율은 러시아 북극 지역이 14.1%이며, 러시아의 북극 이외의 지역이 14.4%로 거의 일치한다. 러시아 북극 지역 청장년(25–55세)의 비율은 51.7%로, 북극 이외의 지역이 45.0% 수준인 데 비해 높은 편이다. 러시아 북극 지역의 55세 이상은 16% 수준으로, 북극 이외 지역이 25.6%를 차지하는 데 비해 낮다. 러시아 북극 지역에는 노동 가능 인구는 북극 지역으로 유입하는 반면, 노인 인구는 북극 지역을 떠나는 추세가 나타난다. 아동 비율이 높은 이유는 이러한 젊은 이주민의 유입과 연관이 있다고 볼 수 있다.[4]

러시아는 2002년과 2010년 사이의 인구조사 기간 고령화 추세가 나타났다. 러시아 전체 인구는 2002년 평균 연령이 37.8세에서 2010년 39.0세로 증가했고, 러시아 북극 전체 인구의 평균 연령은 동기간 33.0세에서 35.1세로 증가했다. 북극의 토착 원주민의 평균 연령은 26.5년에서 27.5년으로 약간 더 적은 증가율을 보였다.

3. 러시아 북극 민족 구성의 변화

러시아 북극 지역의 민족 구성의 변화는 상당히 복잡하다. 수천 년간 북극 지역에는 다양한 원주민 집단이 거주했으며, 이들은 상호 교류하는 과정에서 서로 혼합되고 영향을 주고받았다. 한편, 자원 채굴, 군사, 어업, 또는 정부 행정 방침의 일환으로 북극 지역에 다수의 이주민이 유입되었다는 역사적 사실도 배제할 수 없다. 북극 원주민 집단이 대다수를 차지하는 북부 퀘벡, 그린란드, 누나부트, 누나빅과 달리, 러시아의 북극 지역에는 원주민의 비율은 상당히 낮다. 무르만스크, 네네츠자치구, 야말로네네츠자치구의 경우, 세 곳 모두 자원 채굴과 대규모 산업에 종사하는 이주민의 비율이 높아 원주민의 비율이 가장 낮다.

러시아계 민족은 분명히 인구의 78%를 차지하는 러시아에서 지배적인 집단이다. 많은 수의 북극 민족 비율을 차지하는 야쿠트인, 코미인, 카렐리아인을 합치더라도 전체 러시아인 인구의 0.5%에 불과하다. 2010년 인구조사에서 러시아 북극 원주민 인구수는 전국 인구의 0.2%에 불과한 253,932명이다. 러시아 북극에서는 2010년 총원주민 수가 98,651명으로 전체 북극 인구의 5.5%에 달해 2002년(4.5%)에 비해 증가했다. 무르만스크주는 러시아가 그 지역으로 이주하고 발전하기 전에는 매우 인구가 적었다. 결과적으로, 슬라브계 인구는 인구의 87%를 차지한다. 러시아의 거의 모든 사미인 (1,771명 중 1,599명)이 무르만스크주에 거주한다. 야말로네네츠자치구는 가스 산업으로 경제가 성장함에 따라 소련 후기에 실제로 인구가 증가한 몇 안 되는 러시아 북부 지역 중 하나이다. 러시아계가 인구의 60%를 차지하며 우크라이나인이 9%를 차지한다. 러시아계의 점유율은 다른 북부 지역보다 낮은데, 러시아의 다른 지역과 구소련의 다른 지역에서 온 이주민이 많기 때문이다. 북극 토착 원주민 집단은 총 41,728명으로 자치구 인구의 8%를 차지한다. 29,772명이 네네츠인, 9,489명이 한티인, 그리고 1,968명이 셀쿠프인으로 구성된다. 타이미르자치구에는 러시아계가 전체 자치구 인구의 59%이며, 돌간인과 네네츠인이 인구의 29%인 총 10,471명으로 추정된다. 지난 수십 년간의 대량 이주 이후, 추콧카자치구의 러시아계 인구는 66%였던 1989년에 비해 지금은 절반도 안 되는 인구를 차지하고 있다. 북극 토착민 집단은 총 16,879명으로 인구의 3분의 1이다.

4. 러시아 북극의 교육 여건

1) 학교의 폐교 및 통폐합

러시아 연방은 급격한 인구 감소를 경험하고 있으며, 그 결과 많은 학교가 폐교되고 있으며, 특히 지난 10년간 학교 수가 거의 25% 감소한 시골 지역사회에서 폐교가 많았다. 북극 지역의 광범위한 지역 공동체에서 학교 운영은 특히 어렵다. 시베리아에는 교사들이 순록 목동들을 따라다니며 때로는 정규 교사들과 함께 교육을 받은 부모들을 활용하는 "유목 학교"가 운영되기도 했다. 작은 타이가의 학교들도 목동들이 일하는 곳에서 멀지 않은 작은 시골 마을에서 교육 서비스를 제공한다. 그러나 기숙 학교에 대한 이러한 대안들을 계속 유지하는 것은 어려웠고, 2007년 러시아 연방의 개혁에 따라 "우선순위 국가 프로젝트 '교육'은 학교가 학생 수의 크기에 따라 재정 지원을 받도록 의무화했는데, 이는 학교 통합과 소규모 학교의 폐교를 장려했다. 그러나 2013년 9월 1일자로 시행된 새로운 국가교육법인 '러시아 연방 교육법'이 제정되면서 '농촌 주민과 상의하지 않고' 시골 학교의 폐교를 금지하고 있다(러시아 연방, 2012: 제3장 22조 #12). 이 법이 러시아 북부의 휴교율을 늦출지 여부는 아직 알 수 없다.

2) 중등 교육의 접근성

많은 북극 지방에서 학생들은 그들의 고향에서 초등 교육을 받을 수 있으나, 상위 중등 교육을 받기 위해서는 타지역으로 이동해야 한다. 아이슬란드와 러시아 북극 지역 일부뿐만 아니라 그린란드와 페로 제도에서도 마찬가지이다. 이러한 상황은 모든 중등 학생들이 집을 떠나서 살 수 있는 성숙도나 기술, 가족의 이해 정도에 따라 졸업 가능 여부에 영향을 줄 수 있다.

러시아 연방 학교의 주요 교육 언어는 러시아어이지만 시민들은 기본 일반 교육(5-9학년)에서 모국어로 교육받을 권리가 있다. 학교를 운영하는 사람들은 교육 언어를 선택한다. 그러나 연방 커리큘럼은 지역 언어 연구에 주당 2시간

[그림 14-1] 러시아 사하공화국 케베르겐 마이요르스키 중등학교 (출처: 김현진)

반 할당한다. 교육은 언어를 보존하는 수단이 될 수 있지만 러시아 북부 지역 사회에서 고유 언어 교육은 형식적인 수준이다. 시베리아의 국립 학교에서는 토착 언어로 된 교육을 제공한다. 그러나 많은 학교가 주로 통합국가고사 때문에 토착 언어로 된 교육의 양을 줄이고 있다. 통합국가고사의 러시아어 및 수학 부분 합격은 졸업에 필수이며, 이 시험들은 전적으로 러시아어이다. 어떤 경우에는, 시골 아이들의 러시아어 숙달 수준이 떨어져 가정들이 "국립" 학교가 제공하는 시골 지역에서 도시 지역으로 이주하는 요인이 되기도 한다.

러시아 연방의 새로운 국가 교육법은 학생들이 고유 언어와 문화를 연구할 권리가 있다. 법률은 다음과 같이 규정한다. 러시아 연방의 시민은 모국어로 예비, 초등 교육 및 일반 기본 교육을 받을 권리가 있으며 러시아 연방의 언어 중에서 모국어를 공부할 권리를 제도적으로 제공받아야 한다.[5] 러시아는 뒤늦게나마 새로운 법을 통해 북극 지역에서의 토착 문화를 지키기 위해 노력하는 움직임을 보이고 있다. 러시아 북극 지역의 많은 토착 원주민 커뮤니티는 전통적인 교수법과 학습방식에 바탕을 둔 정규 학교 제도 내에서 교육 모델을 만드는 방향으로 나아가고 있다. 이러한 노력들 중 다수는 정부가 추진하거나 허가한 학교 개혁 노력의 일부이며, 자체적인 지역 사회 내부의 노력도 동원되고 있다.

러시아 북극 지역은 지역 사회의 경제적 성공 여부에 따라 인구의 유입과 유출을 경험했다. 소련 경제의 붕괴와 자원 산업의 불황과 호황 주기에 따라 교육받은 거주민 중 다수가 북극을 떠났다. 동시에 산업화와 노동 호황기에는 다시 다수의 노동자가 유입되었다. 두 가지 과정에서 살펴볼 수 있듯이, 모두 해당 지역의 인적 자본에 상당한 변동성과 이직률과 해당 지역의 발전 가능성은 밀접하게 연관된다. 이러한 문제를 완화할 수 있는 효과적인 전략은 교육 수준을 향상시키는 것이다. 사실, 러시아의 북극 지역 및 시베리아 지역에서 고등교육을 추구하는 학생의 수는 1999년과 2009년 사이에 두 배 이상 증가했다. 그런데도 수많은 젊은 층이 해당 지역을 떠나면서 북극 지역은 다시 위기에 처했다.[6]

노스 아이오와 대학과 세인트 폴라 아카데미에 의해 실시된 시범 조사에서, 고향으로 돌아갈 계획에 대한 질문을 받았을 때, 대다수의 북극 지역 출신 학생들은 일자리와 직업 전망이 가장 중요한 요소라고 대답했다. 많은 학생은 또한 그들이 같은 마을, 공동체로 돌아가지 않을 수도 있지만, 그들의 고향 지역 내의 더 큰 도시로 이주하는 것에 관심이 있다고 대답했다. 만약 그들의 고향 지역에 비슷한 직업적, 교육적 기회가 존재했다면, 그들은 북극에서 그들의 연구

[그림 14-2] 러시아 야쿠츠크 북동연방대학교 전경 (출처: 라승도)

와 경력을 추구하기 위해 머무를 가능성이 높다는 것을 시사한다. 젊은이들이 그들의 고향에서 창의적인 직업을 추구할 기회를 개선하기 위해 무엇을 할 수 있느냐는 질문에 대부분의 학생은 고등 교육 기관, 관련 인프라, 그리고 대학 강사에 대한 정부 지출의 증가를 제안했다. 북극 지역에서의 숙련된 무역과 일자리에 대한 투자 역시 지역 주민들을 다른 지역에 빼앗기기보다는 그들을 훈련시키고 고용할 수 있는 가능성으로 언급되었다. 이 결과는 두 가지를 나타낸다. 하나는 러시아 북부 도시들이 인적 자본을 교육하고 보유할 역량이 현재로서는 충분하지 않다는 것이다. 또 하나는, 교육과 직업의 기회가 된다면, 북부 젊은이들은 기꺼이 그들의 고향에서 교육받고 사는 것을 고려하려고 한다는 것이다. 따라서 러시아 북극 지역에서 교육에 대한 투자는 북극 도시의 장기적인 경제 생존을 지원할 수 있는 중요한 우선 과제이다.[7]

5. 세계화와 오늘날의 북극

세계화는 오늘날의 북극 변화에 상당한 영향을 주었다. 세계화가 미친 영향은 북극의 각 지역의 차이만큼 다른 양상으로 나타났다. 이와 동시에 세계화는 북극의 대부분 지역에 걸쳐 유사한 영향을 미쳤다. 세계화는 근대성과 산업화에 의해 야기된 많은 영향을 강화시켰다. 세계화의 결과로 북극 지역의 자원개발이 강화된 측면이 있으며, 지역이 발전되었지만 동시에 원주민과 정부 간 갈등이 증대되었다. 많은 경우 세계화는 외부 강국과 불안정한 시장에 대한 지역 의존성이 증가하는 결과로 나타난다. 동시에, 세계화는 자원 사용의 증가, 지역 고용 창출을 포함한 북부 지역에 많은 경제적 기회를 가져다주었다. 정치적 세계화는 부분적으로 모든 인구와 관련된 서비스를 유지하는 국가 능력을 약화시킨 반면, 때때로 원주민 단체와 같은 새로운 지역 행위자의 권한을 강화하는 결과를 낳았다. 문화적으로, 세계화는 문화적 다양성을 인정하면서 전통과 지역 문화를 지원하는 방편이 되기도 하지만, 주류의 문화가 소수의 문화를 잠식하는 결과를 낳기도 한다.

북극에 관한 연구는 주로 현재 북극에서 발생하는 큰 변화보다는 전통적인 유산에 초점을 맞추고 있으며, 그 결과 상대적으로 제한된 세계화에 중점을 두고 있다. 따라서 향후 연구는 국가 및 하위 지역에서 근본적으로 다른 영향과 개발 추세를 일으키는 방법에 초점을 맞출 필요가 있다. 지역 행위자는 세계화의 수동적인 객체가 아니라, 세계화의 영향을 제어하면서 받아들임과 동시에, 세계화 추세에 영향을 미치는 주체가 되어야 한다. 그럼으로써 미래 북극 지역의 변화를 예측하고 다각적인 개선 방향을 모색할 수 있을 것이다.

미주

1 Larsen, Joan Nymand, and Gail Fondahl, eds. Arctic human development report: Regional processes and global linkages. Nordic Council of Ministers, 2015.
2 Larsen, Joan Nymand, and Gail Fondahl, eds. Arctic human development report: Regional processes and global linkages. Nordic Council of Ministers, 2015.
3 Larsen, Joan Nymand, and Gail Fondahl, eds. Arctic human development report: Regional processes and global linkages. Nordic Council of Ministers, 2015. P. 72.
4 Larsen, Joan Nymand, and Gail Fondahl, eds. Arctic human development report: Regional rocesses and global linkages. Nordic Council of Ministers, 2015, p.82-83.
5 legislation on education. (Russian Federation, 2012: Chapter 1, Article 14 #4)
6 Larsen, Joan Nymand, and Gail Fondahl, eds. Arctic human development report: Regional processes and global linkages. Nordic Council of Ministers, 2015.
7 Larsen, Joan Nymand, and Gail Fondahl, eds. Arctic Human Development Report: Regional Processes and Global Linkages. Nordic Council of Ministers, 2015.

북극의 이해

초판 인쇄 2021년 1월 22일
초판 발행 2021년 1월 31일

지은이 최우익 · 라승도· 김봉철
발행인 윤성우 Director, University Knowledge Press
편집장 신선호 Executive Knowledge Contents Creator
도서편집 이근영 Contents Creator
장혜정 Contents Creator
디자인 우승민 Designer
한 지 Designer
재무관리 조아라 Managing Creator
정윤경 Managing Creator
전자책·사전 장지혜 Contents Creator
발행처 한국외국어대학교 지식출판콘텐츠원
02450 서울특별시 동대문구 이문로 107
전화 02)2173-2493~7
FAX 02)2173-3363
홈페이지 http://press.hufs.ac.kr
전자우편 press@hufs.ac.kr
출판등록 제6-6호(1969. 4. 30)
인쇄·제본 (주)케이프린텍 053)313-3673

ISBN 979-11-5901-861-9 [94920] 정가: 30,000원
979-11-5901-776-6 (세트)

* 잘못된 책은 교환하여 드립니다.

HUINE 은 한국외국어대학교출판부의 어학도서, 사회과학도서, 지역학 도서 Sub Brand이다. 한국외대의 영문명인 HUFS, 현명한 국제전문가 양성(International+Intelligent)의 의미를 담고 있으며, 휴인(携引)의 뜻인 '이끌다, 끌고 나가다'라는 의미처럼 출판계를 이끄는 리더로서, 혁신의 이미지를 담고 있다.